Criança e Trabalho: da Exploração à Educação

Andréa Saint Pastous Nocchi
Marcos Neves Fava
Lelio Bentes Correa
Organização

Criança e Trabalho: da exploração à educação

EDITORA LTDA.

Rua Jaguaribe, 571
CEP 01224-001
São Paulo, SP — Brasil
Fone (11) 2167-1101
www.ltr.com.br
Agosto, 2015

Versão impressa — LTr 5341.9 — ISBN 978-85-361-8578-1
Versão digital — LTr 8790.5 — ISBN 978-85-361-8560-6

Dados Internacionais de Catalogação na Publicação (CIP)
(Câmara Brasileira do Livro, SP, Brasil)

Criança e trabalho : da exploração à educação / Andréa Saint Pastous Nocchi, Marcos Neves Fava, Lelio Bentes Correa, organização. — São Paulo : LTr, 2015.

Bibliografia

1. Crianças — Trabalho 2. Educação de crianças 3. Escravidão infantil 4. Menores — Direitos fundamentais 5. Trabalho infantil — Aspectos sociais I. Nocchi, Andréa Saint Pastour. II. Fava, Marcos Neves. III. Correa, Lelio Bentes.

15-06589 CDD-362.76

Índice para catálogo sistemático:

1. Exploração do trabalho infantil : Problemas sociais 362.76

Para as mais de dois milhões de crianças brasileiras
que precisam ser resgatadas
de sua triste condição de trabalhadores precoces.

SUMÁRIO

Prefácio

Ministra Katia Magalhães Arruda(*)

O livro *Criança e Trabalho: da exploração à educação*, que tenho a honra de prefaciar, é uma coletânea de estudos jurídicos com um tema em comum: o trabalho de crianças e adolescentes e sua violação dos direitos humanos.

Aborda aspectos variados: ora enfrentando questões relacionadas ao trabalho escravo infantil, cadeias econômicas, responsabilidade empresarial, pobreza e precarização; ora tratando da renovação das lutas e enfrentamento do trabalho infantil doméstico, dos efeitos maléficos na saúde das crianças, na situação de jovens com deficiência e na atuação dos operadores jurídicos no combate ao trabalho infantil, inclusive a polêmica discussão sobre autorizações para o trabalho infantil artístico.

São temas atuais e relevantes, cujas conclusões desaguam em uma importante compreensão: a de que os problemas narrados já deveriam, há muito tempo, ter sido superados por uma política eficaz e contundente, que erradicasse essa chaga do cenário nacional.

A verdade é que o Brasil precisa romper com o senso comum da exploração e da precarização do trabalho, que tem origem ainda no período da escravidão, e que perdura pelas gerações seguintes.

O escritor e historiador Laurentino Gomes, com a didática que lhe é característica, mostra como a escravidão era arraigada em nosso país. Afinal, por mais de 350 anos o Brasil foi o maior território escravagista do Ocidente. As leis que combatiam o trabalho escravo não eram cumpridas. Eram "leis para inglês ver", já que, mesmo após as proibições, o tráfico de escravos continuou com a complacência das autoridades(1).

Algo semelhante acontece na atualidade. As leis proíbem o trabalho de crianças e adolescentes até os 16 anos de idade, salvo na condição de aprendiz, no entanto, mais de três milhões de jovens continuam a ser explorados nos mais diversos ramos da economia: carvoarias, agricultura, lixões.

Nas feiras públicas e nas residências particulares, sob os olhos de todos ou escondidos na "invisibilidade" do trabalho doméstico.

(*) Ministra do Tribunal Superior do Trabalho. Coordenadora da Comissão Nacional de Combate ao Trabalho Infantil do TST.

(1) GOMES, Laurentino. *1989:* como um imperador cansado, um Marechal vaidoso e um professor injustiçado contribuíram para o fim da monarquia e a proclamação da República no Brasil. São Paulo: Globo, 2013. p. 214-215.

Aliás, o trabalho infantil doméstico demonstra muito claramente a vinculação da mentalidade escravocrata que ainda existe entre alguns brasileiros: é que as crianças já nasciam escravas para "servir ao senhor", o que explica a aceitação do trabalho de crianças como algo banal.

No livro *1889*, de Laurentino Gomes, consta a seguinte citação:

> Sob a vigência da Lei do Ventre Livre, a maioria dos proprietários preferiu manter os filhos das escravas no cativeiro após oito anos de idade em vez de entregá-los ao governo, mediante a indenização prometida. Ou seja, os fazendeiros continuaram a utilizá-los como mão de obra cativa, como se nada tivesse mudado. Em 1882, onze anos depois da aprovação da lei, um relatório do Ministério da Agricultura informava que apenas 58 crianças em todo o Brasil haviam sido entregues aos tutores oficiais. Todas as demais permaneceram nas fazendas, vivendo na companhia dos pais nas senzalas e trabalhando nas lavouras debaixo da vigilância dos feitores. (GOMES, 2013)

Vemos, portanto, que a concepção do trabalhador no Brasil é permeada de preconceito e a exploração perpetua o ciclo da pobreza e retira das crianças o acesso à uma educação de qualidade e os números falam por si: 90% dos jovens que trabalham apresentam defasagem escolar e as pesquisas mostram que quanto mais cedo se começa a trabalhar, menor será o valor do salário recebido quando adulto, até porque, em geral, tratar-se-á de mão de obra desqualificada.

A historiadora Emília Viotti da Costa, em seu trabalho *Abolição*, explica que os ex-escravos foram largados à sua própria sorte, uma vez que a Lei Áurea abolia a escravidão, mas não seu legado de miséria e exclusão — "Trezentos anos de opressão não se eliminam com uma penada".

A mentalidade de opressão também não! Todos os países que admitem o trabalho infantil, mesmo com legislação em contrário, trivializam e banalizam os efeitos maléficos trazidos pelo trabalho precoce. É disso que trata esse livro: da mudança necessária que levará à eliminação do trabalho infantil.

É interessante observar que toda a defesa do trabalho infantil está calcada nos mesmos argumentos antes defendidos para justificar a escravidão: "É melhor trabalhar que roubar", "É da vontade de Deus que existam pobres e ricos, livres e cativos", entre outras expressões que não encontram amparo em uma sociedade que digne pela defesa do direito e da justiça.

Todavia, o livro que ora apresento propõe um novo olhar sobre o tema: o de que o trabalho infantil é uma ferida aberta em nossa sociedade, que corrói o presente e o futuro da juventude e que deve ser combatida ou contaminará todo um processo de desenvolvimentos econômico e social.

Daí a importância da leitura deste livro por todos os que se propõe a defesa dos direitos humanos. Há causa mais justa do que garantir educação e crescimento saudável às crianças brasileiras e de todo o planeta?

Pois o trabalho infantil é contrário a essa causa. O trabalho precoce destrói a infância, prejudica a educação, atrapalha os desenvolvimentos físico e mental, e violenta, por fim, a própria liberdade.

A pobreza e a exclusão social têm levado milhares de crianças à serem exploradas por meio do trabalho, roubando-lhes um tempo que deveria ser cultivado para o lazer e a cultura, sem possibilidade de escolhas. Se tivessem liberdade, escolheriam lazer, educação e cultura, nunca trabalho pesado e suas mutilações frequentes!

Ainda falta, portanto, liberdade para muitos brasileiros. Persiste uma escravidão em que jovens são açoitados pela exclusão social.

Essa relação entre falta de oportunidades e falta de liberdades tem sido analisada pelo economista Amartya Sen, que associa o problema do trabalho infantil com a questão da liberdade de escolha:

> As piores violações da norma contra o trabalho infantil provêm da escravidão em que na prática vivem as crianças de famílias desfavorecidas e do fato de elas serem forçadas a um emprego que as exploram (em vez de serem livres e poderem frequentar a escola).(2)

As palavras são duras, mas, a realidade destas crianças é ainda pior.

Parabenizo, portanto, os coordenadores desta obra, em especial os magistrados Lelio Bentes Correa, Marcos Neves Fava e Andrea Saint Pastous Nocchi, pela acuidade na seleção dos trabalhos e persistência na luta, cumprimentos que estendo aos demais autores. A experiência, o engajamento e o compromisso estão presentes em todos os capítulos e demonstram que o pensamento crítico é capaz de unificar grandes ideias. Afinal, é o ato de pensar, de refletir sobre o mundo em que vivemos, reconhecendo suas mazelas e contradições, que nos faz atuar de forma consciente pela sua transformação.

Este livro é uma semente que deve ser espalhada e que certamente há de germinar em solo fértil, auxiliando na construção de um futuro melhor para todas as crianças e adolescentes no Brasil.

---

(2) SEN, Amartya. *Desenvolvimento como liberdade.* São Paulo: Companhia das Letras, 2010. p. 48.

Cinco Desafios para a Infância em 2015

Mário Volpi(*)

As questões apresentadas neste texto referem-se a temas estratégicos que precisam ser debatidos e aprofundados para assegurar que os direitos de crianças e adolescentes se consolidem como temas estruturantes da sociedade brasileira.

A lista dos cinco desafios é apenas uma forma de organizar a reflexão agrupando alguns temas, sem a pretensão de que esta seja uma lista exaustiva. Obviamente outros temas poderiam ser acrescentados, por também se constituírem em desafios.

O primeiro desafio sugerido diz respeito à necessidade de entender a infância e adolescência como fases complementares e interdependentes do desenvolvimento humano. Por muito tempo acreditou-se que "um bom começo de vida" asseguraria o desenvolvimento nas fases seguintes. Salvar as crianças da mortalidade infantil protegendo-as para que pudessem completar seu primeiro aniversário, garantir seu desenvolvimento sensório-motor, assegurar que tenham acesso à alimentação adequada e promover, enfim, seu desenvolvimento integral para que pudessem ingressar na escola preparadas para os desafios da aprendizagem, forma o centro dos objetivos das políticas voltadas para a infância. Sem dúvida o investimento na primeira infância é decisivo para que a criança possa enfrentar as fases seguintes do seu desenvolvimento. Entretanto, o discurso da importância das políticas para a primeira infância acabou por ser interpretado como uma solução mágica para resolver os problemas que atingem crianças e adolescentes. A análise da evolução dos indicadores sociais revelou que nem sempre os ganhos obtidos numa fase do desenvolvimento resultam num aproveitamento maior da fase seguinte, se não houver um novo investimento. Vamos a alguns exemplos.

No Brasil, as reduções na taxa de mortalidade infantil entre 1998 e 2008 mostram que foi possível preservar a vida de mais de 26 mil crianças. No entanto, no mesmo período, 81 mil adolescentes brasileiros, entre 15 e 19 anos de idade, foram assassinados.

Segundo o Índice de Homicídios na Adolescência (IHA)(1) que sistematiza os dados nos 255 municípios brasileiros com população igual ou superior a 100 mil habitantes, no período

(*) Formado em filosofia, mestre em Políticas Sociais, foi Coordenador Nacional do Movimento Nacional de Meninos e Meninas de Rua e atualmente coordena o programa Cidadania dos Adolescentes do UNICEF no Brasil.

(1) O IHA é uma publicação do Programa de Redução da Violência Letal (PRVL), uma iniciativa coordenada pelo Observatório de Favelas, realizada em conjunto com o UNICEF e a Secretaria de Direitos Humanos da Presidência da República e desenvolvido em parceria com o Laboratório de Análise de Violência da Universidade do Estado do Rio de Janeiro (LAV Uerj) e tem apoio institucional da Organização Intereclesiástica de Cooperação para o Desenvolvimento (ICCO).

de 2006 a 2012, 33.588 adolescentes morreram por homicídio. Em 2014, analisando dados de 288 municípios, usando como base o cálculo do IHA de 2012, pode-se estimar o número de vidas adolescentes que serão perdidas ao longo de sete anos, se as condições atuais forem mantidas. Segundo a estimativa, entre 2013 e 2019 aproximadamente 42 mil vidas adolescentes serão perdidas nos municípios com mais de 100 mil habitantes.

Outro exemplo importante é na área da educação. Dados do INEP/2011 revelam que naquele ano o percentual de crianças de 6 anos na escola alcançava 95,4%. Já o percentual de crianças de 12 anos com 1º ciclo do ensino fundamental concluído era de 76,2%. O percentual de adolescentes de 16 anos que concluíram o ensino fundamental era de 62,7% e o percentual de jovens com 19 anos que concluíram o ensino médio era de 48,7%. Nota-se claramente que o fato de termos assegurado o ingresso próximo a 100% das crianças de 6 anos na escola, estas crianças não vão evoluir automaticamente na sua escolaridade se não houver investimentos nas fases posteriores.

Os dados da PNAD/2011 do IBGE esclarecem esses números ao revelar que de 4 a 17 anos de idade[(2)], 3,5 milhões de crianças e adolescentes estão fora da escola. Destes, 1,7 milhões são adolescentes com idade entre 15 e 17 anos.

Outro exemplo que pode servir de alerta para a necessidade de um investimento constante no desenvolvimento de crianças e adolescentes é o caso da saúde. O Brasil eliminou na infância, por meio da vacinação universal, doenças como a varíola e a poliomielite. Entretanto no caso da epidemia de HIV o grupo que mais preocupa é o de jovens entre 15 e 24 anos. Enquanto a infecção por HIV no Brasil tem uma leve tendência de queda, nessa faixa etária o número de casos está aumentando. Em sete anos, o crescimento foi de 40%. Os jovens têm mais parceiros, se protegem menos e não têm noção do perigo da doença, segundo pesquisa do Ministério da Saúde divulgada em fevereiro de 2015.

Um segundo desafio que se apresenta para o país é a necessidade de potencializar o fim do bônus demográfico que representa a população de crianças e adolescentes. Desde o Censo de 2010 observa-se um declínio na participação percentual de crianças e adolescentes na composição total da população brasileira. Isso deve-se a dois fatores principais: a taxa de fecundidade da mulher que caiu de 2,38 em 2000 para 1,9 em 2010; e a expectativa de vida da população brasileira que em 2000 era de 70,46 e em 2010 passou para 73,48.

Como pode ser observado, o Brasil vem passando por um processo de aumento da longevidade de sua população, combinado com a redução do nível geral da fecundidade, o qual vem posicionando-se abaixo do número necessário de filhos para garantir a reposição das gerações em igual número. "A esse respeito o IBGE vem alertando para o acelerado processo de envelhecimento de sua população e a provável diminuição em termos absolutos de seu efetivo populacional. Com uma população majoritariamente envelhecida as políticas sociais e econômicas devem levar em consideração este contingente, particularmente num País que também experimenta um crescente processo de urbanização"[(3)].

(2) A obrigatoriedade da educação básica dos 4 aos 17 anos decorre da Emenda Constitucional n. 59, de 11 de novembro de 2009.

(3) BRASIL. *Esperança de vida às idades exatas (X)*, por sexo: 2000, 2009 e 2010 na publicação do IBGE — Brasil: Tábua Completa de Mortalidade, 2010.

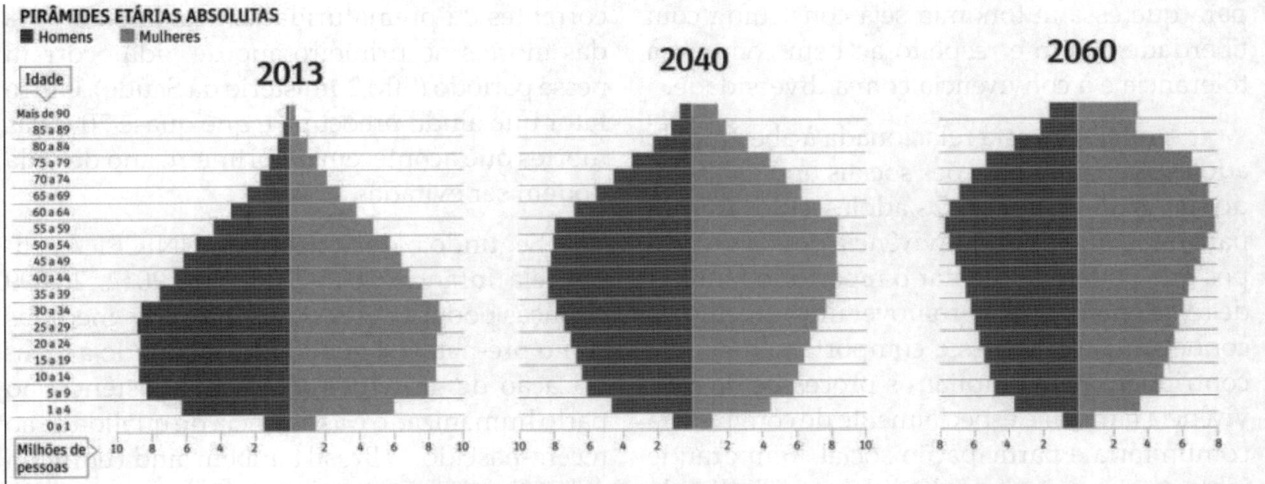

Pessoas com mais de 65 anos serão mais de um quarto dos brasileiros em 2060, segundo projeção do IBGE. O percentual desse grupo representa 7,4% do total de pessoas que vivem no país em 2013

Fonte: IBGE. Diretoria de Pesquisas. Coordenação de População e Indicadores Sociais. Projeção da População por Sexo e Idade para o Brasil, Grandes Regiões e Unidades da Federação, 2013.

A população que em 2011 tinha entre 15 e 17 anos, dos quais, 1,7 milhões estavam fora da escola, em 2040 terá entre 44 e 46 anos de idade e formará a parte proporcionalmente maior da população brasileira. Se se mantiverem as condições atuais, este grupo comporá o extrato etário de baixa escolaridade, provavelmente com baixa renda e com alta probabilidade de reproduzir os padrões de pobreza atuais em seus futuros grupos familiares. Isto significa que uma parte considerável (1,7 milhões) da população atual de adolescentes está sendo condenada a um futuro de privações de oportunidades tornando-se, em grande parte, uma geração cujas potencialidades foram desperdiçadas.

Esses dados ajudam também a entender que a adolescência brasileira precisa ser vista a partir de uma perspectiva social mais profunda e coerente. O discurso equivocado mas recorrente de que os adolescentes são irresponsáveis e violentos ou, no outro extremo, de que são vítimas indefesas do sistema e do seu próprio desenvolvimento biopsicossocial não colaboram para entender a dinâmica social. É muito urgente que se perceba a adolescência como uma fase importante do desenvolvimento humano na qual a família, a sociedade e o Estado precisam disponibilizar oportunidades para o seu desenvolvimento integral, pois acima de tudo o adolescente tem direito de ser adolescente e desenvolver suas potencialidades no maior nível possível. Dito de outra forma, a atual população de adolescentes, longe de ser um problema para o país é, acima de tudo, um enorme recurso para contribuir como solução. As projeções populacionais indicam claramente que o país não terá mais uma oportunidade igual ao do bônus demográfico que vem fechando seu ciclo desde 2010.

Em decorrência da questão demográfica acima apresentada surge um terceiro desafio caracterizado pela urgente necessidade de investir na adolescência para contribuir com o seu desenvolvimento em três dimensões essenciais: a autonomia, a interação e a identidade.

Essas três dimensões referem-se às três principais dinâmicas que marcam profundamente a adolescência e que demandam uma compreensão das políticas públicas para produzir políticas, programas e ações específicas para esta fase da vida.

A autonomia refere-se ao processo no qual os/as adolescentes começam a estabelecer suas próprias visões em relação às normas, aos valores e às crenças nas quais foram orientados pelos adultos próximos a eles. Dúvidas, questionamentos e transformações ocorrem naturalmente e os adultos precisam entender o aspecto positivo dessas mudanças e contribuir para que essa autonomia seja construída com liberdade, apoio e respeito ao bem comum, à tolerância e à convivência com a diversidade.

A interação está relacionada à abertura do adolescente para relações sociais que vão além do seu grupo familiar. Os adolescentes trazem para o seu núcleo de convivência pessoas e grupos que podem aumentar o repertório familiar de relacionamentos e promover um aumento de conhecimentos, visões e comportamentos que contribuem para ampliar os processos de convivência familiar e especialmente de convivência comunitária e participação social. Tem grande importância nessa fase da vida a possibilidade de participar de processos de decisão sobre questões relacionadas à própria vida, à de sua comunidade, de sua escola, às políticas a eles/as destinadas.

A identidade está relacionada ao processo da afirmação de sua subjetividade, isto é, de sua forma peculiar de se mostrar ao mundo. Nesse sentido, é muito importante que as políticas públicas de educação, saúde, assistência social, cultura, esporte e lazer alcancem os/as adolescentes para contribuir com a construção de sua autoimagem, respeitando sua identidade étnico-racial, sua identidade de gênero, suas escolhas individuais e fortalecer suas habilidades e talentos.

Esse terceiro desafio está, portanto mais ligado a perceber os/as adolescentes por aquilo que eles/as são e não por aquilo que eles não são.

O quarto desafio que se apresenta para a sociedade brasileira é o das desigualdades que impedem a realização dos direitos de todas e de cada uma das crianças e dos adolescentes.

Na década de 1990 o desafio do país era reduzir as mortes de crianças menores de 5 anos causadas pelas doenças infecciosas e parasitárias. No final dos anos 1990, houve uma inversão no perfil da mortalidade infantil. No Brasil, passaram a prevalecer as mortes nos primeiros 27 dias de vida e por problemas decorrentes da prematuridade. Atualmente, 70% das mortes no primeiro ano de vida ocorrem nesse período (SIM/Ministério da Saúde). Outro fator que ainda preocupa é que quase 70% das mortes que acontecem no primeiro ano de vida podem ser evitadas.

Segundo o documento do UNICEF Agenda pela Infância 2015-2018 "Em 2012, 26.899 crianças poderiam ter sido salvas com medidas como pré-natal de qualidade, incluindo a identificação de gestantes de risco, assistência ao parto humanizado e assistência de qualidade ao recém-nascido. O Brasil também ainda enfrenta o desafio de reduzir as mortes de crianças indígenas. A média dos indicadores nacionais não reflete as altas taxas de mortalidade infantil (menores de 1 ano) e na infância (menores de 5 anos) entre a população indígena. Em 2011, a taxa de mortalidade infantil entre os indígenas foi de 41,9 por mil nascidos vivos. Isso quer dizer que uma criança indígena tem três vezes mais chances de morrer antes de completar 1 ano de idade quando comparamos os indicadores com as médias nacionais. Além disso, essa taxa é quase a mesma registrada pelo Brasil em 1990".

Os estudos recentes[4] mostram que a exclusão escolar segue a mesma lógica das desigualdades regionais, sociais, raciais e econômicas do Brasil. Os mais excluídos são as crianças negras, indígenas, quilombolas, de família com baixa renda, em conflito com a lei, de pais ou responsáveis com baixa escolaridade, crianças que trabalham e crianças que vivem no campo. De acordo com dados da Pnad 2009, as pessoas das faixas mais pobres da população têm, em média, 5,5 anos de estudo, enquanto as das faixas mais ricas chegam a 10,7, quase o dobro de escolaridade.

Os dados do já citado Índice de Homicídio de Adolescentes (IHA) revelam um racismo persistente na sociedade brasileira que tira a vida de milhares de adolescentes negros todos os anos. No cálculo feito para a população conjunta de todos os municípios com mais de

(4) *Desafios para o ensino médio.* Brasília: Unicef, 2014; BRASIL. *Acesso, permanência, aprendizagem e conclusão da educação básica na idade certa* — direito de todas e de cada uma das crianças e dos adolescentes. Brasília, ago. 2012. *O direito de ser adolescente.* Brasília: Unicef, 2011.

100 mil habitantes em 2012, os adolescentes negros possuem um risco 2,96 maior de serem assassinados do que os brancos. Num *ranking* global, o Brasil ocupa um trágico segundo lugar em número de homicídios contra adolescentes, atrás apenas da Nigéria.

As desigualdades afetam especialmente as crianças e adolescentes que vivem no semiárido brasileiro. Em 2010, a taxa de distorção idade-série entre adolescentes na região era de 47,4%. A média nacional no mesmo ano era de 35,9%. No caso da Amazônia, a pobreza afeta 56,9% das crianças e adolescentes que moram naquela região enquanto a média do Brasil era 29% da população brasileira vivendo na pobreza.

As desigualdades estão também nos grandes centros urbanos. A média de homicídios de pessoas de 10 a 19 anos da cidade de São Paulo é 10,7 para cada 100 mil habitantes. Na subprefeitura Ermelino Matarazzo, o índice chega 28,3 por 100 mil.

Esses breves exemplos revelam um desafio central para o país: não basta melhorar as médias do país se os benefícios das melhorias continuam privilegiando apenas uma parcela da sociedade. É preciso desconstruir o mito de que todos têm as mesmas oportunidades e produzir políticas de inclusão social que tenham estratégias específicas para alcançar os mais excluídos.

Um quinto desafio refere-se à necessidade de quebrar o ciclo intergeracional de transmissão da pobreza. Para além dos fatores econômicos e culturais, há dois fatores centrais na transferência dos padrões de pobreza de uma geração para outra: o trabalho infantil e a baixa escolaridade.

As causas determinantes da exclusão escolar estão associadas à baixa renda das famílias, baixa escolaridade dos pais, à gravidez na adolescência, ao trabalho infantil, à falta de acesso à escola para as crianças que vivem em regiões remotas e a baixa qualidade do ensino que desmotiva especialmente os adolescentes.

Por isso, para garantir o desenvolvimento integral de crianças e adolescentes é preciso erradicar o trabalho infantil e garantir uma educação de qualidade.

Embora de 2012 para 2013 tenha havido uma queda de 12,3% no número de trabalhadores de 5 a 17 anos de idade, o Brasil ainda tem 3,1 milhões de trabalhadores nessa faixa etária, segundo a Pesquisa Nacional por Amostra de Domicílios (IBGE/Pnad/2013).

Essa mesma pesquisa constatou que o país possuía cerca de 13 milhões de pessoas com mais de 15 anos de idade que eram analfabetos, o que corresponde a 8,3% desta população.

Some-se a estes dois indicadores o fato de o país ter poucas mudanças na concentração de renda. Se observarmos a variação do Índice de Gini, que mede a desigualdade de renda em um país numa escala de 0 a 1, na qual quanto mais próximo de zero for o índice menor será a desigualdade. Segundo a PNAD/2013, o indicador referente ao rendimento dos domicílios brasileiros ficou em 0,5, depois de ter caído pela primeira vez para 0,499 no ano anterior. De 2011 para 2012, a variação também foi pequena, de 0,501 para 0,499. A série histórica da PNAD mostra que desde 2004 o Índice de Gini variou para baixo até 2012, partindo de 0,535. A maior queda foi entre os anos 2007 e 2008, com redução de 0,521 para 0,513. O que ocorreu agora é que o rendimento das pessoas mais ricas cresceu mais que o das mais pobres. De 2012 para 2013, o crescimento da renda dos 10% mais ricos foi 6,3%, enquanto os 10% mais pobres tiveram um ganho de rendimento de 3,5%.

No ano que o Brasil comemora os 25 anos do Estatuto da Criança e do Adolescente, trazer ao debate público esses desafios significa reafirmar a necessidade de colocar os direitos das crianças e dos adolescentes no centro da agenda política de uma forma crítica e consistente.

Se por um lado há muitos avanços que nos permitem afirmar que o país se tornou um lugar melhor para as crianças e adolescentes viverem, é preciso reconhecer que enquanto não radicalizarmos na garantia dos princípios da proteção integral e na urgência de dar prioridade absoluta às crianças, vislumbrado há 25 anos, nossas crianças e adolescentes ainda não terão realizado sua plena potencialidade e nosso país não terá assegurado um desenvolvimento sustentável.

Portanto entender a infância e a adolescência como fases complementares e interdependentes do desenvolvimento humano; potencializar bônus demográfico que representa a população de crianças e adolescentes; investir na adolescência para contribuir com o desenvolvimento da sua autonomia, interação e identidade; superar as desigualdades que impedem a realização dos direitos de todas e de cada uma das crianças e dos adolescentes; e quebrar o ciclo intergeracional de transmissão da pobreza se constituem em desafios que podem ajudar o país a ser mais justo e com mais igualdade de direitos e oportunidades.

Trabalho Infantil: Caminho que Perpetua a Pobreza

Maria Zuíla Lima Dutra(*)

1. Introdução

"As ves doi a fome."
(*sic* — P. N., 11 anos) (1)

O trabalho de crianças e adolescentes no Brasil existe desde a colonização e se mantém até hoje, como herança da escravidão. As estatísticas demonstram que crianças e adolescentes trabalham nas plantações, nas atividades extrativas, na pesca, nas carvoarias, nas feiras, nas madeireiras, nos garimpos, no serviço doméstico, nas olarias, nas oficinas, nos lixões e em diversas outras situações de reconhecida insalubridade, acompanhando os pais na luta pela sobrevivência, sendo privados do direito de brincar e estudar.

Nossa intenção neste artigo é aprofundar o conhecimento sobre o trabalho das crianças e adolescentes no Estado do Pará e no Brasil, destacando as razões que fazem do trabalho infantil uma forma de perpetuação da pobreza.

A prática de exploração da criança no trabalho precoce é constatada ao longo da história. Por exemplo, na visão marxeana(2), o progresso econômico, científico e tecnológico experimentado pela sociedade capitalista durante a revolução industrial e as transformações no modo de produção favoreceram a exploração do trabalho humano e, por consequência, o trabalho de crianças e adolescentes foi intensificado: "De um lado nós temos um progresso histórico e fator de desenvolvimento econômico da sociedade e, do outro, meio civilizado e refinado de exploração". Apesar de essa afirmativa ter sido feita ainda no século XVIII, ela continua bem atual. Hoje convivemos com a revolução tecnológica, cujo carro-chefe continua sendo o capital, em busca de lucros cada vez maiores. O índice de desemprego ainda registrado em nosso país e as necessidades de sobrevivência contribuem para que crianças e adolescentes sejam introduzidos precocemente no mercado de trabalho, com irrisório salário, para cooperar com a subsistência da família, ou somente em

(*) Mestre e Especialista em Direitos Fundamentais e das Relações Sociais. Professora Universitária e da Escola Judicial (ENAMAT, EJUD8 e TJE-PA). Juíza Titular da 5ª Vara do Trabalho de Belém. Membro da Comissão de Erradicação do Trabalho Infantil e de Proteção ao Trabalho Decente do Adolescente do TST/CSJT. Gestora Regional do Programa de Erradicação do Trabalho Infantil do TRT8. Membro da Comissão de Direitos Humanos da AMB. Coordenadora do Programa Trabalho, Justiça e Cidadania da AMATRA8.

(1) Declaração feita por um aluno do 4º ano, no questionário da pesquisa sobre a realidade do trabalho infantil no Estado do Pará, que está sendo realizada pela Comissão de Erradicação do Trabalho Infantil do TRT da 8ª Região.

(2) MARX, Karl. *O capital*. 14. ed. Tradução de Reginaldo Santana. Rio de Janeiro: Civilização Brasileira, 1994. p. 418. Livro 1, v. I, Cap. VIII.

troca de comida, moradia e objetos de higiene pessoal. O trabalho para esses meninos e meninas ocupa o tempo das brincadeiras tão necessárias nessa fase da vida.

O ponto central que estabelecemos como problema de nossa pesquisa é o motivo pelo qual o trabalho infantil perpetua a pobreza de geração a geração. Essa chaga social persiste, a despeito da diversidade de leis de proteção da criança e do adolescente e das variadas frentes de combate ao trabalho precoce, em nível nacional e internacional, atravessando os séculos. Em pleno século XXI, o trabalho infantil apresenta-se como ofensa à civilização.

A história nos revela que a proteção legal do trabalho precoce teve início na Inglaterra, em 1802, com o "Ato da Moral e da Saúde"(3), que limitava a jornada das crianças a doze horas. De acordo com Marx(4), de 1802 a 1833 o parlamento inglês chegou a promulgar cinco leis sobre trabalho, mas que não passaram de letra morta, considerando que:

> [...] astuciosamente não votou recursos para sua aplicação compulsória. [...] A verdade é que antes da lei de 1833, crianças e adolescentes tinham de trabalhar a noite inteira ou o dia inteiro, ou de fazer ambas as coisas ao bel-prazer do patrão.

Em seguida, na França, em 1813, foi legalizada em dez anos a idade mínima para o trabalho nas minas. O exemplo de proteção às crianças e adolescentes foi seguido por outros países do Velho Mundo: Alemanha, Itália, além de outros.

No Brasil, a exploração do trabalho precoce remonta à colonização. Antes mesmo de serem estabelecidas as relações entre o branco conquistador e os grupos aqui existentes, as caravelas portuguesas já traziam crianças trabalhadoras, no século XVI. Segundo Cristina Porto *et al.*(5),

> [...] as famílias pobres de Portugal embarcavam os filhos de 9 a 16 anos como grumetes e pajens nos navios. [...] Para a produção de cana-de-açúcar no país, os portugueses trouxeram escravos da África. Até o final do século XIX, 4% dos africanos que desembarcavam no mercado do Valongo, no Rio de Janeiro, eram crianças. Tinham vida curta: apenas um terço chegava aos 10 anos. Aos 7, já eram carregadores, mensageiros, pajens e sacos de pancadas das crianças brancas.

Descrevem esses autores que os pais dessas crianças entendiam ser um bom negócio alistar seus filhos entre os tripulantes dos navios que partiam para o Brasil, considerando que, mesmo que morressem em alto-mar, recebiam os soldos prometidos. Por outro lado, o fato de ser elevada a taxa de mortalidade nas viagens também não os assustava porque a alta taxa de óbitos em Portugal, fazia com que a chance de morrer vítima de fome ou de alguma doença em terra fosse igual ou até pior do que a de perecer a bordo das embarcações(6).

A partir da promulgação da Lei Áurea, de 13.5.1888, os imigrantes substituíram os africanos na lavoura, sobretudo nas fazendas de café do interior de São Paulo. Todavia, o contrato feito entre o colono e o fazendeiro envolvia toda a família, incluindo as crianças.

Descrevem ainda Cristina Porto e outras(7) que, em 1901, 23% do operariado têxtil paulista era formado por crianças, que enfrentavam falta de higiene, trabalho excessivo e até assédio sexual. Com o passar do tempo os trabalhadores foram se organizando para reivindicar melhores

---

(3) BARROS, Alice Monteiro de. O trabalho do menor e as inovações introduzidas pela Lei n. 10.097, de 19 de dezembro de 2000. *Revista do Tribunal Superior do Trabalho*, Brasília, v. 67, n. 1, p. 91, jan./mar. 2001.

(4) MARX, Karl. *O capital*. 14. ed. Tradução de Reginaldo Santana. Rio de Janeiro: Civilização Brasileira, 1994. p. 316. Livro 1, v. I, Cap. VIII.

(5) PORTO, Cristina; HUZAK, Iolanda; AZEVEDO, Jô. *Trabalho infantil* — o difícil sonho de ser criança. São Paulo: Ática, 2004. p. 42.

(6) DUTRA, Maria Zuíla Lima. *Meninas domésticas, infâncias destruídas*. São Paulo: LTr, 2007.

(7) PORTO, Cristina; HUZAK, Iolanda; AZEVEDO, Jô. *Trabalho infantil* — o difícil sonho de ser criança. São Paulo: Ática, 2004. p. 42.

condições de vida no ambiente de trabalho. Em 1917, deflagraram uma greve geral em São Paulo, liderada pelo Comitê Popular contra a Exploração de Menores, exigindo o cumprimento do Decreto-lei n. 1.313 (que não chegou a ser regulamentado), de 1890, que proibia o trabalho de crianças em máquinas em movimento e na faxina, fixava a idade mínima em doze anos e a jornada diária máxima de sete horas de trabalho por dia.

A força desses movimentos populares acabou por influenciar as ações do Estado, levando-o a editar uma lei fixando a jornada do trabalho de crianças em seis horas diárias, em 1923. Mas a primeira medida legal de proteção ao trabalho de crianças e adolescentes que realmente foi efetivada no Brasil, deu-se por meio do Decreto n. 17.943-A, de 12.10.1927, que proibia o trabalho aos que se encontrassem na faixa etária inferior a doze anos, sendo essa idade ampliada para quatorze anos, a partir de 1932. Finalmente, em 1946, a Constituição proibiu a diferença salarial entre crianças e adultos e o trabalho noturno a quem tivesse menos de dezoito anos.

Com a Constituição de 1967 o limite voltou para doze anos, mas a Constituição Federal de 1988 (art. 203, inciso I) o refixou em quatorze anos, excetuando a condição de aprendiz. Em 13 de junho de 1990, com a promulgação do Estatuto da Criança e do Adolescente (ECA), a sociedade passou a enfrentar com mais determinação o combate ao trabalho infantojuvenil, sob o aspecto dos direitos sociais. O ECA tem o capítulo V dedicado à proteção de crianças e adolescentes trabalhadores. A idade mínima foi alterada para dezesseis anos, em 1988, com a Emenda Constitucional n. 20 (art. 1º).

O ECA faz distinção entre o que possui menos de doze anos de idade e o adolescente aprendiz, considerado como o que possui entre quatorze e dezesseis anos. Este faz jus a bolsa de aprendizagem, mas não tem proteção trabalhista. Distingue ainda os adolescentes de dezesseis a dezoito anos incompletos, que possuem direitos trabalhistas e previdenciários.

Não é difícil inferir que a exploração do trabalho infantojuvenil é um estigma que remonta à época da colonização do Brasil. Após a Lei Áurea, a escravidão (servidão) despiu-se de sua cruel veste para se esconder "atrás de máscaras da insuficiência econômica, da desvalia social e da rusticidade oculta", exaurindo o trabalhador pela exploração de sua energia pessoal "em nível de tratamento animalesco, sobretudo de menores, mulheres e rurícolas" (FREIRE).

Diante da gravidade da situação, entendemos que essa questão deve ser tratada com indignação, porque atinge a humanidade e a dignidade das pessoas. A grande verdade é que o egoísmo, a falta de solidariedade e o desrespeito aos direitos humanos têm levado à exploração de crianças e adolescentes no trabalho.

2. Os inaceitáveis números do trabalho infantil

"Sem educação, Brasil terá jovens violentos."
Kailash Satyarthy,
Prêmio Nobel da PAZ, 2014

A exploração de crianças e adolescentes no mundo do trabalho vem sendo repudiada há mais de 8.000 anos, como descreve Ari Cipola[8], ao dizer que "no século 6 a. C., os judeus, de volta a Jerusalém após o exílio na Babilônia, já se insurgiam contra o destino de seus filhos, escravizados em troca de alimentos". No Brasil, esse lamentável fenômeno tem suas raízes na época do descobrimento. A história registra que os navios chegavam aos portos brasileiros carregados de trabalhadores infantis, o que contribuiu para formar a cultura ainda existente em nossa sociedade, no sentido que é melhor trabalhar do que ficar nas ruas ou é melhor trabalhar do que virar marginal. Ocorre que essa prática impõe à população infantojuvenil toda sorte de negligência, exploração, violência, crueldade e opressão, retirando-lhe o sagrado direito de brincar com outras crianças, de

(8) CIPOLA, Ari. *O trabalho infantil*. São Paulo: Publifolha, 2001. p. 31-32.

experimentar o lúdico, de exercitar a curiosidade e a criatividade, de estudar e de viver o tempo da infância, tão importantes na formação de sua integridade para a vida. Portanto, trabalhar não é a alternativa para evitar o vício e os maus comportamentos, pois não se combate o mal com outro mal.

Apesar de todos os esforços que vêm sendo feitos por entidades governamentais e não governamentais, além de órgãos internacionais (a exemplo da OIT e do UNICEF), a pesquisa PNAD/IBGE (2013) registra que 3.188 milhões de crianças e adolescentes (de 5 a 17 anos de idade) ainda trabalham no Brasil, o que corresponde a 7,5% do total de todo o país[9]. Indiscutível que o trabalho infantojuvenil é uma realidade em todos os Estados brasileiros, fato que representa a absoluta amputação dessa fase da vida, pois uma infância ceifada não retorna nunca mais e compromete o futuro das pessoas exploradas porque deixa marcas muito profundas, que o tempo não consegue apagar. Para o Brasil, a consequência do trabalho infantil é a persistência de uma massa de mão de obra desqualificada.

Não podemos deixar de reconhecer que houve redução de 50% na taxa do trabalho infantil, de 2004 para 2013 (de 7,5% em 2004 para 3,8% em 2013), segundo publicação do Sistema Nacional de Indicadores em Direitos Humanos (SNIDH) lançado pela Secretaria de Direitos Humanos da Presidência da República (SDH/PR), no dia 11.12.2014[10].

Sem dúvida, trata-se de progresso significativo, reconhecido por todos os órgãos que desenvolvem esse trabalho, inclusive a comunidade internacional. Mas, é preciso continuar com ações firmes e eficientes para alterarmos esse quadro que ainda persiste em índices inaceitáveis.

No Estado do Pará, de acordo com o IBGE/PNAD, de 2013[11], ainda existem 198 mil crianças e adolescentes trabalhando, muitos deles excluídos dos bancos escolares. Nem programas de assistência às crianças como o Bolsa-Escola[12] e o Programa de Erradicação do Trabalho Infantil (PETI) têm conseguido evitar que o problema persista. Crianças e adolescentes vendedores ambulantes estão presentes em todos os centros urbanos e a utilização do trabalho infantil persiste no meio rural, principalmente durante os períodos de colheita da safra agrícola. O quadro ainda é particularmente dramático na agricultura, onde milhares de crianças trocam a escola pela colheita das safras de pimenta-do-reino, laranja e feijão[13]. Na verdade, o Pará ainda vive o período colonial em muitos aspectos: reverbera a exploração de crianças e adolescentes e a escravidão (com outra roupagem). Algumas atividades desenvolvidas no espaço rural, a exemplo do extrativismo do açaí[14], caracterizam-se pela elevada insegurança aos "peconheiros"[15] infantis, favorecendo

(9) Disponível em: <www.ibge.gov.br>. Acesso em: 11.1.2015.

(10) O Sistema Nacional de Indicadores em Direitos Humanos é uma matriz articulada de indicadores sociais, que tem por meta monitorar e avaliar o progresso dos Direitos Humanos no Brasil. O representante das Nações Unidas para o Brasil, Jorge Chediek, participou desse evento e declarou que o sistema brasileiro poderá ser utilizado como modelo em outros países, acrescentando que "o Brasil terá um dos melhores sistemas de monitoramento do mundo com qualidade e profundidade extraordinárias. A apresentação destes indicadores mostra o progresso do Brasil e o compromisso das autoridades em aprofundar os direitos humanos". Disponível em: <http://www.sdh.gov.br/noticias/2014/dezembro/trabalho-infantil-cai-pela-metade-no-brasil-em-nove-anos>. Acesso em: 11.1.2015.

(11) Disponível em: <www.ibge.gov.br>. Acesso em: 11.1.2015.

(12) Programa que desde outubro 2003 foi absorvido pelo Programa Bolsa-Família, sob o argumento de ser mais favorável à inclusão social.

(13) Disponível em: <www.cedecaemaus@uol.com.br>. Acesso em: 11.1.2015.

(14) A exploração e o beneficiamento ainda são feitos de forma bem artesanal pela grande maioria dos produtores. A produção nacional de frutos da palmeira de açaí (extrativista), em 2011 totalizou 215,3 toneladas. A liderança na produção está no Pará com 109.345 toneladas ano. Disponível em: <www.ibge.gov.br>. Acesso em: 13.6.2015.

(15) Peconheiro: quem sobe nos açaizeiros, utilizando uma peconha (laço de corda ou de pedaço de saco, p. ex., de fibra de embira, em que os trepadores de árvore apoiam os pés de encontro ao caule, para por este subirem com a força de suas pernas e braços).

os acidentes de trabalho. Como afirmou João Meirelles Filho, Diretor do Instituto Peabiru(16):

> É preciso convencer-se que só se eliminam os mais graves problemas sociais decorrentes das desigualdades sociais — a prostituição infantil, a violência contra a mulher, contra o jovem, contra o índio e contra o quilombola, o desmatamento, a destruição das florestas e rios —, se a economia da pecuária bovina, do garimpo, da extração madeireira e dos grandes empreendimentos cumprirem a lei; ou seja, se esta economia erradicar o trabalho precário.

Existe também grande preocupação com crianças e adolescentes que trabalham em condições precárias em fábricas artesanais de farinha, descascando mandioca com facões amolados, e entre os catadores de caranguejo que atuam no nordeste paraense, principalmente nos municípios de Bragança, Augusto Correa, Quatipuru e São Caetano de Odivelas. Esse fato ocorre porque os meninos e as meninas trabalham em dois turnos na época da captura do caranguejo, sobretudo entre os meses de janeiro e abril, que coincide com o início do ano letivo.

É inaceitável que no início do terceiro milênio ainda estejamos convivendo com formas degradadas de relações de trabalho, que afetam tanto as vítimas como os seus autores, pois é o futuro da sociedade que se encontra em jogo.

3. *Conscientização da sociedade e escola de qualidade: caminhos para a mudança*

O caminho para romper o círculo vicioso hoje instalado entre as famílias de classes sociais menos privilegiadas é a escola. Crianças e adolescentes devem estudar para terem, no futuro, condições de suprir as necessidades das famílias que vierem a formar, sem explorar seus filhos.

Relevante registrar que no Estado do Pará existem forças sociais contribuindo no combate ao trabalho de crianças e adolescentes, tais como: Fórum Paraense de Erradicação do Trabalho Infantil e Proteção do Trabalho do Adolescente; Ministério Público do Trabalho, Superintendência Regional do Trabalho e Emprego, Secretaria Executiva do Trabalho e Promoção Social, Secretaria Executiva de Educação, Universidade da Amazônia, Ministério Público do Estado do Pará, Fundação da Criança e do Adolescente, Conselho Estadual dos Direitos da Criança e do Adolescente, Justiça do Trabalho, além de outros.

A Justiça do Trabalho vem dando mostras de comprometimento com a erradicação do trabalho precoce, como parte de sua relevante missão de promover a Justiça Social, na medida em que instituiu a Comissão de Erradicação do Trabalho Infantil e da Proteção ao Trabalho Decente do Adolescente, por meio do Ato Conjunto n. 21/2012, do Tribunal Superior do Trabalho (TST) e do Conselho Superior da Justiça do Trabalho (CSJT), que tem por objetivo desenvolver projetos e ações concretas em prol da erradicação do trabalho infantil no Brasil e da proteção ao trabalho do adolescente. Tem-se, portanto, a efetivação da responsabilidade social que compete a todos os segmentos do país.

Destaca-se dentre as grandes iniciativas protagonizadas pelo TST/CSJT, a instituição oficial do Programa de Combate ao Trabalho Infantil, que visa desenvolver, em caráter permanente, ações em prol da erradicação dessa persistente chaga social e da adequada profissionalização do adolescente, o que representa valiosa contribuição do judiciário brasileiro para reduzir o trabalho precoce em todos os pontos do Brasil.

O passo seguinte foi a criação de uma Comissão Regional, com dois gestores, em cada um dos 24 Tribunais Regionais da Justiça do Trabalho, os quais vêm obtendo o engajamento

(16) "É hora e a vez de extinguir o trabalho precário na Amazônia". Artigo publicado em razão do Seminário sobre precariedade de algumas atividades desenvolvidas na Amazônia rural, organizado pelo Tribunal Regional do Trabalho da 8ª Região (TRT8), em evento pioneiro, em Belém, com o apoio do Ministério Público do Trabalho (MPT), UNICEF e Instituto Peabiru. Disponível em: <http://www.envolverde.com.br/ambiente/hora-e-vez-de-extinguir-o-trabalho-precario-na-amazonia/>.

efetivo de diversos magistrados. Essa relevante conscientização dos Juízes do Trabalho envolve também suas Associações (ANAMATRA e AMATRAS), mediante promoção de debates sobre os direitos dos adolescentes e das crianças, bem como do papel social ativo que deve ter o(a) magistrado(a) na proteção desses direitos.

As notícias divulgadas por todos os Tribunais Regionais acerca das medidas que vêm sendo efetivadas em seu âmbito de atuação são bastante animadoras. No TRT da 8ª Região, que engloba os Estados do Pará e Amapá, o Programa idealizado pelo TST/CSJT vem crescendo de forma surpreendente e obtendo muitas adesões à causa. As gestoras regionais[17] implementaram ações a partir do lema "a união faz a força", levando em consideração que muitas entidades (governamentais e não governamentais) trabalham isoladamente no combate ao trabalho infantil. Por essa razão, as magistradas decidiram estimular as parcerias com essas instituições e outras entidades/empresas com potencial para somar esforços nessa grande empreitada. A primeira parceria foi feita com o Tribunal de Justiça do Estado do Pará, da qual resultou a formação de uma Comissão Interinstitucional[18].

O passo seguinte foi pensar uma ação de grande visibilidade que contribuísse com a conscientização da população da capital do Estado. A ideia posta em prática foi a de encampar a Campanha Cartão Vermelho ao Trabalho Infantil, criada pela Organização Internacional do Trabalho (OIT), tendo como os primeiros envolvidos os dois clubes de futebol de maior torcida do Estado do Pará (Remo e Paysandu), com a esperança de que a paixão demonstrada nos estádios também se estenda à paixão pela vida plena de nossas crianças e adolescentes. O resultado superou todas as expectativas e contou com o grande apoio da imprensa. A partir daí as parcerias foram se multiplicando com MPT, MTE, SRTE, Associações de Magistrados, OAB, Governo do Estado, Prefeituras Municipais, Universidades, Federações, UNICEF, empresas privadas, voluntários individuais etc. Em cinco meses a Comissão já contava com 87 parcerias que vêm colaborando com as diversas ações que estão sendo promovidas, inclusive com a reprodução de cartilhas e outros materiais utilizados nas atividades de conscientização.

Dentre as ações concretas do Programa, destaca-se a profissionalização como parte do processo de formação educacional, a partir dos 14 anos, objetivando contribuir com a preparação de adolescentes para o ingresso no mercado de trabalho. Entendemos que o direito à profissionalização deve ser visto como prioridade, considerando que a crescente demanda de mão de obra qualificada para o trabalho no mundo informatizado e globalizado faz com que tanto a escolaridade como a aprendizagem sejam igualmente valorizadas. É nesse sentido que as ações vêm sendo efetivadas pela Comissão do TRT8.

A Comissão também vem promovendo Seminários sobre Trabalho Infantil em várias Universidades com amplos debates pela comunidade acadêmica, o mesmo ocorrendo com pais, alunos e professores das escolas de ensino médio e fundamental (sobretudo as públicas).

Por ocasião do Dia Mundial do Combate ao Trabalho Infantil, 12 de junho de 2015, a

(17) Juízas Maria Zuíla Lima Dutra e Vanilza de Souza Malcher.

(18) O Tribunal Regional do Trabalho da 8ª Região (TRT8) e o Tribunal de Justiça do Estado do Pará (TJ-PA), firmaram um Acordo de Cooperação Técnica TRT n. 5/2014, em 7.7.2014, cujo objetivo é o intercâmbio de conhecimentos, experiências e atuação conjunta em atividades e programas institucionais de mútuo interesse entre os Tribunais do Trabalho e de Justiça. Na ocasião, como primeira iniciativa fruto do termo, foi assinado também o Ato Conjunto n. 1/2014, que institui a Comissão de Erradicação do Trabalho Infantil no âmbito do TRT8 e TJ-PA. A Comissão é coordenada pela Juíza do Trabalho Titular da 5ª Vara do Trabalho de Belém, Maria Zuíla Lima Dutra e tem como membros: a Juíza Titular da 2ª VT de Belém, Vanilza de Souza Malcher; o Desembargador do TJ-PA, José Maria Teixeira do Rosário; o Juiz da 6ª Vara do Juizado Especial Cível do TJ-PA, Vanderley de Oliveira Silva; o Assessor de Comunicação do TRT8, Edney Martins, e o servidor do TJ-PA, Nelcy Lima Colares. A Secretária atual da Comissão é a servidora do TRT8, Rosineide dos Santos Marques. O Termo de Cooperação permite o planejamento e desenvolvimento de seminários, palestras, cursos e treinamentos sobre interesses das instituições; a indicação de magistrado ou servidor para participar em fóruns sobre temas de interesse das instituições; a elaboração de material didático e audiovisual empregado nos seminários, palestras, cursos e treinamentos a serem realizados conjuntamente; o apoio técnico ao desenvolvimento das ações conjuntas programadas; entre outros compromissos.

Comissão do TRT8 focou suas ações no trabalho infantil desenvolvido dentro dos ônibus coletivos e nos semáforos. A ação mobilizou o trabalho de mil pessoas somente na cidade de Belém. Foram realizadas *blitzen* em quatro pontos de grande movimento, com a parada de 250 ônibus, além de 40 pontos de panfletagem em semáforos de grande movimento de Belém, Icoaraci e Ananindeua. Nessa ação foram distribuídos 100 mil panfletos contendo as "dez razões pelas quais a criança não deve trabalhar". As ações atingiram a Praia Grande, na vila de Outeiro, no dia 13.6.2015, onde o trabalho precoce é recorrente.

Outra relevante atividade é a pesquisa sobre a realidade do trabalho infantojuvenil no olhar dos seus atores. Com ajuda de especialistas foi elaborado um questionário que está sendo respondido por um milhão de alunos de escolas públicas estaduais e municipais do Estado do Pará (do total de 2.500.000 alunos matriculados nas escolas públicas).

O questionário contém dezessete perguntas objetivas, a respeito das tarefas que a criança desenvolve em casa; se tem atividades fora de casa e quais são essas atividades; há quanto tempo trabalha, quanto ganha e o que faz com o dinheiro. O questionário busca saber se o trabalho atrapalha os estudos (trabalhos em grupo, dever de casa, exercícios etc.); se tem atividades de lazer fora da escola (brincar com outras crianças, jogar, praticar esportes etc.). A pesquisa também investiga acerca do que o aluno espera do poder público para melhorar a sua vida, além de outra questões relacionadas com a infância.

A realidade evidenciada nos questionários já devolvidos à Comissão, que foram aplicados nas escolas estaduais e municipais da cidade de Belém, demonstra a necessidade de incrementar, em definitivo, a proteção da infância por todos os segmentos retratados no art. 227 da Constituição da República Federativa do Brasil (estado, família e sociedade). Relativamente à responsabilidade do Estado, é patente a irresignação dos alunos com a precariedade do ensino e das escolas. Trata-se de situação que demanda determinação prioritária do Estado para proteger os direitos humanos que estão sendo violados no alvorecer da vida.

É incontestável que, juridicamente, a criança e o adolescente do Brasil estão amparados com o manto da proteção integral e especial, como se constata nos dispositivos inseridos na Constituição Federal (arts. 1º, III, 227 e 228), no Estatuto da Criança e do Adolescente — ECA (arts. 1º/6º, 60/63, 65, 67 e 69) e na Consolidação das Leis do Trabalho — CLT (arts. 390, 402, 406/407, 408, 428/434 e 439/440). Indiscutível que essa proteção inclui garantia de absoluta prioridade, acesso à escola e vedação expressa à exploração da mão de obra infantojuvenil. Todavia, as normas não têm sido suficientes para promover a necessária proteção dessas criaturas. Essa constatação é vista a olhos nus quando nos envolvemos com a realidade social, o que tem sido testemunhado pelas duas juízas do TRT8 que coordenam o Programa, em visitas feitas às escolas e bairros periféricos da cidade de Belém e Macapá.

Fizemos um pequeno recorte da mencionada pesquisa, respondida em dezembro/2014, por alunos de duas escolas públicas da cidade de Belém: uma municipal e outra estadual. Na escola municipal, dentro do universo de 153 alunos destacamos oito meninas, de 8 a 13 anos de idade, que trabalham na condição de babás na casa de terceiros, sem receber qualquer pagamento e que faltam às aulas em razão dessa atividade. Na escola estadual, de bairro diferente, entre os alunos de 7 turmas no universo de 167 alunos identificamos cinco meninas, de 7 a 11 anos de idade, que trabalham na mesma condição. Essas pequenas amostras vêm confirmar que o trabalho compromete o estudo da criança que o desempenha.

Como se vê, o trabalho infantojuvenil apresenta-se como uma das maiores prioridades a ser enfrentada pela sociedade brasileira, considerando tratar-se de realidade evidente em cada ponto do país, com reflexos diretos na negação da dignidade social e da cidadania a milhões de brasileiros e brasileiras, que se expressam na luta pela sobrevivência, na desinformação, na inconsciência do real e não acesso ao saber. Esses fatores retiram dessas pessoas qualquer possibilidade de participação consciente na vida política e no exercício de seus direitos, com reflexo direto na formação de nossa sociedade e com o futuro que deixa para as próximas gerações, incluindo nossos filhos e netos.

Não resta dúvida de que essa prioridade passa pela mobilização de todos os segmentos da sociedade, pois as consequências do trabalho precoce afetam a todos os cidadãos. É uma causa que não pode ter partido político, nem time, nem religião, nem divisão de qualquer espécie. É uma causa que exige a união e o comprometimento de todos. É uma causa que exige a mudança de olhar para ver os prejuízos provocados pelo trabalho infantil. Aliás, sobre essa questão da necessidade de integração dos atores envolvidos no combate ao trabalho de crianças e adolescentes, Maciel e França[19] defendem que "Boa intenção não basta", pois "as políticas setoriais isoladas são insuficientes para o enfrentamento da desigualdade social... a proteção social é requerida por um sujeito inteiro... quem está com fome, ou sofrendo uma situação de negligência, precisa muito mais do que uma cesta de comida ou de um abrigo qualquer". Os autores mostram, nesta análise, a "ação delimitada por lei" de cada entidade, o que define suas fronteiras de atuação. "Essa situação indica a necessidade de reuniões intersetoriais entre os órgãos de controle social, seja para expor os limites programáticos de cada política, seja para elaborar propostas de ações que promovam o exercício do controle amplo e estimulem, uma cidadania plena". É exatamente essa política que vem sendo adotada pela Comissão de Erradicação do Trabalho Infantil do TRT da 8ª Região, por meio das parcerias, por entender que o cumprimento dos mandamentos da doutrina da proteção integral somente poderá ocorrer mediante ações afinadas entre o Estado, as famílias e a sociedade civil, com o propósito de erradicar o trabalho infantil e, mais urgente ainda, as piores formas de trabalho de crianças e adolescentes.

Para o Unicef, o trabalho infantojuvenil no Brasil e no mundo possui relação direta com o grau de escolaridade e a pobreza. Assim sendo, sua erradicação depende de eficiente combate às desigualdades sociais, de desenvolvimento da educação e de garantia dos direitos humanos.

O princípio do tratamento da pessoa como um fim em si mesmo requer não apenas o dever de não prejudicar ninguém, mas também o dever de possibilitar a felicidade do outro, pelo reconhecimento e respeito aos direitos humanos. Fábio Konder Comparato[20] identificou os direitos humanos como sendo "os valores mais importantes da convivência humana, aqueles sem os quais as sociedades acabam perecendo, fatalmente, por um processo irreversível de desagregação".

Segundo Liszt Vieira[21] "a cidadania tem assumido historicamente várias formas em função dos diferentes contextos culturais". O autor defende o papel da ciência do Direito nas relações sociais e institucionais, realçando a importância que a cidadania possui nas liberdades individuais, ao afirmar que:

> [...] num Estado democrático, cabe ao direito o papel normativo de regular as relações interindividuais, as relações entre o indivíduo e o Estado, entre os direitos civis e os deveres cívicos, entre os direitos e os deveres da cidadania, definindo as regras do jogo da vida democrática. A cidadania, poderá, dessa forma, cumprir um papel libertador e contribuir para a emancipação humana, abrindo "novos espaços de liberdade", por onde ecoarão todas as vozes de todos aqueles que, em nome da liberdade e da igualdade, sempre foram silenciados.

A emergência do debate sobre a persistência do trabalho infantojuvenil é uma realidade incontestável no Brasil. Para Aldacy Rachid Coutinho, o respeito aos direitos humanos será

(19) MACIEL, C. F.; MOURA, J. M. B. De mau a pior? A questão trabalhista na China contemporânea. *Revista Novos Cadernos NAEA*, v. 17, n. 2, p. 141-166, 2014.

(20) COMPARATO, Fábio Konder. *A afirmação histórica dos direitos humanos*. 4. ed. rev. e atual. São Paulo: Saraiva, 2005. p. 26.

(21) VIEIRA, Liszt. *Cidadania e globalização*. 3. ed. Rio de Janeiro: Record, 1999. p. 22.

sempre o eixo principal de qualquer modelo de sociedade que deseje a liberdade e a igualdade de todos. A presença de milhares de crianças e adolescentes na escravidão do trabalho é um exemplo contundente de que "apesar de gozarmos de direitos no plano jurídico, somente poucos temos recursos para exercê-los na vida real"[(22)]. Para esse autor,

> [...] milhões de crianças e adolescentes — pressionados pela pobreza de suas famílias — viram-se obrigados a deixar de lado hábitos e condutas próprias de suas idades. Seus direitos a brincadeiras, à assistência escolar, à saúde, entre outros, não podem ser exercidos cabalmente por terem de trabalhar. A existência de trabalho infantil é um fator de negação à cidadania.[(23)]

A luta pela erradicação do trabalho infantojuvenil não pode estar divorciada do respeito aos direitos humanos, pois a cidadania não está limitada ao poder de votar e de exercer cargos públicos, mas ao poder de exercer realmente todos os direitos universalmente reconhecidos. Dessa forma, entendemos que a afirmativa de existência dos direitos humanos implica em seu efetivo cumprimento.

Com este propósito foi aprovada na Assembleia Geral das Nações Unidas, em 20.11.1959, por unanimidade, a Declaração dos Direitos da Criança, que enumera os direitos e as liberdades a que, segundo o consenso da comunidade internacional, faz jus toda e qualquer criança. Muitos dos direitos e liberdades contidos nessa Declaração fazem parte da Declaração Universal dos Direitos Humanos. Em seu preâmbulo, a nova Declaração diz expressamente que "a criança, em decorrência de sua imaturidade física e mental, requer proteção e cuidados especiais, quer antes ou depois do nascimento". E prossegue, afirmando que "à criança a humanidade deve prestar o melhor de seus esforços". Para Fábio Konder Comparato, é o sofrimento que vem aprofundando a afirmação histórica dos direitos humanos[(24)].

Do ponto de vista teórico, pautado por novos argumentos, Norberto Bobbio[(25)] afirma que os direitos do homem, por mais fundamentais que sejam, são direitos históricos, ou seja, nascidos em certas circunstâncias caracterizadas por lutas em defesa de novas liberdades, contra velhos poderes e nascidos de modo gradual, não todos de uma vez. Nascem quando aumenta o poder do homem sobre o homem, em face do progresso técnico, isto é, da evolução da capacidade do homem em dominar a natureza e os outros homens.

Fábio Konder Comparato, na introdução de sua obra "A afirmação histórica dos Direitos Humanos"[(26)], faz profunda reflexão e conclui que homens e mulheres são os únicos seres deste mundo capazes de amar, de descobrir a verdade e de criar a beleza. Para este autor, afirmar os direitos humanos significa reconhecê-los universalmente com a certeza de que "em razão dessa radical igualdade, ninguém — nenhum indivíduo, gênero, etnia, classe social, grupo religioso ou nação — pode afirmar-se superior aos demais"[(27)]. Desse modo, está evidente que a Constituição da República de 1988 não criou a dignidade humana, apenas reconheceu a sua existência, transformando-a em um valor supremo da ordem jurídica, ao incluí-la entre os fundamentos da República Federativa do Brasil.

O que se percebe no mundo atual é que persistem situações sociais, políticas e econômicas que contribuem para tornar descartáveis os homens e as mulheres, sendo que o ser humano,

(22) GLASINOVICH, Walter Alancón. Reflexões sobre o processo de erradicação do trabalho infantil na América Latina. In: TRIBUNAL SUPERIOR DO TRABALHO (org.). *Fórum Internacional sobre Direitos Humanos e Direitos Sociais*, São Paulo: LTr, p. 84, 2004.

(23) *Ibidem*, p. 85.

(24) *Ibidem*, p. 55.

(25) BOBBIO, Norberto. *A era dos direitos*. 16. ed. Rio de Janeiro: Campus, 1992. p. 6.

(26) *Ibidem*, p. 1.

(27) COMPARATO, Fábio Konder. *A afirmação histórica dos direitos humanos*. 4. ed. rev. e atual. São Paulo: Saraiva, 2005. p. 1.

e apenas ele, não pode ser empregado como um meio para a realização de um fim, pois é fim de si mesmo, porque na sua pessoa pulsa a humanidade.

Um ponto pacífico entre os doutrinadores reside no fato de que o ser humano é o elemento central do Direito, considerando que não existe ordenamento jurídico destinado a regular conduta de outros seres. Todas as normas jurídicas têm por objeto a conduta do ser humano.

O pensamento pedagógico do renomado educador brasileiro Paulo Freire está intimamente ligado com o processo social e político, tendo presente que o seu método de ensino constitui-se em um convite para a transformação do mundo. Podemos dizer que Paulo Freire formulou uma pedagogia ao mesmo tempo dos silenciados e da responsabilidade social, dos oprimidos e dos que não são oprimidos, mas que estão comprometidos com eles e com eles lutam.

Para Freire[28], a educação vai muito além da instrução. O conhecimento deve constituir-se em ferramenta essencial para intervir no mundo. Ensinar não é só transmitir conhecimentos em sala de aula, mas inserir o outro na história (num imaginário político mais amplo). Por essa visão, o papel da escola consiste em colocar o conhecimento nas mãos dos excluídos de forma crítica porque a pobreza política produz a pobreza econômica. Na teoria do conhecimento de Paulo Freire o ato de pensar está diretamente ligado à relação com o outro.

A educação dialogada desenvolvida por Freire conduz ao exercício da ética universal da solidariedade humana, que deve estar cada vez mais presente no Brasil, como forma de combater a perversa ética do mercado, responsável por aumentar a massa dos excluídos da sociedade, pela miséria e o sofrimento que produz no dia a dia.

Nessa mesma linha de pensamento, o filósofo alemão Jürgen Habermas[29] desenvolveu uma teoria global sobre os problemas da humanidade, a teoria do agir comunicativo. No âmbito dessa teoria surge a ética do discurso, ou seja, a ética da responsabilidade coletiva, em que a orientação para o agir ocorre por meio de um processo interativo, dialético, contrária à instrumentalização da razão e dos valores, advindos do neoliberalismo.

É possível afirmar que a teoria de Jürgen Habermas se aproxima do ideal de Paulo Freire quando trata da ética e da educação como formas de inclusão do outro na sociedade. A base da teoria de Freire é o processo de humanização de todas as pessoas (homens e mulheres; adultos e crianças). Seu sonho se direcionava para a luta pela paz, que se viabiliza nas virtudes da tolerância e do respeito à dignidade humana. Nos oprimidos, o medo da liberdade é o medo de assumi-la. Nos opressores, é o medo de perder a "liberdade" de oprimir[30]. Por isso o autor comparou a libertação com um parto doloroso, mas que faz nascer uma nova pessoa[31].

Essas tarefas precisam ser assumidas não apenas pelos órgãos governamentais, mas pelas famílias (em primeiro lugar) e por toda a sociedade, com vistas a somar esforços para reduzir as desigualdades sociais, em caráter emergencial.

Esse caminho será viabilizado por meio de uma cultura política de defesa das liberdades civis e dos direitos humanos, exigindo, sem sombra de dúvida, a participação ativa da sociedade civil organizada, de modo a levar o Estado a incluir medidas específicas para tratar adequadamente a todos os desiguais.

A igualdade presente na esfera pública é, obrigatoriamente, uma "igualdade de desiguais que precisam ser 'igualados' sob certos aspectos e por motivos específicos"[32]. Desse modo, o fato igualador não provém da natureza humana, mas de fora, de um fator externo que é imprescindível para igualar uma pessoa que possui todos os bens materiais de outra pessoa que não

(28) FREIRE, Paulo. *Pedagogia da autonomia.* 31. ed. São Paulo: Paz e Terra, 2005. p. 33.
(29) HABERMAS, Jürgen. *A era das transições.* Trad. Flávio Beno Siebeneichler. Rio de Janeiro: Tempo Brasileiro, 2003.
(30) FREIRE, Paulo. *Pedagogia do oprimido.* 22. ed. São Paulo: Paz e Terra, 1993. p. 33.
(31) *Ibidem*, p. 35.
(32) ARENDT, Hannah. *A condição humana.* 10. ed. Trad. Roberto Raposo. Rio de Janeiro: Forense Universitária, 2005. p. 227.

possui o mínimo necessário para sobreviver. "A igualdade política é o oposto da igualdade de todos perante a morte que, como destino comum aos homens, decorre da condição humana"(33).

Assim, é necessário prosseguir interrogando sobre o sujeito do trabalho e as condições de sua existência. A realização da justiça social precisa de solidariedade em que se identifiquem a "degradação social do homem-sujeito do trabalho, a exploração dos trabalhadores e as zonas crescentes de miséria e mesmo de fome" (JOÃO PAULO II, 1990, p. 31). Com este mesmo pensamento, o Papa Francisco pediu que "renovemos todo nosso empenho, em particular as famílias, para garantir a cada criança a proteção da sua dignidade e a possibilidade de um crescimento sadio. Uma infância serena permite às crianças olhar para a vida e para o futuro com confiança".

De que modo a sociedade pode dar a sua parcela de colaboração para mudar o quadro atual? Cremos que pode ser de diversas maneiras. Citamos alguns exemplos ilustrativos: a) no aspecto político, exigindo que o Estado promova políticas públicas para que cumpra efetivamente as leis protetoras de crianças e adolescentes, sobretudo oferecendo escolas de qualidade, em tempo integral, onde as crianças tenham a oportunidade de estudar e de viver o lúdico na companhia de outras crianças; b) no aspecto social, respeitando o direito do outro pelo exercício da solidariedade.

4. A perpetuação da pobreza

"O trabalho infantil é uma forma de violência silenciosa e das mais cruéis. Violência que rouba o que a criança tem de mais precioso: o direito de ser e de viver como criança."

Isis Dumont

Urge que encaremos a pobreza sob o ângulo dos direitos humanos e não com sentimentos caritativos. Para o sociólogo José Bengoa, o tema da pobreza deve ser incluído em análises prévias das medidas governamentais, como "um estudo de impacto social".

É preciso que se diga que a miséria "é uma violência e não a expressão da preguiça popular ou fruto da mestiçagem ou da vontade punitiva de Deus, violência contra a qual devemos lutar" (FREIRE, p. 82). Neste sentido, "não é o favelado que deve ter vergonha da condição de favelado, mas quem, vivendo bem e fácil, nada faz para mudar a realidade que causa a favela" (FREIRE, p. 84). Daí o compromisso social que todos temos no sentido de lutar contra as desigualdades sociais, sobretudo para proteger o desenvolvimento físico e mental das crianças e adolescentes.

Segundo Costa (1994, p. 12-13)(34), uma das faces mais perversas do trabalho precoce sobre a vida da criança e do adolescente é privá-los do acesso à escola. Para ele, o trabalho infantil tem sido responsável pelo afastamento das crianças do continente afetivo da família e das vinculações socioculturais com o seu meio de origem, bem como por sua desescolarização prematura, inviabilizando-as como pessoas e como cidadãos.

O direito à profissionalização também é prioritário e a crescente demanda de mão de obra qualificada no mercado de trabalho do mundo informatizado e globalizado faz com que tanto a escolaridade como a aprendizagem sejam igualmente valorizadas.

O cumprimento dos mandamentos da doutrina da proteção integral somente poderá se dar por meio de ações integradas entre o Estado e a sociedade civil.

O novo conceito legal de aprendizagem possibilita a utilização de outros mecanismos para preparo das crianças e dos adolescentes, tais como: o estágio profissionalizante, as escolas de profissionalização, a aprendizagem metódica na própria empresa e o trabalho educativo. A profissionalização é um direito prioritário dos

(33) ARENDT, Hannah. *A condição humana.* 10. ed. Trad. Roberto Raposo. Rio de Janeiro: Forense Universitária, 2005. p. 227.
(34) Disponível em: <www.cedecaemaus@uol.com.br>. Acesso em: 7.9.2005.

adolescentes, e é a alternativa para o atendimento de milhões de pessoas entre quatorze e dezesseis anos que necessitam de renda, de educação e de formação para o ingresso no mercado de trabalho, que exige qualificação profissional e pessoal cada vez maiores.

Como pode uma sociedade ser considerada evoluída se mantém em dependência, pobreza e fora da escola, grande parte das crianças e adolescentes que a integram? Dessa pergunta surgem vários outros questionamentos. É possível alterar esse quadro? O que fazer? Como fazer? Paulo Freire (2000, p. 79) ajuda a pensar essa questão quando afirma que "o amanhã não é algo 'pré-dado', mas um desafio, um problema". Afinal, não somos objetos, mas sujeitos da história, "lutando por outra vontade diferente: a de mudar o mundo, não importando que esta briga dure um tempo tão prolongado que, às vezes, nele sucumbam gerações" (FREIRE, p. 60). Para ele "mudar o mundo é tão difícil quanto possível" (FREIRE, p. 39).

Mas, não basta reconhecer que o sistema atual não inclui a todos. Freire teoriza dizendo ser imprescindível a luta contra essa situação, evitando-se assumir posição fatalista forjada pelo próprio sistema, que impõe a todos como verdade que "nada há de fazer, a realidade é assim mesmo" (p. 123). É certo que "se a educação sozinha não transforma a sociedade, sem ela tampouco a sociedade muda" (FREIRE, p. 67).

A transformação da realidade do sistema educacional brasileiro necessita ser vista em caráter emergencial. Acreditamos que se trata apenas de uma questão de boa vontade, pois o quadro social de nosso país já demonstrou de forma clara que "a educação de que precisamos, capaz de formar pessoas críticas, de raciocínio rápido, com sentido do risco, curiosas, indagadoras não pode ser a que exercita a memorização mecânica do educando" (FREIRE, p. 100).

Para o cientista social e teólogo Leonardo Boff (2004, p. 17) existe muito sofrimento na humanidade e sangue em excesso em nossos caminhos. Todos demonstram indignação "contra a perversidade e a crueldade de tantas pessoas que seviciam inocentes, exploram os pobres e, corruptos, roubam o bem público". Nesse quadro de miséria e servidão apresenta-se de forma bem definida a exploração do trabalho infantil.

Refletindo sobre essa questão, Habermas formula uma pergunta que ele mesmo considerou como embaraçosa: "quem deve pagar o preço dos destinos humanos marginalizados ou destruídos?" (FREIRE, p. 14). O Estado e o povo brasileiro devem responder conscientemente a essa pergunta, de modo a encontrar alternativas capazes de promover a igualdade de todos.

Para que o ser humano alcance a felicidade faz-se imperativo que tenha condições adequadas de vida, pois o respeito à dignidade humana exige que todos tenham condições políticas indispensáveis à busca da felicidade (FREIRE, p. 103).

Falando sobre a solidariedade social, Costa (1999, p. 291) manifesta-se contrário ao exercício da solidariedade das sobras que hoje se verifica no dia a dia da humanidade, para propor a solidariedade esclarecida, em que ocorre a participação consciente de uma pessoa com vistas a promover a igualdade entre todas as pessoas. No entender desse autor, a pobreza e a exclusão social representam "um problema político central (maior) e afirma que uma política social que lhe negue prioridade é necessariamente uma política menor", tendo em vista que o pobre é alguém destituído de poder. Por essa razão, "a luta contra a pobreza deve direcionar-se para restituir o poder que lhe pertence e lhe é necessário para o exercício pleno da cidadania" (FREIRE).

Relevante declaração sobre trabalho infantil e pobreza foi feita pelo ativista indiano, Kaylashi Satiarthi, Prêmio Nobel da Paz em 2014. Por ocasião da Conferência de abertura no Seminário sobre trabalho infantil, promovido pelo TST e CSJT, em setembro de 2012, após narrar a história de uma criança de 12 anos que trabalhava em regime de escravidão na Índia e que por ele foi libertada juntamente com muitas outras; foi enfático ao afirmar: "Não é a pobreza que perpetua o trabalho infantil, mas o trabalho infantil que perpetua a pobreza", pois "se a criança trabalhar, ela não vai se desenvolver, e o ciclo da pobreza vai se perpetuar"[35].

Conclusão

"Mudar é difícil, mas é possível!."
Paulo Freire

Uma sociedade democrática não pode tolerar a pobreza, as desigualdades e as condições injustas nas quais muitas crianças e adolescentes vivem. O trabalho infantil se constitui em uma das piores violências originadas da pobreza e da exclusão social. Elas acabam negando um futuro a essas pequenas criaturas, com sérios prejuízos à sociedade como um todo. O principal desafio da sociedade brasileira é fazer com que as políticas públicas quebrem esse ciclo de exclusão social.

As estatísticas mostradas neste pequeno estudo nos permitem concluir que não agir urgentemente no combate e erradicação do trabalho infantil contribuirá para a perpetuação da pobreza e o sofrimento de milhões de crianças e adolescentes. Essa realidade agrava, em muito, os custos dos serviços públicos assistenciais, estimula as vocações para o crime, desestrutura a família e compromete o futuro do país.

Os valores humanos da liberdade, igualdade e da dignidade da pessoa humana, dos quais os direitos sociais são uma forma de manifestação, impõem-se de forma progressiva no contexto do Estado Democrático de Direito, refletindo a própria natureza dessa sociedade, considerando que o social envolve todo o conjunto das relações humanas.

Ocorre que a integração dos direitos sociais no quadro dos direitos humanos depende da visão ética dos direitos sociais, que lhes trará a qualidade de direitos humanos universais, como ocorreu com os direitos civis e políticos.

Não se pode esquecer que a ideia de igualdade social não supõe mera igualdade perante a lei, mas a igualdade material que leva o Estado a corrigir as desigualdades, tratando os desiguais de forma desigual. O respeito aos direitos humanos deve ser a base de toda ação dos membros de uma sociedade, pois "se a humanidade ignora o sentido da vida e jamais poderá discerni-lo, é impossível distinguir a justiça da iniquidade, o belo do horrendo, o criminoso do sublime, a dignidade do aviltamento" (COMPARATO, 2003, p. 5 e 49).

Mas não podemos perder de vista o que "o futuro não nos faz. Nós é que nos refazemos na luta para fazê-lo" (FREIRE, 2005, p. 56). E nessa luta é imprescindível que nosso sangue se inflame e que nos incendiemos para que todos os expectadores se comovam com a situação das crianças que estão perdendo as suas infâncias no trabalho precoce, levando a sociedade brasileira como um todo a abrir os olhos sobre essa realidade que afronta os direitos humanos. O caminho da educação é uma das grandes saídas para a solução desse problema, considerando que a educação é a base para transformação de qualquer sociedade.

Entendemos que não podem existir avanços éticos enquanto não aprendermos que todo ser humano é nosso próximo. Urge que se dê início a uma nova etapa na história humana, na qual a economia deixe de ter como paradigmas a competitividade e a acumulação, passando a reger-se pelos paradigmas da solidariedade e da partilha (FREI BETTO, 2004).

As sociedades modernas fundamentam-se no trabalho "entendido como dominação e exploração da natureza e da força do trabalhador"[36]. A grande maioria das pessoas encontra-se sujeita a um "tipo de desenvolvimento que apenas atende às necessidades de uma parte da humanidade (os países industrializados), deixando os demais na carência, quando não diretamente na fome e na miséria"[37]. Na

(35) Disponível em: <http://www.tst.jus.br/noticia-destaque/-/asset_publisher/NGo1/content/nobel-da-paz-a-ativista-indiano-e-jovem-paquistanesa-reforca-importancia-do-combate-ao-trabalho-infantil>.

(36) BOFF, Leonardo. *Saber cuidar:* ética do humano — compaixão pela terra. 3. ed. Petrópolis: Vozes, 1999. p. 137.

(37) *Ibidem*, p. 137.

verdade, nós integramos "uma espécie que se mostrou capaz de oprimir e massacrar seus próprios irmãos e irmãs da forma mais cruel e sem piedade"[38].

Por essas razões, concordamos com o teólogo Leonardo Boff[39] quando declara que "os valores humanos da sensibilidade, do cuidado, da conviviabilidade e da veneração podem impor limites à voracidade do poder-dominação e à produção-exploração". Deve haver um novo pacto social entre os povos, que fixe a "autolimitação e a obrigação de viver sob a justa medida"[40], respeitando o outro como ser da criação.

Neste mesmo sentido invocamos a lição de Georgenor de Sousa Franco Filho[41] quando disse que:

> É necessário haver uma construção solidária, comunitária, que dê lugar ao auxílio ao próximo, ao ser humano, adulto e criança. As crianças estão sendo vítimas do progresso desordenado deste fim de milênio, e, por essa razão, carecem de cuidados especiais [...].

Fato relevante é que esse tipo de exploração passou a ser encarado pelos defensores dos direitos humanos como grave problema social a ser combatido por todos: governos, organizações de empregadores e empregados e sociedade civil.

Não podemos deixar de reconhecer os avanços registrados em nosso país no combate ao trabalho infantojuvenil, mas ainda temos um longo caminho a percorrer, pois apesar dos resultados obtidos, os índices ainda revelam um quadro grave de violação de direitos e de transgressão às leis, considerando que a legislação brasileira só permite o trabalho como aprendiz para jovens a partir de quatorze anos. Por isso, permanece a tarefa de avançar em forma sustentável rumo à erradicação definitiva do trabalho infantil no Brasil.

Paulo Freire (2000, p. 37) nos diz que "a primeira condição para aceitar ou recusar esta ou aquela mudança que se anuncia é *estar aberto* à novidade, ao diferente, à inovação, à dúvida". Apesar da gravidade desse problema, devemos manter a crença de que temos capacidade para mudar esse quadro, desde que nos mobilizemos nesse sentido, pois nenhuma mudança ocorrerá se ficarmos indiferentes.

Referências bibliográficas

ADAS, Melhem. *A fome — crise ou escândalo.* São Paulo: Moderna, 1994.

ARENDT, Hannah. *A condição humana.* 10. ed. Trad. Roberto Raposo. Rio de Janeiro: Forense Universitária, 2005.

BARROS, Alice Monteiro de. O trabalho do menor e as inovações introduzidas pela Lei n. 10.097, de 19 de dezembro de 2000. *Revista do Tribunal Superior do Trabalho,* Brasília, v. 67, n. 1, p. 89 a 113, jan./mar. 2001.

BOBBIO, Norberto. *A era dos direitos.* 16. ed. Rio de Janeiro: Campus, 1992.

BOFF, Leonardo. *Saber cuidar:* ética do humano — compaixão pela terra. 3. ed. Petrópolis: Vozes, 1999.

BRITO FILHO, José Claudio Monteiro de. *Trabalho decente.* São Paulo: LTr, 2004.

BUZZI, Arcângelo *et al.* (coords.). *O código de Hamurabi.* Tradução de E. Bouzon. Petrópolis: Vozes, 1976.

CANOTILHO, J. J. Gomes. *Direito constitucional.* 6. ed. rev. Coimbra: Almedina, 1993.

CIPOLA, Ari. *O trabalho infantil.* São Paulo: Publifolha, 2001.

COIMBRA, Márcio C. *Brasil:* neoliberalismo? 2001. Disponível em: <www.economiabr.net/colunas/coimbra/04brasilneoliberalismo.html>. Acesso em: 11.7.2015.

COMPARATO, Fábio Konder. *A afirmação histórica dos direitos humanos.* 4. ed. rev. e atual. São Paulo: Saraiva, 2005.

(38) BOFF, Leonardo. *Saber cuidar:* ética do humano — compaixão pela terra. 3. ed. Petrópolis: Vozes, 1999. p. 137.

(39) *Ibidem,* p. 124.

(40) *Ibidem,* p. 125.

(41) FRANCO FILHO, Georgenor de Sousa. *Globalização & desemprego:* mudanças nas relações de trabalho. São Paulo: LTr, 1998. p. 10.

COSTA, Alfredo Bruto da. Contra a solidariedade das sobras. Notícias do milênio. *Estudos & Documentos*, n. 4-5, p. 291, 1999. Disponível em: <http://www.cpihts.com/Editorial.htm>. Acesso em: 16.4.2006.

COUTINHO, Aldacy Rachid *et al*. Direito constitucional ao salário mínimo. *Revista LTr*, v. 67. n. 1, p. 1-24, jan. 2003.

DUTRA, Manuel José Sena. *Ramal dos doidos (introdução)*. Santarém: Instituto Cultural Boanerges Sena, 1998.

DUTRA, Maria Zuíla Lima. *Meninas domésticas, infâncias destruídas*. São Paulo: LTr, 2007.

DWORKIN, Ronald. *O império do direito*. São Paulo: Martins Fontes, 1999.

FERREIRA, Aurélio Buarque de Holanda. *Novo dicionário da língua portuguesa*. 1. ed. Rio de Janeiro: Nova Fronteira, 1975.

FIGUEIRA, Ricardo Rezende. *Pisando fora da própria sombra*. Rio de Janeiro: Civilização Brasileira, 2004.

FRANCO FILHO, Georgenor de Sousa. *Globalização & desemprego:* mudanças nas relações de trabalho. São Paulo: LTr, 1998.

FREI BETTO. Fome de pão e de beleza. In: TRIBUNAL SUPERIOR DO TRABALHO (org.). FREIRE, Paulo. *Pedagogia da indignação*. 5. reimp. São Paulo: Unesp, 2000.

______. *Pedagogia da autonomia*. 31. ed. São Paulo: Paz e Terra, 2005.

______. *Pedagogia do oprimido*. 22. ed. São Paulo: Paz e Terra, 1993.

GLASINOVICH, Walter Alancón. Reflexões sobre o processo de erradicação do trabalho infantil na América Latina. In: TRIBUNAL SUPERIOR DO TRABALHO (org.). *Fórum Internacional sobre Direitos Humanos e Direitos Sociais*, São Paulo: LTr, p. 84-92, 2004.

HABERMAS, Jürgen. *A era das transições*. Trad. Flávio Beno Siebeneichler. Rio de Janeiro: Edições Tempo Brasileiro, 2003.

______. *A inclusão do outro*. 2. ed. São Paulo: Loyola, 2004.

ISHIDA, Valter Kenji. *Estatuto da criança e do adolescente* — doutrina e jurisprudência. 3. ed. São Paulo: Atlas, 2001.

JOÃO PAULO II. *A dignidade e a vocação da mulher*. 4. ed. São Paulo: Paulinas, 2000. Carta apostólica.

______. *O trabalho humano*. 10. ed. São Paulo: Paulinas, 1990. Carta Encíclica.

LAMARÃO, Mª Luíza Nobre e outras. *O trabalho doméstico de meninas em Belém*. 2. ed. Belém: CEDECA-Emaús, 2003.

LAMARÃO, Maria Luíza Nobre; MENEZES, Stela Maria Lima Nobre. *A exploração de meninas pelo trabalho doméstico*. Belém: CEDECA-Emaús, 2001.

LEITE, Carlos Henrique Bezerra. O meio ambiente de trabalho na perspectiva dos direitos humanos. *Revista do MPT-PB*, João Pessoa: Grafipel, n. 1, p. 15, jun. 2005.

MARTINS, Túlio de Oliveira. Do quilombo dos Palmares ao gueto de Varsóvia. *Jornal Síntese*, ano 6, n. 69, nov. 2002.

MARX, Karl. *O capital*. 14. ed. Tradução de Reginaldo Santana. Civilização Brasileira, 1994. Livro 1, v. I, Cap. VIII.

MORAES, Alexandre. *Constituição do Brasil interpretada*. 2. ed. São Paulo: Atlas, 2003.

MURAUSKAS, Luiz Carlos. Combate à extrema pobreza exige um novo movimento abolicionista. *Folha de S. Paulo*, ed. 14.3.2005, Seção: Índice de notícias.

OLIVEIRA, Oris de. *O trabalho infantojuvenil no direito brasileiro* — trabalho infantil. 2. ed. Brasil: OIT, 1993.

OIT. *Trabalho doméstico no Brasil*. Disponível em: <www.oit.org>. Acesso em: 11.7.2015.

PORTO, Cristina; HUZAK, Iolanda; AZEVEDO, Jô. *Trabalho infantil* — o difícil sonho de ser criança. São Paulo: Ática, 2004.

SAAD, Eduardo Gabriel. *CLT comentada*. 35. ed. São Paulo: LTr, 2002.

SANTOS, Boaventura de Sousa. *Pela mão de Alice:* o social e o político na pós-modernidade. 6. ed. São Paulo: Cortez, 1999.

SILVA, De Plácido e. *Vocabulário jurídico*. 1. ed. Rio de Janeiro: Forense, 1989. v. 2.

SÜSSEKIND, Arnaldo. *Direito constitucional do trabalho*. 2. ed. rev. e ampl. Rio de Janeiro: Renovar, 2001.

UNICEF — CRAMI-Campinas (org.). *Abuso sexual doméstico*. 2. ed. Porto Alegre: Cortez, 2005. v. 1.

______. PAICA, Rua (org.). *Meninos e meninas em situação de rua*. Porto Alegre: Cortez, 2002. v. 2.

VIEIRA, Liszt. *Cidadania e globalização*. 3. ed. Rio de Janeiro: Record, 1999.

Sites consultados

CEDECA — Emaús — www.cedecaemaus@uol.com.br

FENATRAD — fenatrad.brasil@ig.com.br

FUNDAÇÃO ABRINQ — ww.fundabrinq.org.br

IBGE — www.ibge.gov.br

INEP — www.inep.gov.br

MPT — www.pgt.mpt.gov.br

UNICEF — http://www.unicef.org.br

OIT — www.oitbrasil.org.br

www.fomezero.gov.brhttp://www.oit.org.br/content/catavento-e-cartao-vermelho-no-dia-mundial-de-combate-ao-trabalho-infantil

http://brasil.estadao.com.br/noticias/geral,sem-educacao-brasil-tera-jovens-violentos-diz-nobel-da-paz,1705426

http://www.sdh.gov.br/noticias/2014/dezembro/trabalho-infantil-cai-pela-metade-no-brasil-em-nove-anos

http://www.tst.jus.br/noticia-destaque/-/asset_publisher/NGo1/content/nobel-da-paz-a-ativista-indiano-e-jovem-paquistanesa-reforca-importancia-do-combate-ao-trabalho-infantil

www.envolverde.com.br/ambiente/hora-e-vez-de-extinguir-o-trabalho-precario-na-amazonia/

http://petimaedagua.blogspot.com.br/2011/06/trabalho-infantil-poema.html

Saúde e Trabalho Infantil no Brasil: Impactos do Capitalismo Global

Maria da Graça Luderitz Hoefel(*)
Denise Osório Severo(**)

1. Introdução

De acordo com a Emenda Constitucional n. 20, de 15 de dezembro de 1998, o trabalho infantil refere-se:

> [...] às atividades econômicas e/ou atividades de sobrevivência, com ou sem finalidade de lucro, remuneradas ou não, realizadas por crianças e adolescentes em idade inferior a 16 (dezesseis) anos, ressalvada a condição de aprendiz a partir dos 14 (quatorze) anos, independentemente da sua condição ocupacional. Para efeitos de proteção ao adolescente trabalhador será considerado todo trabalho desempenhado por pessoa com idade entre 16 e 18 anos e, na condição de aprendiz, de 14 a 18 anos. (BRASIL, 2011, p. 6)

O trabalho infantil constitui um fenômeno social complexo, cuja existência é relatada ao longo da história e possui inter-relações com o modo como a sociedade historicamente e culturalmente compreendeu a infância e o papel das crianças e adolescentes nas distintas formas de organização social. Embora não seja possível atribuir ao capitalismo a responsabilidade pela origem do trabalho infantil, é notório que a lógica inerente a este sistema constitui o terreno sob o qual se assentam também as bases para a exploração da força de trabalho de crianças e adolescentes, uma vez que a *mais-valia* é diretamente proporcional à capacidade produtiva humana.

Sendo assim, se a reprodução do capital será tanto mais veloz quanto maior for a capacidade de produção e quanto menor for o custo da força de trabalho, torna-se evidente que a "liberdade" de venda da força de trabalho, instituída com o capitalismo, representa por si só uma ameaça de assédio à compra da força de trabalho de crianças e adolescentes, haja vista seu potencial produtivo latente, ainda que do ponto de vista biológico, psíquico, emocional e social eles não estejam preparados para tal.

Com efeito, desde os primórdios da Revolução Industrial no século XVIII o trabalho infantil foi amplamente utilizado e a presença de crianças e adolescentes nas fábricas inglesas foi largamente relatada na história. Juntamente com as mulheres, as crianças eram consideradas "dóceis" e, como tal, mais subordinadas

---

(*) Médica. Doutora em Sociologia UFRGS. Professora do Departamento de Saúde Coletiva da UnB e Coordenadora do Laboratório de Saúde do Trabalhador e Saúde Indígena.

(**) Fisioterapeuta. Doutora em Ciências da Saúde UnB. Pesquisadora do Laboratório de Saúde do Trabalhador e Saúde Indígena.

às longas, exaustivas e insalubres jornadas de trabalho desempenhadas especialmente na indústria têxtil, entre meados dos séculos XVIII e XIX.

Os abusos e riscos à saúde dos trabalhadores, e sobretudo das crianças, foram abordados por autores como Engels, em sua clássica obra publicada em 1845, intitulada *A situação da classe trabalhadora na Inglaterra*, e também discutidos mais recentemente por Rosen (1994), uma referência importante no que tange à história da saúde pública. Ambos os autores elucidaram a situação de exploração da força de trabalho de adultos e crianças e as condições precárias de vida e saúde a que estava submetida a classe trabalhadora da época, evidenciando as relações intrínsecas existentes entre a forma de organização da sociedade capitalista e as condições de saúde da população.

Nesse sentido, a obra de Marx — *O Capital* — publicada em 1867 selou essa relação, ao explicar o modo como o capitalismo opera e a sua lógica intrínseca, cujos princípios implicam a contínua reprodução do capital e superexploração da força de trabalho. De fato, a superexploração e a consequente ausência de condições materiais de existência estão intimamente relacionadas à incidência de trabalho infantil e aos riscos à saúde. Embora ambos sejam fenômenos multifatoriais, relatórios da Organização Internacional do Trabalho (OIT, 2014) e demais estudos publicados reiteram que a pobreza e a falta de condições dignas de vida constituem o principal determinante desse tipo de trabalho, tanto no meio urbano como rural.

Desse modo, considerando o contexto econômico global, torna-se cada vez mais complexo o combate ao trabalho infantil no Brasil e no mundo, uma vez que o cenário atual do capitalismo vive a mais profunda crise financeira desde a Crise de 1929, cujas repercussões refletem-se na queda do crescimento econômico, aumento do desemprego, diminuição da renda e do acesso aos bens e serviços públicos sociais, fatos que têm acarretado o aumento da pobreza global e, consequentemente, a vulnerabilidade de crianças e adolescentes ao trabalho infantil. Ademais, somam-se aos desafios históricos ainda não superados novos problemas que emergem na sociedade contemporânea.

Dados da Unicef publicados no *Relatório Situação Mundial da Infância* (2012) revelam que em 2008 havia aproximadamente 215 milhões de crianças e adolescentes entre 5 e 17 anos de idade em situação de trabalho infantil no mundo, sendo 115 milhões em situação de risco. Por outro lado, a Organização Internacional do Trabalho (OIT) divulgou em seu "Relatório Medir o Progresso na Luta Contra o Trabalho Infantil" (2012) que no ano de 2012 havia 167 milhões e 956 mil crianças e adolescentes no mundo todo nesta situação, evidenciando uma queda na incidência.

No Brasil, não obstante o cenário econômico diferenciado, a Pesquisa Nacional por Amostra de Domicílios de 2013 (PNAD, 2013) indica que 3,1 milhões de crianças e adolescentes entre 5 e 17 anos trabalham e 486 mil têm idade inferior a 13 anos.

Estes resultados revelam um grave problema sociossanitário que merece reflexões e aprofundamentos, haja vista a baixa disponibilidade de informações e dados. Isso posto, este artigo busca refletir sobre a situação do trabalho infantil no Brasil e suas repercussões sobre a saúde de crianças e adolescentes a partir de uma análise contextualizada globalmente, haja vista constituir-se um fenômeno que é parte do modo capitalista de produção e, como tal, necessita ser analisado de modo articulado.

Trata-se de uma pesquisa documental, com base na análise de relatórios, portarias, reportagens e consulta aos bancos de dados do Instituto Brasileiro de Geografia e Estatística (IBGE) e do Ministério da Saúde, especificamente os dados advindos da Pesquisa Nacional por Amostra de Domicílios (PNAD) e do Sistema de Informações de Agravos de Notificação (SINAN), disponibilizados na internet.

2. *Trabalho infantil no contexto do capitalismo global*

Conforme mencionado anteriormente, analisar a situação de trabalho infantil e, por conseguinte, a exposição de crianças e adolescentes aos riscos inerentes a uma situação inadequada a um dado período da vida exige um olhar ampliado, que contemple a compreensão das dimensões subjetivas e objetivas comprometidas nos sujeitos expostos a tal condição.

Desse modo, ainda que suas causas apresentem variações culturais e sociais nos distintos países, não é possível perder de vista o entendimento inicial de que trata-se da categoria trabalho e, como tal, inclui-se no bojo de todas as contradições existentes em torno do conflito capital-trabalho.

Assim, ao observar a incidência do trabalho infantil de modo global, é possível notar a distribuição em termos de setores produtivos e inserção dos países na cadeia produtiva internacional, sinalizando que o trabalho infantil reproduz e revela a geopolítica vigente, cujas vítimas mais frágeis são as crianças e adolescentes.

Nesse sentido, a identificação do trabalho infantil implica certa cartografia do sistema produtivo e traduz precisamente a lógica da produção flexível, implementada desde os anos 1970 e progressivamente aprofundada. Observando-se os blocos Sul e Norte, percebe-se que eles cumprem papéis distintos na Divisão Internacional do Trabalho — dependendo do tipo de economia de seus respectivos países — e nota-se nitidamente o deslocamento do capital advindo de países desenvolvidos em direção a outros territórios produtivos que, conforme assinalado por Harvey (2008), são preparados política e economicamente para se tornarem lugares favoráveis à acumulação de capital. Nesse sentido é possível perceber as influências desse processo sobre a distribuição do trabalho infantil no mundo, cujas características sinalizam quatro grandes blocos:

a) os países de economia avançada, sobretudo os Estados Unidos, cada vez mais instalam seus "parques produtivos" em regiões da Ásia — destinados a montagem e acabamento final dos produtos — com intuito de explorar a mão de obra "barata" desses países, desfrutar de benefícios de isenção de impostos e ampliar suas margens de lucro. Por conseguinte, interferem, direta ou indiretamente, na exploração da mão de obra infantil dessas nações. Por outro lado, assentam-se também em países subdesenvolvidos e em países em desenvolvimento, com vistas à exploração e garantia de recursos naturais e fontes de energia, tal como o petróleo, minérios, entre outros;

b) os países de economia subdesenvolvida, majoritariamente da África: não oferecem condições mínimas de formação qualificada de mão de obra que interesse aos países ricos e, como tal, estão mais ligados à exploração de recursos naturais e também apresentam alta incidência de crianças e adolescentes no trabalho infantil;

c) os países emergentes situados na Ásia, em especial a China e a Índia, cujos processos de ascensão econômica crescem exponencialmente, ao custo da superexploração da classe trabalhadora em um cenário que também sinaliza grande participação de mão de obra infantil. Segundo Maciel e Moura (2014), o PIB chinês representa hoje 9,3% do PIB global e atualmente a China é o maior exportador e o segundo maior importador mundial. Quanto à Índia, seu PIB teve alta de 5,7% no 2º semestre de 2014 e as previsões são de elevação do crescimento para os próximos períodos. Com relação aos demais países asiáticos em desenvolvimento, embora apresentem outras características distintas, muitos evidenciam também altos índices de trabalho infantil;

d) os países de economias emergentes situados na América Latina: inseridos na cadeia produtiva, historicamente na condição de fornecedores de matérias-primas e recursos naturais, permanecem com grande parte da pauta de exportações centrada em produtos primários e despertam cada vez mais os interesses dos países de economias avançadas sobre seus patrimônios naturais e suas terras. Não obstante o crescimento expressivo do Brasil e a importância alcançada no contexto global, sua inserção na cadeia produtiva internacional se apoia no setor primário da economia.

Cabe ressaltar que esta categorização é tão somente uma breve aproximação, que busca contribuir com a análise do trabalho infantil e não se esgota em si mesma. Ademais, é preciso lembrar que os distintos processos estão todos interconectados e, como tal, apresentam dinâmicas e variações que os impedem de ser compreendidos em categorias rígidas.

De fato, no que tange ao Brasil, embora constitua um país em desenvolvimento e também apresente alta incidência de trabalho infantil, distingue-se, por exemplo, expressivamente, da China. Ele permanece sendo alvo de países desenvolvidos em busca da exploração de mão de obra — embora em menor escala em função dos interesses nos "custos baixos" da Ásia — ao mesmo tempo em que desperta grandes interesses por seu crescente mercado consumidor e, sobretudo, sofre pressão de países de economia avançada com interesses na exploração de seus recursos naturais e em terras cultiváveis (VITTE, 2013). Tendo em vista sua inserção atual no mercado internacional, apresenta também grande número de trabalho infantil vinculado ao setor primário da economia, embora a incidência seja maior nos demais setores.

Observando-se os documentos mapeados e analisados, nota-se que é grave a situação de exploração do trabalho infantil no mundo e percebe-se que sua distribuição acompanha a lógica de produção e circulação do capital no contexto global, evidenciando as relações de poder econômico que se estabelecem entre os blocos Norte e Sul. Ademais, percebe-se que há países em que o maior destaque se dá à exploração do trabalho infantil em seu próprio território, enquanto outros são associados tanto à exploração interna quanto externa, cujas denúncias apontam para sua responsabilização pela exploração de crianças e adolescentes em outras Nações, como também à exploração infantil de crianças e adolescentes estrangeiros em seu próprio território, sobretudo os migrantes.

Nos Estados Unidos, por exemplo, os dados apontam a existência crescente de tráfico e exploração sexual de crianças e mulheres, uma vez que a prostituição lá constitui, segundo o *Relatório da Organização Internacional do Trabalho* — OIT (2014), "um negócio em crescimento". Ainda segundo este relatório, existem 60 mil homens, mulheres e crianças em condições análogas à escravidão no referido país.

Nesse sentido, dados divulgados pela organização internacional Human Rights Watch (HRW) (2014) apontam a existência de trabalho infantil relacionado à produção de tabaco nas regiões de Carolina do Norte, Kentucke, Tennessee e Virgínia — os quatro maiores estados americanos produtores de tabaco. Foram entrevistadas 141 crianças e os resultados indicam que a maioria delas é de origem latino-americana e trabalha nas plantações para poder auxiliar as famílias a sobreviver, uma vez que elas não encontram oportunidades de trabalho na região. Esses fatos sinalizam a associação entre o trabalho infantil e o corte de classe, de etnia, bem como a relação com a posição que o país ocupa na cadeia produtiva internacional.

Por outro lado, dados advindos de reportagens mapeadas revelam denúncias do envolvimento de empresas multinacionais americanas — tais como Nike, Apple, Coca Cola, entre outras — no trabalho infantil explorado em países da Ásia. Especificamente com relação à Nike, há denúncias recorrentes de exploração de trabalho infantil em suas fábricas situadas na Ásia e, recentemente, no ano de 2013, ela foi outra vez acusada de envolvimento em exploração de mão de obra infantil ao recusar-se a romper relações comerciais com a empresa Daewoo Internacional, ligada à exploração de crianças e adolescentes em colheitas de algodão realizadas no Uzbequistão, conforme aponta o Relatório da Organização Internacional do Trabalho (2014).

No caso da Apple, ela também já foi denunciada várias vezes por envolvimento com trabalho infantil, por meio de suas produções terceirizadas, especialmente na China e Indonésia. Segundo o Sindicato Nacional dos Auditores Fiscais do Trabalho do Brasil — apoiado nos dados do Relatório da ONG China Labor Watch, divulgado em 2013 — a exploração de mão de obra infantil na China estaria sendo utilizada na montagem de iPhones e iPads, pois o processo de produção envolve pequenas peças que seriam mais bem manipuladas por crianças, haja vista suas mãos pequenas e a delicadeza com que elas manipulam os componentes (SINAIT, 2013).

Com efeito, os países da Ásia têm sido *locus* (e alvo) expressivo da exploração da classe trabalhadora e também do trabalho infantil. De acordo com a OIT (2014) existe atualmente cerca de 3 milhões de pessoas em regime análogo à escravidão na China. Segundo informações divulgadas no portal Terra, as crianças e adolescentes trabalham principalmente no setor de indústria têxtil, fabricação de brinquedos e tecnologias, concentrados principalmente na região do Cantão, no sul da China, haja vista constituir uma das regiões mais ricas do país que sedia a maioria das fábricas exportadoras de bens de consumo para o Ocidente (PORTAL TERRA, 2013).

Na Indonésia, as acusações sobre a empresa Apple são relativas à exploração de crianças e adolescentes em minas de estanho, utilizado na fabricação de seus produtos. Essas denúncias foram realizadas pela rede de televisão BBC de Londres e difundidas pelo mundo em vários meios de comunicação. Ademais, há também indicativos de existência de trabalho infantil no setor de agricultura e pecuária na Indonésia.

Nesse sentido, a exploração de crianças e adolescentes no setor primário da economia, sobretudo na agricultura, tem sido recorrente em vários países do mundo. De acordo com a organização International Labor Rights Fund (2007), este tipo de exploração é também realizado pela multinacional americana Monsanto, maior produtor mundial de sementes geneticamente modificadas, a qual utiliza mão de obra infantil na produção de algodão na Índia.

Além disso, reportagens divulgadas amplamente na mídia indicam a existência de trabalho infantil na Índia nos setores secundário e terciário da economia, ligados especialmente às fábricas de teares de tapetes, fábricas de fogos de artifício e de vidro, bem como no setor de comércio e restaurantes.

Ainda com relação ao uso de mão de obra infantil no setor primário, um relatório divulgado recentemente pela Human Rights Watch (2015) revela que crianças palestinas têm sido empregadas por agricultores israelenses em territórios da Cisjordânia. O relatório ressalta que a política israelense de restrição da atividade agrícola palestina tem sido fator preponderante.

De fato, as populações do campo têm sido alvo de muitas violações e também de assédios cometidos contra crianças e adolescentes. Conforme apontado pela OIT (2014), um dos grandes problemas relativos ao trabalho infantil no Camboja tem sido o tráfico de crianças levadas do meio rural para outras regiões, com o objetivo de exploração sexual. Nesse país, o turismo sexual infantil é muito expressivo e, conforme indica o relatório, existe um mercado de venda de meninas, que são compradas por milhões de dólares por milionários ricos em busca de relações sexuais com meninas virgens, constituindo grave violação dos direitos das crianças e adolescentes.

Com efeito, as violações existentes são de toda ordem e abarcam os cinco continentes. Na África, especificamente no Mali, um país de economia subdesenvolvida situado na região noroeste do continente, as denúncias de trabalho infantil são fortemente ligadas à exploração de mão de obra infantil na mineração do ouro. O Mali é o terceiro maior produtor de ouro da África, ficando atrás somente da África do Sul e Gana. As crianças e adolescentes trabalham nas minas de ouro e são também expostas à contaminação por mercúrio, substância utilizada para sua extração.

Com relação à África, dados do Bureau Internacional do Trabalho — BIT (2013) apontam que especialmente a região da África Subsaariana continua sendo a região com maior incidência de trabalho infantil. Em números relativos, mais de 1 em cada 5 crianças (21%) entre 5 e 17 anos de idade trabalham, enquanto nas regiões da Ásia-Pacífico e da América Latina e Caribe representam 9%, contra 8% no Oriente Médio e Norte da África.

Todavia, importa ressaltar que em números absolutos a maior quantidade de crianças trabalhadoras concentra-se na região da Ásia-Pacífico. Segundo o referido relatório (BIT, 2012), em 2012 havia 77 milhões de crianças e adolescentes trabalhadores entre 5 e 17 anos na Ásia-Pacífico, 59 milhões na África Subsaariana, 12,5 milhões na América Latina e Caribe e 9,2 milhões no Oriente Médio e Norte da África.

Paradoxalmente, a organização assinala que, em números absolutos, a Ásia-Pacífico foi também a região com maior redução do trabalho infantil no período de 2008 a 2012, baixando de 114 milhões para 78 milhões, enquanto a África Subsaariana diminuiu 6 milhões e a América Latina e Caribe reduziu somente 1,6 milhões.

Importa também realçar que o trabalho infantil no grupo entre 5 e 17 anos afeta, em termos globais, muito mais os meninos (99,8 milhões) do que as meninas (68,2 milhões) e, com relação aos setores econômicos, a agricultura continua sendo o setor que mais concentra o trabalho infantil no mundo, representando 59% da totalidade e 98 milhões de crianças e adolescentes, enquanto o setor de serviços apresenta 54 milhões e o setor de indústria 12 milhões. Entretanto, o setor de serviços tem apresentado aumento relativo importante, saltando de 26% em 2008 para 32% em 2012 (BIT, 2012).

Com efeito, no contexto da América Latina e do Brasil os dados parecem acompanhar as tendências globais, ainda que as características entre os próprios países latino-americanos sejam também distintas. No que tange ao trabalho infantil e as relações com a cadeia produtiva internacional, o Brasil parece apresentar aproximações e distanciamentos com os distintos países e continentes abordados.

Embora a última década tenha se caracterizado por uma fase de grande expansão e crescimento econômico, ele apresenta alta concentração de trabalho infantil no setor primário da economia, haja vista a sua inserção na cadeia produtiva internacional fortemente atrelada à produção de *commodities* agrícolas e os interesses em torno da exploração dos recursos naturais, conforme anteriormente mencionado.

Assim, a exploração do trabalho infantil no Brasil parece acompanhar as transições pelas quais o país vem passando desde 2003, cujos impactos na distribuição de renda e redução da pobreza parecem traduzir-se também nas formas e distribuição da exploração do trabalho de crianças e adolescentes. Dados recentes advindos da Pesquisa Nacional por Amostra de Domicílios (PNAD, 2013) indicam que o Brasil reduziu 12,3% o número de trabalhadores entre 5 e 17 anos entre 2012 e 2013, retirando 438 mil crianças e adolescentes dessa situação. Entre o grupo etário de 5 a 9 anos de idade, precisamente 24 mil deixaram de trabalhar nesse período. No entanto, seu índice de ocupação de crianças entre 5 e 17 anos em 2013 alcançou 7,4%.

Os resultados da PNAD (2013) também evidenciam que a maioria do trabalho infantil está concentrada nas regiões Norte (24,9%) e Nordeste (21,4%), no sexo masculino e no setor primário da economia, especificamente na atividade agrícola, majoritária na faixa entre 5 e 13 anos. A pesquisa revela que o salário médio das crianças e adolescentes trabalhadores é de R$ 557,00 e elas trabalham em torno de 27,1 horas semanais, tempo absolutamente incompatível com as legislações vigentes no país.

Esses dados sinalizam que, embora o país apresente melhoras significativas no combate ao trabalho infantil, ainda existem muitos desafios a serem superados. Sabe-se que a pobreza constitui o maior determinante do trabalho infantil no mundo, embora não seja o único, uma vez que é um fenômeno multicausal. Nesse sentido, mesmo que a repercussão da redução da pobreza e desigualdade social no Brasil sobre o trabalho infantil nos últimos anos pareça evidente, ela sozinha não basta e ainda existe muito a ser feito para a eliminação de todas as formas de exploração infantil.

3. Saúde e trabalho infantil no Brasil

Os impactos à saúde de um contingente de 3 milhões de crianças e adolescentes submetidos à exploração cotidiana e usurpação do direito de ser criança são ainda imensos e constituem grave problema social no Brasil. O trabalho infantil viola o direito de ser criança e, como tal, o direito de constituir-se como sujeito, de entender-se e reconhecer-se como parte deste mundo que o cerca e como ser integrante e produtor da cultura e da sociedade na qual está inserido. Como tal, viola o direito ao sonho, à inocência e ao processo de construção das bases subjetivas, emocionais, psíquicas, e também biológicas, que constituem os fundamentos necessários ao desenvolvimento e à formação humana.

É nessa perspectiva que o trabalho infantil viola também o direito à saúde, entendida no âmbito deste trabalho conforme proposto por Kleba (2005), enquanto a capacidade de enfrentamento das adversidades da vida. Além disso, considera também os pressupostos da determinação social da saúde, fundamentados no marco teórico da saúde coletiva e inscrito na Constituição Federal de 1988. Com base na concepção ampliada de saúde, é notório que o trabalho infantil impacta a saúde de crianças e adolescentes de modo gravíssimo, não somente porque gera doenças, agravos e acidentes de trabalho, mas sobretudo porque inviabiliza o desenvolvimento das potencialidades criativas inerentes à criança e, consequentemente, compromete o acúmulo das capacidades de enfrentamento às adversidades da vida.

Assim, o trabalho infantil é um agravo à saúde em si mesmo, posto que constitui uma violência brutal que atenta contra a possibilidade e o direito de constituir-se enquanto sujeito e, como tal, atenta contra a vida de crianças e adolescentes expostos a ele. Ao contrário do que hegemonicamente é entendido na sociedade brasileira, o trabalho infantil não constitui sob nenhum ângulo uma "capacidade" de enfrentamento das dificuldades da vida, uma vez que contém em si a negação do sujeito e, em última instância, a negação do direito humano à vida.

Na medida em que a sociedade supere sua visão restrita sobre os conceitos de saúde e trabalho, tanto mais ela compreenderá que boas condições biológicas estão longe de significar "boa saúde" e que o trabalho pode ser tão ou mais maléfico à vida de crianças e adolescentes do que uma vasta gama de doenças classificáveis no CID — Classificação Internacional de Doenças e Problemas Relacionados à Saúde. A hegemonia do paradigma e da ética do trabalho, originários da moral puritana e traduzidos na ideia de que "o trabalho dignifica o homem" (CAMPOS; ALVERGA, 2001) parece ser um fator fundante para a incapacidade de perceber o quão nefasto o trabalho pode ser ao desenvolvimento humano quando iniciado na fase imprópria da vida.

Nesse sentido, dados revelam que quanto mais jovem o indivíduo é inserido no trabalho, menor é o seu salário na fase adulta da vida e a redução é atribuída especialmente à perda dos anos de escolaridade em razão do trabalho na infância (KASSOUF, 2007). Além disso, a autora assinala que o trabalho infantil, sobretudo o trabalho fora do domicílio e exercido por longas horas, diminui o desempenho escolar e piora o estado de saúde tanto na fase inicial da vida quanto na fase adulta, podendo causar problemas osteomusculares, fadiga e maior risco de acidentes. Ademais, tendo em vista seu processo de desenvolvimento, as crianças são menos tolerantes a calor, barulho, produtos químicos, radiações, bem como a ocupações de risco, que podem gerar danos irreversíveis à saúde.

Guedes Filho *et al.* (2013) também assinalam que o trabalho na infância gera privações no processo de desenvolvimento físico e mental, limita o acesso à educação e aos meios de acumulação de potencialidades humanas, bem como degrada as condições físicas de crianças e adolescentes. Com efeito, o desgaste sofrido pelo trabalho determina manifestações subclínicas, morbidades agudas ou crônicas e até mesmo mortalidade.

De fato, embora sejam escassos os estudos epidemiológicos que tratam da morbidade aguda ou crônica em crianças e adolescentes trabalhadores, sabe-se que durante o seu período de crescimento e desenvolvimento elas apresentam características funcionais, estruturais, morfológicas, fisiológicas, bioquímicas, metabólicas, comportamentais e nutricionais que lhes dão maior suscetibilidade a toxicidade por substâncias químicas (benzeno), metais pesados (chumbo, mercúrio), riscos físicos (calor, ruído e radiação ionizante), ergonômicos, biológicos, mecânicos, entre outros.

Nesse sentido, quanto maior for a exposição aos riscos resultantes da natureza do trabalho, maiores serão os danos causados. Os impactos à saúde são também diretamente proporcionais ao grau de interferência com a recreação, o descanso e a escola, elevando-se quanto menor for o salário, quanto maior a quantidade de horas trabalhadas por dia e a exposição ao trabalho noturno. Em relação a este último, constitui uma das piores formas de trabalho infantil que compõe a lista elaborada pela Organização Internacional do Trabalho estabelecida na Convenção n. 182 e Recomendação n. 190 da OIT sobre a Proibição das Piores Formas de Trabalho Infantil e a Ação Imediata para sua Eliminação.

Esta recomendação instituiu uma lista com as piores formas de trabalho infantil que deveriam ser erradicadas — conhecida como "Lista TIP" — composta pelos seguintes trabalhos:

a) trabalhos que expõe crianças a abusos físicos, psicológicos ou sexuais;

b) trabalho em baixo da terra, em baixo da água, em alturas perigosas ou em espaços confinados;

c) trabalho com maquinaria, equipamento e ferramentas perigosas, ou que envolva manusear ou transportar cargas pesadas;

d) trabalho em ambientes insalubres que possa expor crianças à substâncias, agentes ou processos perigosos, ou à níveis de temperatura, ruído ou vibração que possam ocasionar danos à saúde;

e) trabalho em condições particularmente difíceis como trabalho por longas jornadas, durante a noite ou trabalho onde a criança é confinada no local do trabalho.

A Lista TIP foi aprovada no Brasil por meio do Decreto n. 6.481, de 12 de junho de 2008 e suas atividades foram definidas como as de maior risco, ou seja, aquelas que potencialmente implicam em maior impacto à saúde. Cabe ressaltar que a atuação do Brasil no âmbito do combate ao trabalho infantil é histórica e envolve distintos espaços institucionais, especialmente o Ministério do Trabalho e Emprego, o Ministério da Saúde e as Secretarias vinculadas ao campo da Assistência Social.

No entanto, a criação da Comissão Nacional de Erradicação do Trabalho Infantil (CONAETI), colegiado quadripartite instituído pelo Ministério do Trabalho e Emprego por meio da Portaria n. 365, de 12 de setembro de 2002, constitui um marco importante, haja vista que ela conduziu à elaboração do primeiro Plano Nacional de Prevenção e Erradicação do Trabalho Infantil e Proteção do Adolescente Trabalhador, cuja implantação e impactos foram também avaliados pela referida Comissão no ano de 2007 (BRASIL, 2011). A partir das avaliações, o Ministério do Trabalho e Emprego conferiu à CONAETI a responsabilidade pela elaboração da segunda versão do Plano, publicada em 2011 e implantada desde então.

Nesse percurso, o Ministério da Saúde também tem desempenhado um papel fundamental para a erradicação do trabalho infantil, orientado inicialmente pelas diretrizes da Política Nacional para a Erradicação do Trabalho Infantil e Proteção do Trabalhador Adolescente (SANTOS, 2013), tais como:

- ➢ Promover o conhecimento acerca do impacto do trabalho infantil sobre a saúde;
- ➢ Monitorar a ocorrência do trabalho infantil e o impacto sobre a saúde;
- ➢ Organizar a atenção integral à saúde de crianças e adolescentes economicamente ativos; e
- ➢ Capacitar recursos humanos da área da saúde.

Essa política foi criada em 2003 e sua diretriz de promoção do conhecimento acerca do impacto do trabalho infantil sobre a saúde foi contemplada com a instituição posterior da Portaria n. 777, do Ministério da Saúde, de 28 de abril de 2004. Esta portaria estabeleceu a elegibilidade de crianças e adolescentes acidentadas no trabalho como evento passível de notificação compulsória na rede de serviços sentinela habilitados pela Rede Nacional de Atenção Integral à Saúde do Trabalhador (RENAST) — vinculada à Secretaria de Vigilância em Saúde (SVS) do referido Ministério.

Destaca-se que a RENAST é constituída por centenas de Centros de Referência em Saúde do Trabalhador (CERESTs) e demais instâncias que compõem a rede do Sistema Único de Saúde (SUS). Os CERESTs promovem ações de vigilância, educação e atenção à saúde do trabalhador, contribuindo para a prevenção e a identificação do trabalho infantil, bem como para o estabelecimento de prioridades de erradicação do ponto de vista da saúde e para a promoção da atenção integral à saúde dos trabalhadores precoces (SANTOS, 2013).

Assinala-se que as diretrizes e ações da Política Nacional para a Erradicação do Trabalho Infantil e Proteção do Trabalhador Adolescente foram incorporadas pela Política Nacional de Saúde do Trabalhador e da Trabalhadora, instituída em 2012. Recentemente, com a Portaria n. 1.271 do Ministério da Saúde, instituída em 2014, a notificação compulsória de acidentes de trabalho em crianças e adolescentes tornou-se universal em todas as instâncias de atenção à saúde do SUS, e não mais restritas aos serviços sentinela (BRASIL, 2014).

Acredita-se que essa universalização esteja favorecendo a identificação dos casos de acidentes de trabalho em crianças e adolescentes, visto que a notificação constitui atividade essencial para a identificação do problema e a adoção de medidas cabíveis.

De fato, entre 2007 e 2014 os dados registrados pelo Sistema de Informações de Agravos de Notificação (SINAN) do Ministério da Saúde, indicam elevação abissal no número de acidentes de trabalho com crianças e adolescentes entre 5 e 17 anos, com aumento de 678% no período, totalizando 17.777 (dezessete mil setecentos e setenta e sete) casos. Esse aumento tanto pode ser decorrente da ampliação das notificações — fato que representaria um resultado positivo das referidas políticas — como também pode significar um aprofundamento brutal da exploração do trabalho infantil no Brasil.

Não se pode afirmar a causa precisa de tal ampliação, mas é possível que ambos os processos estejam ocorrendo simultaneamente, a despeito da redução no número absoluto de casos de trabalho infantil registrados nos últimos anos no país. Nesse sentido, é curioso que as regiões Norte e Nordeste, apontadas pela PNAD 2013 como os locais de maior concentração, em números absolutos, do trabalho infantil no Brasil, não figurem no topo do *ranking* das regiões com maior número de acidentes de trabalho em crianças e adolescentes notificados pelo Sistema de Informações de Agravos de Notificação (SINAN) durante o ano de 2013.

Dados parciais disponibilizados pelo Ministério da Saúde (2015) e extraídos do Sistema de Informações de Agravos de Notificação (SINAN), revelam que em 2014 ocorreram 3.113 casos de acidentes de trabalho com crianças e adolescentes em todo o Brasil. Ademais, no período 2007-2013 o número de acidentes saltou de 459 casos em 2007 para 3.706 em 2013, com elevação a cada ano, conforme pode ser observado na tabela a seguir:

4. Acidente de Trabalho — 5 a 17 anos

UF Notificação	2007	2008	2009	2010	2011	2012 *	2013 *	2014 *	Total
Rondônia	0	0	3	2	8	12	26	36	87
Acre	0	0	0	3	3	4	14	8	32
Amazonas	0	2	1	15	20	15	19	15	87
Roraima	0	0	1	5	11	19	26	17	79
Pará	0	0	0	0	9	15	27	17	68
Amapá	0	11	17	4	12	21	18	7	90
Tocantins	6	6	15	33	18	15	30	37	160
Maranhão	0	4	6	18	25	25	32	16	126
Piauí	0	0	5	4	15	4	10	10	48
Ceará	5	20	16	43	64	87	96	57	388
Rio Grande do Norte	0	1	14	9	22	27	17	11	101
Paraíba	1	8	6	9	23	27	39	19	132
Pernambuco	0	0	3	8	36	38	27	30	142
Alagoas	0	51	35	9	26	44	30	23	218
Sergipe	0	0	5	8	11	4	2	2	32
Bahia	5	10	26	45	45	39	57	64	291
Minas Gerais	11	43	44	90	233	280	300	267	1268
Espírito Santo	0	0	3	0	3	4	2	12	24
Rio de Janeiro	11	5	19	25	49	79	105	76	369
São Paulo	396	581	844	1306	1810	2012	1975	1539	10463
Paraná	10	34	41	102	183	295	355	343	1363
Santa Catarina	8	25	16	93	153	153	138	88	674
Rio Grande do Sul	2	6	6	7	36	47	97	154	355
Mato Grosso do Sul	1	6	6	22	42	51	45	46	219
Mato Grosso	2	15	24	53	56	75	75	78	378
Goiás	1	6	14	45	51	118	138	138	511
Distrito Federal	0	33	9	7	8	6	6	3	72
Brasil	**459**	**867**	**1179**	**1965**	**2972**	**3516**	**3706**	**3113**	**17777**

Fontes: Sinan/SVS/MS. Atualizado em: 4.3.2015.
(*) Dados parciais para 2013 e 2014.

Percebe-se que em 2014 as regiões Sudeste e Sul lideram as estatísticas, respectivamente em 1º e 2º lugar, com 1.894 casos registrados no Sudeste e 585 na região Sul, seguidos por Centro-Oeste (265), Nordeste (232) e Norte (137). Observando as regiões Sudeste e Sul, nota-se que São Paulo desponta como campeão em acidentes, com 1.894 notificações, seguido de Minas Gerais, com 267 casos, enquanto na região Sul o estado com maior número foi o Paraná, com 343 notificações, seguido pelo estado do Rio Grande do Sul, com 154 casos notificados.

Ao contrário da incongruência, anteriormente mencionada, entre os dados relativos às regiões com maior concentração de trabalho infantil — divulgados pela PNAD/2013 — e as ocorrências de acidentes de trabalho com crianças e adolescentes (ano base 2013) — registrados pelo SINAN (2015) — os dados de ambos parecem convergir quando se trata de compreender a relação entre a distribuição dos acidentes de trabalho e os setores da cadeia produtiva.

Nessa perspectiva, faz sentido que, entre as 3 regiões do Brasil que apresentam os maiores números de casos de acidentes de trabalho com crianças e adolescentes, duas delas tenham economias fortemente fundadas na agricultura (Regiões Sul e Centro-Oeste), elemento que converge com o último dado da PNAD 2013, cujos resultados indicam que mais de 60% das crianças entre 5 e 13 anos de idade trabalham no setor primário da economia, especialmente na agricultura. Quanto à região sudeste, é previsível — embora eticamente inaceitável — que apresente altos números de acidentes de trabalho, uma vez que concentra grande parte do parque industrial do país e do setor terciário.

Assim, as 3 regiões líderes em acidentes de trabalho em 2014 representam, precisamente, os setores produtivos econômicos mais fortes no contexto atual do Brasil e, como tal, não surpreende que apresentem a maior concentração de acidentes. Com efeito, observando os dados é possível perceber quais foram os setores produtivos que mais se fortaleceram ao longo dos últimos anos no país. Segundo a OIT (2004), com base em informações da PNAD, havia em 2001 cerca de 59% (3,2 milhões) das crianças e adolescentes trabalhando no meio urbano e 41% (2,2 milhões) no meio rural, o que representa uma inversão em relação à situação atual.

Ainda com relação aos acidentes de trabalho em crianças e adolescentes registrados em 2014 (SINAN, 2015), nota-se que a trágica liderança das regiões Sudeste e Sul reproduz o quadro do ano anterior. Em 2013, o Sudeste liderou com 2.382 acidentes (1º lugar) e a região Sul com 590 casos (2º lugar). As demais apresentaram os seguintes dados: Nordeste (310), Centro-Oeste (264) e Norte (160).

Percebe-se que o ano de 2014 apresentou ligeira inversão entre as regiões, visto que o Nordeste apresentou maiores avanços na redução dos casos de acidentes de trabalho com crianças e adolescentes se comparado ao Centro-Oeste, motivo pelo qual passou a ocupar o 4º lugar, enquanto o Centro-Oeste assumiu o 3º lugar em casos de acidentes registrados. Contudo, a inversão decorre mais da diminuição dos acidentes na região Nordeste, do que alterações no Centro-Oeste, haja vista que esta última se manteve estável.

Todavia, pela primeira vez nos últimos oito anos (2007-2014), os dados revelam redução em relação ao ano anterior, totalizando 3.113 acidentes em 2014 contra 3.706 em 2013. Embora ainda não seja possível precisar as causas de tal redução e tampouco prever se ela será temporária ou permanente, é importante porque evidencia uma alteração no ciclo progressivo de elevação das ocorrências de acidentes de trabalho com crianças e adolescentes e pode sinalizar novas tendências.

Com efeito, qualquer mudança em dados dessa natureza tem grande importância, sobretudo porque pode significar o afastamento da linha tênue que separa a vida, o adoecimento e a morte de crianças trabalhadoras. Nesse sentido, os dados parciais fornecidos pelo Ministério da Saúde e advindos do SINAN (2015) revelam que em 2014 houve, pelo segundo ano consecutivo, redução dos acidentes de trabalhos fatais em crianças entre 5 e 17 anos de idade. No período 2013-2014, estes acidentes diminuíram 9,4%, passando de 32 mortes registradas em 2013 para 30 ocorrências em 2014.

Nota-se que outra vez as regiões Sudeste (11) e Sul (7) lideraram o *ranking* de 2014, no que tange ao número absoluto de acidentes fatais de crianças e adolescentes trabalhadores, com idade entre 5 e 17 anos, seguidas pelo Centro-Oeste (6), Nordeste (4) e Norte (2). Os estados que apresentaram maior número de acidentes fatais foram Minas Gerais (7) e Goiás (5), seguido por São Paulo (4) e Paraná (4). Os demais estados registraram os seguintes casos: Rio Grande do Sul (3), Maranhão (2), Mato Grosso do Sul (1), Bahia (1), Ceará (1), Tocantins (1) e Pará (1).

Esses resultados convergem com os anteriores e sinalizam a geopolítica do trabalho infantil no Brasil. Nesse sentido, é importante assinalar que, entre 2007 e 2014, cento e sessenta e duas (162) crianças e adolescentes morreram em decorrência do trabalho exercido, o que representa que o Brasil perdeu anualmente 20 crianças e adolescentes, ou seja, o equivalente a 3,3 "Chacinas da Candelária" por ano, fato que traduz um cenário de grave violação do direito à vida.

Considerações finais

Os resultados da pesquisa reiteram a relação intrínseca existente entre a saúde e o modo de organização da sociedade e evidenciam a importância de analisar o trabalho infantil a partir de uma perspectiva ampliada, que leve em conta a análise dos fluxos e do conjunto da cadeia produtiva internacional, haja vista que ela repercute diretamente nas formas de exploração e na distribuição do trabalho infantil no Brasil e no mundo.

Pensar o trabalho infantil e os seus impactos sobre a saúde implica também superar o paradigma biomédico e discutir o conjunto das repercussões dos processos produtivos sobre as condições de vida e saúde de crianças e adolescentes no contexto do capitalismo global.

Com efeito, os dados sugerem a existência de uma espécie de *geopolítica do trabalho infantil*, que parece acompanhar e refletir os processos de reprodução do capital no mundo. A análise dos blocos Sul e Norte e do conjunto dos países mapeados sugere que quanto mais dependente é a economia de um país, tanto maiores serão os impactos na exploração de crianças e adolescentes e a incidência do trabalho infantil.

De fato, os dados apontam para alta incidência na África Subsaariana, embora a região Ásia-Pacífico concentre, em números absolutos, o maior contingente de crianças e adolescentes expostos ao trabalho infantil. Esses dados parecem encontrar ressonância nas colocações de Harvey (2008), quanto ao crescente deslocamento do capital em direção a outros territórios propícios a sua acumulação.

Nesse sentido, tragicamente o crescimento de vários países em desenvolvimento, especialmente aqueles situados na Ásia, tem sido também sustentado pela superexploração da força de trabalho humana, cuja face mais cruel se expressa sobre a exploração de crianças e adolescentes arrancados de seu universo simbólico infantojuvenil e expropriados do seu direito de gozar a infância.

São 168 milhões de crianças e adolescentes espalhados pelo mundo afora em plantações de algodão, tabaco e toda sorte de culturas agrícolas, regadas por milhões de litros de agrotóxicos aplicados todos os dias por crianças e adolescentes que, homeopaticamente, ingerem a "cicuta" moderna. São milhares em minas de ouro, estanho e tantos outros minerais extraídos, que levam consigo um pouco da vida, da luz e do oxigênio vital às crianças e adolescentes enfurnados. São também milhares os meninos e meninas confinados em fábricas insalubres, que roubam-lhes a cada dia um pouco mais de seus movimentos, mutilando seus corpos, ensurdecendo seus ouvidos e "vedando-lhes" os olhos. Por fim, são milhares as crianças e adolescentes que são tragicamente violados e sexualmente explorados, vítimas do tráfico e do "turismo" sexual que assola as sociedades em todo o mundo.

Este cenário é provavelmente uma descrição ínfima de todo o universo de exploração e expropriação infantil existentes, cujos impactos à saúde são incomensuráveis e conduzem anualmente centenas de milhares de crianças e adolescentes ao adoecimento e à morte.

No Brasil, o modelo de desenvolvimento adotado — ancorado na exportação de *commodities* agrícolas — parece refletir-se na alta concentração de trabalho infantil no meio rural e também na distribuição regional dos acidentes de trabalho. São precisamente 3,1 milhões de crianças e adolescentes em situação de trabalho infantil, cuja exploração conduziu, somente em 2014, a 3.116 acidentes de trabalho, causando danos físicos, psíquicos e emocionais a mais de oito crianças todos os dias e também a morte de 20 crianças e adolescentes a cada ano.

Apesar de os dados recentes sinalizarem a redução no número de trabalhadores com idade entre 5 e 17 anos, bem como a diminuição dos acidentes de trabalho na referida faixa etária e também uma queda no número de acidentes fatais, é preciso intensificar expressivamente a implementação das distintas políticas públicas brasileiras de combate e erradicação do trabalho infantil construídas, haja vista que a exploração do trabalho infantil representa, sobretudo, o esbulho dos sonhos e a expropriação do direito humano à vida.

Referências bibliográficas

BRASIL. *Portaria n. 1.271 do Ministério da Saúde*. Brasília: Ministério da Saúde, 2014.

______. *Política Nacional de Saúde do Trabalhador e da Trabalhadora*. Brasília: Ministério da Saúde, 2012.

______. *Plano Nacional de Prevenção e Erradicação do Trabalho Infantil e Proteção do Adolescente Trabalhador*. 2. ed. Brasília: Ministério do Trabalho e Emprego, 2011.

______. *Decreto n. 6.481, de 12 de junho de 2008*. Brasília: Presidência da República, 2008.

______. *Portaria n. 777 do Ministério da Saúde, de 28 de abril de 2004*. Brasília: Ministério da Saúde, 2004.

______. *Portaria n. 365, de 12 de setembro de 2002*. Brasília: Ministério do Trabalho e Emprego, 2002.

BUREAU INTERNATIONAL DO TRABALHO. *Relatório Medir o Progresso na Luta contra o Trabalho Infantil* — Estimativas e tendências mundiais 2000-2012. Bureau Internacional do Trabalho, Programa Internacional para a Eliminação do Trabalho Infantil (IPEC). Genebra: OIT, 2013. Disponível em: <http://www.oit.org.br/sites/default/files/topic/gender/doc/relatoriotiporset13_1085.pdf>. Acesso em: 11.7.2015.

CAMPOS, H. R.; ALVERGA, A.R. Trabalho infantil e ideologia: contribuição ao estudo da crença indiscriminada na dignidade do trabalho. *Revista Estudos de Psicologia*, v. 6, n. 2, p. 227-233, 2001.

GUEDES FILHO, E. M.; CURI, A. Z.; TOJA, F. N.; CONDE, R. *Relatório trabalho infantil e adolescente:* impacto econômico e os desafios para a inserção de jovens no mercado de trabalho do Cone Sul. São Paulo: Tendências Consultoria Integrada, 2013.

HARVEY, D. *Neoliberalismo:* histórias e implicações. São Paulo: Loyola, 2008.

HUMAN RIGHTS WATCH. Ripe for abuse. *Palestinian Child Labor in Israeli Agricultural Settlements in the West Bank.* 2015. Disponível em: <http://www.hrw.org/reports/2015/04/13/ripe-abuse>. Acesso em: 11.7.2015.

______. Tobacco's hidden children. *Hazardous Child Labor in United States Tobacco Farming.* 2014. Disponível em: <http://www.hrw.org/sites/default/files/reports/us0514_UploadNewNew.pdf>. Acesso em:

IBGE. *Pesquisa Nacional por Amostra de Domicílios* — PNAD, 2013.

INTERNATIONAL LABOR RIGHTS FUND. *Seeds of Change*. 2007. Disponível em: <http://www.laborrights.org/sites/default/files/publications-and-resources/seeds_of_change_final.pdf>. Acesso em: 11.7.2015.

KASSOUF, A. L. O que conhecemos sobre o trabalho infantil no Brasil. *Revista Nova Economia,* v. 17, n. 2, may/aug. 2007.

KLEBA, M. E. *Descentralização do sistema de saúde no Brasil:* limites e possibilidades de uma estratégia para o empoderamento. Chapecó: Argos, 2005.

MACIEL, C. F.; MOURA, J. M. B. De mau a pior? A questão trabalhista na China contemporânea. *Revista Novos Cadernos NAEA*, v. 17, n. 2, p. 141-166, 2014.

MINISTÉRIO DA SAÚDE. SINAN — Sistema de Informações de Agravos de Notificação.

ORGANIZAÇÃO INTERNACIONAL DO TRABALHO. *Relatório SINUS 2014* — Guia de Estudos. Disponível em: <http://sinus.org.br/2014/wp-content/uploads/2013/11/OIT-Guia-Online.pdf>. Acesso em: 11.7.2015.

______. *Relatório Mundial sobre Trabalho Infantil.* Genebra: OIT, 2014.

______. *O Brasil e o trabalho infantil no início do século 21.* 2004. Disponível em: <http://www.oit.org.br/sites/default/files/topic/ipec/pub/brasil_trabalho_infantil_no_inicio_seculo_21_327.pdf>. Acesso em: 11.7.2015.

PORTAL TERRA. *China:* atividade em fábrica é suspensa por trabalho infantil. 2014. Disponível em: <http://noticias.terra.com.br/mundo/asia/china-atividade-em-fabrica-e-suspensa-por-trabalho-infantil,299a07780d407410VgnCLD200000b2bf46d0RCRD.html>. Acesso em: 11.7.2015.

SANTOS, S. A. Informe técnico política nacional de saúde para a erradicação do trabalho infantil e proteção ao adolescente trabalhador: o desafio de construir a atenção integral à saúde de crianças e adolescentes trabalhadores no Sistema Único de Saúde — SUS. *Boletim Epidemiológico Paulista,* v. 10, n. 114, São Paulo, 2013.

SINAIT. *Fornecedores chineses da Apple usam trabalho infantil em larga escala.* Disponível em: <https://www.sinait.org.br/?r=site/noticiaView&id=7844>. Acesso em: 11.7.2015.

UNICEF. *Relatório situação Mundial da Infância.* Crianças em um mundo urbano. 2012. Disponível em: <http://www.unicef.org/brazil/pt/PT-BR_SOWC_2012.pdf>. Acesso em: 11.7.2015.

VITTE, C. C. S. Recursos naturais e produção de *commodities*: geoeconomia e políticas regionais de cooperação em segurança almentar na América do Sul. *Revista Brasileira de Desenvolvimento Regional,* n. 1, v. 1, p. 65-83, 2013.

O Trabalho Infantil e a Violência Sexual contra Crianças e Adolescentes

Erika Kokay(*)

No Brasil, o fenômeno do trabalho infantil torna-se mais degradante, uma vez que as piores formas desse trabalho são combinadas entre si, em especial, com a exploração sexual de crianças e adolescentes. A exploração sexual é tida como uma das formas mais extremas de violação aos direitos das crianças e dos adolescentes, segundo a Organização Mundial da Saúde, e mais degradante, segundo a Organização Internacional do Trabalho (OIT).

O Relatório Mundial sobre Trabalho Infantil 2015 da OIT revela que, no geral, 14,4% dos adolescentes brasileiros entre 15 e 17 anos estão em trabalhos perigosos. Mas, se considerados apenas os jovens dessas idades que estão empregados, a porcentagem sobe para quase 60%, a maioria nos setores de agricultura e indústria.

O mesmo relatório mostra que jovens que tenham sido sobrecarregados pelo trabalho quando eram crianças são mais propensos a se contentar com empregos familiares não remunerados e estar em empregos com baixos salários.

Outro dado importante do referido relatório indica que quase 90% dos jovens que pararam de estudar aos 18 anos conseguiram um primeiro emprego estável. E esse índice cai para pouco mais de 70% quando os jovens deixam a escola aos 15 anos.

Ainda de acordo com o documento, as pessoas que abandonam a escola de forma precoce são menos propensas a garantir empregos estáveis e têm maior risco de ficar fora do mercado de trabalho.

Embora o Brasil tenha conseguido reduzir em 56% o trabalho infantil entre 1992 e 2011, caindo de 8.312.391 de crianças para 3.518.000 (PNAD-IBGE), ainda persistem inúmeros desafios a serem enfrentados para erradicar essa grave violação dos direitos humanos e dos direitos fundamentais no trabalho.

O trabalho infantil provoca uma tríplice exclusão: na infância, quando o indivíduo perde a oportunidade de brincar, de se relacionar com o lúdico, estudar e aprender; na idade adulta, quando perde oportunidades de trabalho por falta de qualificação profissional; e na velhice, pela consequente falta de condições dignas de sobrevivência.

Segundo a OIT, ocorrem no Brasil, por ano, cerca de 100 mil casos de abuso e exploração sexual de crianças e adolescentes. Mas, menos de

(*) Deputada federal pelo PT-DF. Presidiu a CPI Contra a Exploração Sexual de Crianças e Adolescentes da Câmara (2012/2014). Na atual legislatura, integra a Comissão de Direitos Humanos e Minorias.

20% desses casos chegam ao conhecimento das pessoas encarregadas por tomar providências.

Uma em cada dez meninas com menos de 20 anos já foi vítima de violência sexual, de acordo com um relatório divulgado em 2014 pelo Fundo das Nações Unidas para a Infância (Unicef). Considerado a maior compilação de dados feita até hoje sobre violência contra crianças, o documento estima que cerca de 120 milhões de meninas no mundo tenham sido sujeitadas a atos sexuais forçados somente em 2012.

Crianças violentadas têm maior probabilidade de serem afetadas por dificuldades de aprendizagem, desemprego, pobreza, depressão e repetição do padrão de violência, conclui o relatório.

Abuso e exploração sexual a crianças e adolescentes, duas faces da mesma moeda: violência sexual

A violência é entendida a partir da própria etimologia da palavra, que deriva do latim *vis* (força) e significa: desnaturar, ou seja, uma ação que é contra a natureza do ser; coagir, constranger, torturar e brutalizar, pois impede a espontaneidade, a vontade e a liberdade da pessoa; violar, ato que desrespeita a natureza de alguém ou de alguma coisa valorizada positivamente pela sociedade.

Marilena Chauí define-a como a conversão de pessoas diferentes em desiguais, numa relação em que alguém é inferior e alguém é superior, ação que trata o ser humano não como sujeito, mas, sim, como uma coisa.

Segundo o Protocolo de Palermo, instrumento legal internacional que trata do tráfico de pessoas, em especial de mulheres e crianças, ratificado pelo Brasil em 2004, uma exploração sexual se realiza nas relações de produção e mercado (consumo, oferta e excedente) por meio da venda dos serviços sexuais de crianças e adolescentes pelas redes de comercialização do sexo, pelos pais ou similares, ou pela via de trabalho autônomo.

Essa prática é determinada não apenas pela violência estrutural (pano de fundo), como também pela violência social e interpessoal. E, de acordo com Maria Lúcia Pinto Leal, é resultado, também, das transformações ocorridas nos sistemas de valores arbitrados nas relações sociais, especialmente o patriarcalismo, o racismo e a apartação social, antítese da ideia de emancipação das liberdades econômicas/culturais e das sexualidades humanas.

Segundo a Organização Mundial da Saúde, a violência sexual contra crianças e adolescentes é "todo envolvimento de uma criança em uma atividade sexual na qual não compreende completamente, já que não está preparada em termos de seu desenvolvimento. Não entendendo a situação, a criança, por conseguinte, torna-se incapaz de informar seu consentimento. São também aqueles atos que violam leis ou tabus sociais em uma determinada sociedade".

A entidade aponta ainda que a prática é evidenciada "pela atividade entre uma criança com um adulto ou entre uma criança com outra criança ou adolescente que pela idade ou nível de desenvolvimento está em uma relação de responsabilidade, confiança ou poder com a criança abusada. É qualquer ato que pretende gratificar ou satisfazer as necessidades sexuais de outra pessoa, incluindo indução ou coerção de uma criança para engajar-se em qualquer atividade sexual ilegal. Pode incluir também práticas com caráter de exploração, como uso de crianças em *exploração sexual comercial* o uso de crianças em atividades e materiais pornográficos, assim como quaisquer outras práticas sexuais ilegais" (grifo nosso).

A violência sexual, segundo a ONG Childhood Brasil, "é uma violação dos direitos sexuais, que se traduz pelo abuso e/ou exploração do corpo e da sexualidade de crianças e adolescentes — seja pela força ou outra forma de coerção —, ao envolver meninas e meninos em atividades sexuais impróprias para sua idade cronológica ou a seu desenvolvimento físico, psicológico e social".

O abuso é qualquer ato de natureza ou conotação sexual em que adultos submetem crianças e adolescentes a situações de estimulação ou satisfação sexual, imposto pela força física, pela ameaça ou pela sedução. O agressor costuma ser um membro da família, ou conhecido e, na sua maioria, heterossexual. O abuso envolve relações de poder interpessoais, poder na família, poder afetivo. Já a exploração pressupõe uma relação de mercantilização, da qual o sexo é fruto de uma troca, seja ela financeira, de favores ou presentes. A exploração sexual pode se relacionar a redes criminosas mais complexas, podendo envolver um aliciador, que lucra intermediando a relação da criança ou do adolescente com o cliente.

A exploração sexual é crime hediondo no Brasil desde 2014 e nos avilta, indigna e revolta por roubar a infância desses cidadãos em desenvolvimento, por causar os piores impactos no desenvolvimento físico e psíquico da criança, por proporcionar um presente infernal e um futuro muito doloroso e incerto.

O abuso e exploração sexual são as duas formas, igualmente cruéis, com que a violência sexual se manifesta. E a relação entre a violência estrutural e a interpessoal mostra como uma sociedade violenta pode influenciar no relacionamento entre as pessoas.

Nas diligências da Comissão Parlamentar de Inquérito contra a Exploração Sexual de Crianças e Adolescentes, instalada em 2012 e encerrada em 2014, na Câmara dos Deputados, que tive o privilégio de presidir, vimos o que não gostaríamos de ter visto: meninas entregues em bandejas de prata para a voracidade da satisfação sexual adulta, por alguns tostões; meninas levadas de bote para as balsas, na região de Breves, nas Ilhas Marajoaras (PA), por R$ 3,00 ou R$ 4,00; meninas, na Rodoviária do Plano Piloto de Brasília, fazendo programas, por R$ 2,00 ou R$ 3,00. Meninas e meninos em situação de rua expostos a outras violações, inclusive a exploração sexual.

É sabido que quando crianças e adolescentes estão em situação de rua, há uma vulnerabilidade ou há uma probabilidade de que sofram outras violações de direitos, inclusive exploração sexual e síndrome de drogadição. Essas coisas dialogam entre si. A síndrome de drogadição, a situação de rua e a situação de exploração sexual dialogam nesse universo de violação de direitos que atinge de maneira frontal nossas crianças e nossos adolescentes.

Na pesquisa da Childhood — Vítimas da Exploração Sexual de Crianças e Adolescentes: Indicadores de Risco, Vulnerabilidade e Proteção —, Leal afirma que, no Brasil, a exploração sexual manifesta-se por meio de quatro formas:

- Em lugares fechados, com maior frequência em regiões onde há um mercado de extração de minérios, como nos garimpos, caracterizando-se por cárcere privado, vendas, tráfico, leilões de virgens, mutilações, desaparecimento, prostituição nas estradas e em portos marítimos.
- Exploração de crianças e adolescentes em situação de rua e/ou vítimas de violência doméstica.
- Exploração por meio do turismo e da pornografia, com maior frequência nas capitais do Nordeste e outros centros.
- Turismo portuário e de fronteiras, em regiões do Norte banhadas por rios navegáveis, e fronteiras nacionais e internacionais do Centro-Oeste.

Para Renata Maria Coimbra Libório, o abuso e exploração sexual estão inseridos num contexto de violência estrutural, social, interpessoal e psicológica vigente no país, que ficam ainda mais confortáveis no cenário de exclusão social, de propostas neoliberais regidas pela lei do mercado.

A nossa colonização escravagista e dominada por uma elite oligárquica tinha como característica a exclusão daqueles considerados inferiores. Os critérios utilizados para a exclusão social eram baseados na cor, raça, gênero e idade, dando origem a uma sociedade machista, sexista e adultocêntrica, que predomina até os dias atuais.

A lógica de mercado que cria uma cultura do consumo, impondo valores e modos de existência baseados na aquisição de bens materiais como forma de inclusão social é também vista na maneira como o corpo infantil e juvenil é valorizado no mercado do sexo e como as crianças e adolescentes são seduzidas por essa possibilidade de ter acesso ao consumo, que o seu padrão social anterior não lhe permitiria, por meio da exploração sexual.

A crueldade reside exatamente no jogo de sedução, de atração para o consumo, sem as condições e oportunidades para as crianças e adolescentes consumirem, o que nos faz lembrar Nelson Rodrigues, quando dizia que o absurdo está perdendo a modéstia.

De acordo com Leal, o corpo infantojuvenil é um produto do mercado globalizado do sexo que utiliza o marketing e a publicidade para divulgar uma lógica de hipererotização do corpo feminino, fortalecendo lógicas de submissão e desqualificação da mulher. Esse mercado envolve donos de boates, de motéis e bordéis, comerciantes de produtos e de drogas, que lucram com a mercantilização do corpo infantojuvenil. O mercado do sexo tem envolvido, também, agências de modelos e de fotografia que aliciam adolescentes de classe média, utilizando *books* ou desfiles para clientes.

A realização da Comissão Parlamentar de Inquérito reforçou nossa certeza de que a exploração sexual de crianças e adolescentes é uma das formas mais degradantes de trabalho infantil, como considera a Organização Internacional do Trabalho (OIT).

Percebemos que ao enfrentar a exploração sexual de crianças e adolescentes, enfrenta-se uma série de discriminações e desigualdades, como:

- a social — em que a pobreza, a ausência de condições dignas de vida empurram as meninas e os meninos para a situação de exploração;
- a étnica — que fazem as ribeirinhas, as negras carregarem este Brasil no seu próprio corpo, na sua própria situação de violação de direitos. Essas crianças vão carregando no seu corpo a ausência de luto do período colonial e escravagista. Luto que o Brasil ainda não fez ou teima em não fazer;
- de gênero — a grande maioria das vítimas de violência sexual é do gênero feminino;
- a adultocêntrica — é como arrancar das crianças e dos adolescentes a sua condição de sujeito de direitos, prevista no Estatuto da Criança e do Adolescente (ECA). É como se fossem coisificados e a sua sexualidade, correspondente a sua faixa etária, na qual são pessoas em desenvolvimento nesta fase peculiar da vida, não fosse considerada; pelo contrário, tornam-se objeto da sexualidade do adulto.

Entre os vários fatores que podem favorecer a violência sexual de crianças e dos adolescentes, além dessas relacionadas acima, estão as questões culturais, a erotização do corpo da criança e do adolescente pela mídia, consumo de drogas, disfunções familiares e baixa escolaridade. Contudo, a violência sexual acontece em todos os meios e classes sociais.

Essas várias formas de discriminações ferem a construção coletiva, expressa no ECA, que considera crianças e adolescentes pessoas em desenvolvimento e sujeitos de direitos.

Enfrentar a exploração sexual é enfrentar essas discriminações que, por muito tempo, foram internalizadas e naturalizadas, foram entranhadas nos tecidos sociais e refletem-se na forma que o Brasil vê o outro, na forma que refletimos sobre nós mesmos, sobre nossas relações sociais e sobre nossa própria humanidade.

É muito importante que o Brasil garanta os instrumentos necessários para realizar esse tipo de enfrentamento, uma vez que a violência sexual de crianças e adolescentes compõe uma cadeia de vitimização e nenhuma violação de direitos fica ensimesmada, sempre leva à violação de outros direitos, porque desumaniza e ao desumanizar, simbolicamente, as pessoas não são mais consideradas sujeitas de sua própria vida e detentoras da liberdade, do direito de ser e de amar, de ser como se é: crianças serem crianças e adolescentes serem adolescentes.

Vale lembrar Hannah Arendt, filósofa e cientista alemã, que dizia que cidadania é o "direito a ter direitos". Portanto, se uma pessoa não pode ter um direito, ninguém poderia.

Assim como o trabalho infantil não é ensimesmado, leva à baixa escolaridade, aos piores postos de trabalho quando adulto e à doenças, a exploração sexual também compõe uma cadeia que leva a corredores de exclusão social, que são construídos por meio da vitimização, que se manifesta, principalmente:

- por meio da violência da pobreza e da precariedade das políticas públicas;

- pela crença a que a vítima é levada a ter de que é suja, impelindo-a a abrir mão de sua sexualidade, de ser sujeito do seu próprio corpo, ser sujeito de sua própria existência. Assim, é entregue à coisificação, à mercantilização. É como se a mão invisível do mercado adentrasse a cidadania de sua intimidade e capturasse seu corpo, sua infância, sua adolescência;

- pela não audição de sua fala, pela não compreensão de seus pedidos de socorro e dos sinais de alerta que a criança emite sem fazer uso de palavras. Como todo ser humano, a criança fala com o corpo, com o silêncio;

- pela sua culpabilização pela sociedade, envolvendo particularmente adolescentes em situação de exploração sexual, considerados culpados e não vítimas, o que leva a centenas de casos impunes, como o do Rio Grande do Sul, onde um homem acusado de estuprar uma menina de 12 anos foi absolvido pelo Tribunal que afirmou não haver crime, uma vez que a garota teria consentido e não era mais virgem. Contrariou-se frontalmente a lei em vigor, que afirma ser violência presumida e estupro de vulnerável os atos sexuais envolvendo pessoas com até 14 anos incompletos.

Fatos como esses levaram a CPI a propor um Projeto de Lei que tipifica o estupro de vulnerável independentemente do consentimento da vítima ou desta já ter mantido relações sexuais anteriores, o que também não possibilita abrandar a pena.

Os males da exploração sexual

No Brasil, alguns levantamentos e estudos (BELLANZANI, 2004; LEAL; CÉSAR, 1998) citam a depressão e ansiedade e ressaltam que a exploração e o abuso sexual contra crianças e adolescentes pode acarretar danos físicos, emocionais, sexuais e sociais. Kendall-Tackett, Williams e Finkelhor (1993) analisaram os estudos sobre as implicações do abuso sexual e decompuseram tais efeitos, em várias idades.

Os sintomas mais comuns na faixa de zero a seis anos de idade (idade pré-escolar) são ansiedade, pesadelos, transtorno de estresse pós-traumático e comportamento sexual inapropriado. Para as crianças em idade escolar (7 a 12 anos), os sinais mais constantes incluem medo, distúrbios neuróticos, agressão, pesadelos, problemas escolares, hiperatividade e comportamento regressivo. Na adolescência (13 a 18 anos), os mais comuns são depressão, isolamento, comportamento suicida, autoagressão, queixas somáticas, atos ilegais, fugas, abuso de substâncias e comportamento sexual inadequado.

Os autores concluíram que existem sintomas comuns às três fases: pesadelos, depressão, retraimento, distúrbios neuróticos, agressão e comportamento regressivo. Muitos autores destacam o Transtorno de Estresse Pós-traumático (TEPT) como uma implicação de curto prazo muito comum da violência sexual em geral — abuso e exploração. O TEPT está ligado a experiências incomuns da existência humana, que causam um severo impacto emocional (GABBARD, 1992).

Ainda de acordo com a pesquisa, o abuso emocional ou psicológico é evidenciado pelo prejuízo à competência emocional da criança, prejudicando principalmente sua capacidade de sentir emoções positivas por outros e de sentir-se bem consigo mesma. Quando são vítimas de violência sexual, violência esta que envolve abuso emocional, atos de hostilidade e agressividade podem interferir na motivação da criança, em sua autoimagem e autoestima.

Impunidade

A exploração sexual no Brasil decorre de uma cultura advinda da colonização, da escravidão e da herança patriarcal, em que, principalmente, a mulher é coisificada e tida como subalterna, o que alimenta a visão machista da suposta insignificância feminina. A impunidade advém também da visão adultocêntrica, que desrespeita o desenvolvimento das crianças, suas potencialidades, seus desejos e necessidades, discriminando-as. Ainda há gestores e/ou operadores de direito cujo pensamento e comportamento são retrógrados e alicerçam-se em uma visão patriarcal.

Ilustrando essa visão, Karina Figueiredo, secretária-executiva do Comitê Nacional de Enfrentamento à Exploração Sexual de Crianças e Adolescentes, reproduziu à CPI declarações de autoridades de Porto Velho (RO), sobre a construção de duas hidrelétricas no complexo do Rio Madeira e a situação caótica na região, com ruas tomadas por bares que se transformam em pequenos bordéis, onde crianças e adolescentes eram negociadas sexualmente, além da existência de uma rede de tráfico de meninas para serem exploradas sexualmente: *"Bem, as mães que segurem suas filhas. Se elas estão lá é porque a mãe não segurou". "A gente não pode fazer nada. Os homens estão aí mesmo, e eles têm que extravasar." "Ela consentiu. Ela está lá porque quis, ninguém foi lá obrigá-la."*

Além disso, a CPI apurou uma real falta de orçamento público; estrutura deficitária das delegacias, dos Institutos Médico-Legais e dos Institutos Técnicos Científicos de Polícia; fragilidade dos órgãos de proteção; falta de programas eficientes de proteção às vítimas de exploração sexual; falta de delegacias especializadas em crimes cibernéticos; ainda que tenha melhorado, precariedade dos conselhos tutelares para atuar junto às redes de acolhimento dessas crianças, inclusive permitindo o atendimento familiar; fragilidades dos instrumentos de assistência social nos Estados; baixa implementação dos planos já existentes, como o de combate ao trabalho infantil e o Nacional de Enfrentamento; além de pouca atuação junto à rede hoteleira, no sentido de combate ao turismo sexual.

O aumento das denúncias

Ainda assim, as denúncias aumentaram, possibilitando menos impunidade.

O Disque 100, da Secretaria de Direitos Humanos da Presidência da República, registrou, entre 2003 e março de 2011, 53 mil denúncias de violência sexual (abuso e exploração comercial) contra crianças e adolescentes em todo o país.

De janeiro a março de 2014, o Disque 100 contabilizou 4.205 registros de violência sexual. Em 2013 foram mais de 12 mil registros. A média diária de denúncias aumentou de 84, em 2010, para 103, nos três primeiros meses de 2011. Segundo a SDH, o Nordeste é a região de onde veio a maior parte das denúncias (37%), seguida pelo Sudeste (35%), Sul (12%), Norte e Centro-Oeste (8% cada um).

Somente no Disque 100 são cerca de 120 mil casos anuais de denúncias de violação dos direitos de crianças e adolescentes. E a Polícia Rodoviária Federal, afirma que, de 2007 a 2012, 2.899 adolescentes em situação de risco foram encaminhados pela PRF à rede de apoio. E, de março de 2013 a março de 2014, 277 maiores foram detidos em situação flagrante de exploração sexual de crianças e adolescentes.

A Polícia Rodoviária Federal destaca o avanço do Disque 100. As denúncias são enviadas por *e-mail* para as equipes da PRF, que encaminham a unidade policial mais próxima para o local. Quando a área é de jurisdição de município, a PRF aciona a instituição policial mais próxima.

É alvissareiro o aumento das denúncias. Revela a desnaturalização do fenômeno. Se há pessoas denunciando, já consideram que a proteção da criança e do adolescente não é responsabilidade só da família. Como preconiza o ECA, é de responsabilidade da família, do Estado e da sociedade. Esta começa a se abster do julgamento e culpabilização da vítima e a fortalecer o lema do movimento de defesa de crianças e adolescentes: "Calar é consentir. Denunciar é proteger".

O relatório da Unicef de 2014 afirma que "há avanços no País no enfrentamento mais estruturado desse fenômeno cruel: alterações na legislação para torná-la mais dura com os abusadores e exploradores; pesquisas para o mapeamento de áreas e locais de risco especial; redes de apoio, mas quebrar o silêncio é ainda o maior desafio no enfrentamento do abuso e da exploração sexual de meninas e meninos".

Mas ainda é insuficiente. É preciso que o Disque 100 trabalhe essas denúncias, avaliando e acompanhando os desdobramentos e o desencadeamento do processo de ressignificação da vida das vítimas. Para tal, é preciso acelerar o nível de atendimento. Sem isso, a interrupção da trajetória de exploração e a luta árdua para ressignificar a vida dessas crianças e adolescentes, investindo na sua resiliência, não serão efetivas.

O relatório da Unicef considera, também, que os crimes sexuais cometidos contra crianças e adolescentes em geral estão cercados por preconceitos, tabus e pelo silêncio e, portanto, muitas vezes, sequer são denunciados.

Mas, muitas vezes, as denúncias não se refletem em atendimento eficaz às vítimas pelas debilidades de estrutura do estado. O Sistema Único de Assistência Social, em seus centros de referência (CRAS e CREAS), que dão atendimento a crianças e adolescentes, mesmo aumentando os atendimentos, passando de 454 atendimentos, em 2003, para 7.211, em 2012, não conseguem acolher todas as denúncias. E mesmo quando as acolhem, em geral, não há atendimento realmente individualizado em profundidade para promover o resgate e a ressignificação das vidas desses jovens. Pelos vários dados, há a necessidade de uma real política de proteção e de garantia de direitos à adolescência e à infância.

Ouvimos o relato de uma menina, da Paraíba, que evidencia essa precariedade. Dizia que a vida dela tinha acabado, porque ela nunca mais iria conseguir ter um relacionamento, não conseguiria mais se casar. Pensava: *"Eu não sou mais pura"*. Essa menina tinha sofrido uma situação de exploração aos 11 anos e já com 13 anos não havia sido atendida. Assim, a ressignificação de sua vida cada vez mais vai ficando distante, podendo comprometer sua existência para sempre.

Contra a impunidade é preciso também efetivar a responsabilização do agressor. Quando há a presença do poder econômico e político, a impunidade se consolida. Por isso, é muito importante a federalização dos casos e está tramitando na Câmara Federal Proposta de Emenda à Constituição (PEC), da CPI, que tira a denúncia da esfera da influência política da localidade e possibilita a federalização do processo.

Portanto, a impunidade além de provocar a naturalização da violação, levando todos a se acostumarem, coloca em questão e ameaça a crença no Estado Democrático de Direito, provocando temor em denunciar. Visto o que aconteceu em Coari (AM), cujo processo do prefeito, acusado de utilizar recursos públicos para alimentar uma rede de exploração sexual, estava parado. Foi preciso um enfrentamento pesado, tanto com o Poder Judiciário local, quanto com o prefeito. Este, utilizando a máquina da Prefeitura, recebeu os membros da CPI com uma horda portando cartazes "Fora CPI", além de uma série de impropérios, nos obrigando a ameaçá-los com a utilização da lei que criminaliza atos que proíbem o cerceamento do trabalho de CPIs. Era perceptível o nível de temor que perpassava as testemunhas, que ao não acreditarem na punição, se sentiam vulneráveis ao colaborar com a investigação.

A impunidade não diz respeito apenas ao Judiciário. Também diz respeito ao Executivo, responsável pela estrutura das polícias técnicas e delegacias de proteção, que funcionam em número residual e, via de regra, sequer atuam nos fins de semana e à noite, momentos em que a exploração mais acontece.

A VIOLÊNCIA SEXUAL DA CRIANÇA E ADOLESCENTE NAS GRANDES OBRAS E GRANDES EVENTOS

A CPI analisou o impacto das grandes obras e grandes eventos na vida das crianças e adolescentes.

No caso das grandes obras, sem dúvida há o recrudescimento da violência sexual a crianças e adolescentes com o aumento exacerbado da população, sem a infraestrutura correspondente. As cidades recebem milhares de homens sem vínculos familiares, que deixaram para trás suas famílias, e com relações sociais e comunitárias estremecidas.

Segundo o relatório da Plataforma Brasileira de Direitos Humanos Econômicos, Sociais, Culturais e Ambientais (DHESCA), a construção das usinas hidrelétricas Santo Antônio e Jirau em Porto Velho (RO), por exemplo, registrou um aumento de 208% nos casos de estupros em apenas dois anos, de 2008 a 2010. Ainda que consideremos que, neste período, a tipificação de estupro tornou-se mais dura, o aumento é muito significativo.

No caso da construção da Usina Hidrelétrica de Jirau, no Rio Madeira, matéria de 17.9.2012 do Portal Fórum, afirma que a explosão da prostituição é apontada como um dos sintomas mais evidentes do crescimento desordenado da localidade, cuja população saltou de 6 para 20 mil habitantes em poucos anos.

Em Jirau, o Governo Federal, por meio da Secretaria de Direitos Humanos da Presidência da República (SDH), e a construtora responsável pela obra, realizaram uma sensibilização dos operários, visando impedir a exploração sexual de crianças e adolescentes. Entretanto, os operários têm dificuldade de identificar uma criança naquelas vítimas da exploração sexual e, inclusive, de relacioná-las como suas filhas. É nítida a desumanização simbólica daquela criança. É como arrancá-la de sua infância e adolescência, da sua humanidade. É esse o raciocínio em relação a qualquer trabalho infantil, em que há o olhar diferenciado para segmentos historicamente vulneráveis. A classe média não quer que seus filhos trabalhem, mas defende o trabalho infantil, como moralizador para o filho do pobre, dizendo ser melhor o trabalho do que a droga e o crime, como se o filho do pobre não tivesse o direito à infância, como se só lhe restasse esses caminhos.

A exploração sexual abre espaço para o trabalho escravo, para o tráfico para finalidade sexual — terceira maior estrutura de crime, só perdendo para armas e droga. Uma violência sempre dialoga com outra. Como o caso, investigado pela CPI, de meninas aliciadas no sul do País e mantidas em cárcere privado nas imediações das obras da Usinas de Belo Monte (PA), para fins de exploração sexual.

Hoje qualquer grande obra só é instalada se aprovado o plano socioambiental e, no caso de suas condicionantes não cumpridas, a obra pode ser paralisada. No entanto, esses planos não possuem o recorte da proteção à infância e à adolescência e nem mecanismos contra a violação de seus direitos.

É preciso que nenhuma grande obra possa ser instalada sem um Plano de Proteção da Criança e do Adolescente, construído multisetorial e coletivamente, com condicionantes, responsáveis e metas, com a atuação do Poder Público, instituições que financiam as obras e as construtoras, além da sociedade civil. E, assim como o plano socioambiental, a obra sofrerá interrupção, caso as condicionantes de proteção às crianças e adolescentes não sejam cumpridas.

No caso dos grandes eventos, a CPI contribuiu com a constituição da Agenda de Convergência, para atuação na Copa das Confederações e Copa do Mundo, com a disponibilização de espaços públicos e articulação das várias políticas públicas.

O Brasil tem experiência em grandes eventos, como o Festival de Parintins, Festas de São João, Carnaval, Réveillon e esses eventos não podem envolver somente a infraestrutura hoteleira e aeroportuária. Têm que envolver a proteção da criança e do adolescente, inclusive para barrar o turismo sexual.

Exemplos positivos existem, como o *Observatório* da Discriminação Racial e LGBT, *Violência* contra Mulher e Exploração *Sexual* da Criança e Adolescente. Pioneiro no Brasil, na 9ª edição do Observatório, o governo estadual da Bahia e Prefeitura de Salvador, além de observadores que ficam distribuídos ao longo dos circuitos no carnaval de Salvador, atuam, entre outras ações, orientando os foliões sobre os locais de recebimento de denúncia e o disque 156. E a ideia é construir indicadores que sejam utilizados como subsídios para a formulação e implantação de políticas públicas de prevenção.

Outra ação importante é a proibição de voos charters para fins de turismo sexual e a atuação da SDH proibindo a entrada no Brasil, por ocasião das Copas, de pessoas condenadas, em seus países, por violência sexual a crianças e adolescentes.

É preciso considerar isso como a expressão de dignidade do Brasil. O país não pode ter sua identidade associada à violência sexual de crianças e adolescentes e com o turismo sexual. Assim, o Brasil vai se preparando para a defesa de suas crianças e adolescentes.

Os planos de enfrentamento à violência sexual da criança e adolescente

O Plano Nacional de Proteção a Crianças e Adolescentes, ainda que seja um instrumento fundamental, em geral não é particularizado nos estados e municípios. Os seus 6 eixos são importantes, mas abrangentes, necessitando da inclusão, no seu detalhamento, das especificidades da localidade:

- Análise da Situação — conhecer o fenômeno da violência sexual contra crianças e adolescentes por meio de diagnósticos, levantamento de dados e pesquisas.

- Mobilização e Articulação — fortalecer as articulações nacionais, regionais e locais de combate e pela eliminação da violência sexual; envolvendo redes, fóruns, comissões, conselhos etc.

- Defesa e Responsabilização — atualizar a legislação sobre crimes sexuais, combater a impunidade, disponibilizar serviços de notificação e responsabilização qualificados.

- Atendimento — garantir o atendimento especializado e em rede às crianças e aos adolescentes em situação de violência sexual e suas famílias, realizado por profissionais especializados e capacitados.

- Prevenção — assegurar ações preventivas contra a violência sexual, por meio de educação, sensibilização e autodefesa.

- Protagonismo Infantojuvenil — promover a participação ativa de crianças e adolescentes na defesa de seus direitos e na execução de políticas de proteção de seus direitos.

Nenhuma forma de proteção pode prescindir destes eixos e particularmente da família, que, por vezes, é cúmplice pelo silêncio ou estímulo à exploração ou atua culpabilizando a vítima.

Nas visitas aos governadores e prefeituras das capitais reforçamos nossa visão da fragilidade dos planos. Por exemplo, onde há rios, é preciso envolver a Capitania dos Portos. Soubemos, em Breves (PA), que o dono só é responsável pelo barco quando está atracado, e é em movimento que, em geral, acontecem as violações de direito.

Os planos precisam também, depois de detectados os pontos vulneráveis à violência sexual de crianças e adolescentes nas cidades (a PRF só o faz nas rodovias), prever ações para o enfrentamento, além de incorporar ações direcionadas às família e o envolvimento das várias políticas públicas fundamentais ao desenvolvimento pleno, como educação, saúde, cultura, lazer, habitação etc.

Experiências positivas

É preciso identificar, potencializar e trabalhar para generalizar, condicionado às especificidades de cada território, as experiências de enfrentamento à exploração sexual de criança e adolescente que acontecem no país, como o programa Vira Vida do Conselho Nacional do SESI, que já atendeu mais de 5 mil jovens em todo o país, oferecendo apoio a jovens de 16 a 21 anos e a suas famílias. Aos jovens de baixa renda e que tiveram suas histórias ligadas à violência sexual, são ministrados cursos profissionalizantes com inserção no mercado de trabalho, atendimento psicossocial, reforço escolar, orientação jurídica, noções de saúde, ética e cidadania. Os educandos têm direito a uma bolsa no valor de R$ 500 por mês, dos quais 20% ficam retidos em uma poupança, que é resgatada ao fim do processo de formação. E estudos do SESI-CN revelam que para cada R$ 1,00 investido no resgate da cidadania e na inclusão social dos jovens atendidos pelo programa gera retorno de R$ 1,47 ao ano para a economia do país — uma "rentabilidade social" que, sob o ponto de vista econômico, supera muitas aplicações financeiras, pois proporciona ganhos de 47% ao ano ou de 3,26% ao mês. Experiência que deveria ser transformada em política pública, como reivindicado em várias Audiências Públicas da CPI, em diversos estados.

Desafios

A PRF e parceiros divulgaram, no início de 2012, o Mapeamento dos Pontos Vulneráveis à Exploração Sexual de Crianças e Adolescentes nas Rodovias Brasileiras. No levantamento foram identificados 1.776 pontos.

Esses pontos vulneráveis são aqueles nos quais são detectados fatores como falta de iluminação, presença de adultos se prostituindo, falta de vigilância privada, presença de caminhoneiros, aglomeração de veículos em trânsito e consumo de bebida alcoólica, espaço onde já foram registrados casos de exploração sexual de crianças e adolescentes. O Centro-Oeste registrou o maior número de pontos: 398. O Nordeste ficou em segundo com 371, seguido do Norte com 333, região Sudeste com 358 e Sul com 316. O estado que registrou o maior número foi Minas Gerais, com a presença de 252 pontos críticos, seguido do Pará, com 208 pontos e Goiás, com 168.

De acordo com esse levantamento, no intervalo de oito anos, a Polícia Rodoviária Federal resgatou e encaminhou mais de 3 mil crianças e adolescentes em situação de risco nas rodovias. Contudo, os policiais informam que encontram dificuldade de apoio ou retaguarda, porque não têm para onde encaminhar as crianças e adolescentes encontradas nas estradas. E, em geral, essas crianças voltam à situação de exploração sexual. Não há uma estrutura de atendimento que lhes possibilite interromper a trajetória de exploração.

Portanto, o grande desafio é avançar na diminuição da impunidade e na qualificação do atendimento, pelo Estado, às vítimas e a suas famílias, que só se dará com a potencialização de políticas públicas direcionadas a enfrentar os fatores que levam à situação de exploração sexual e à ressignificação da vida de suas vítimas. Para tal, capacitar os órgãos para fazer bons laudos que originem denúncias do Ministério Público e para o acolhimento correto das crianças do ponto de vista da ressignificação de suas vidas, é urgente. Pois, detectar a situação de exploração sexual é difícil; mas, por falta de acolhimento correto, possibilitar que voltem à situação de exploração, é imperdoável.

Assim, é obrigatória a estruturação do Estado, seja o Judiciário, o Ministério Público ou o Executivo, para um efetivo enfrentamento à impunidade e aumento na qualidade do atendimento de crianças e adolescentes, para a interrupção da situação de exploração, assegurando a prioridade absoluta prevista em nossa Constituição. Entre outras iniciativas é preciso modernizar as polícias e o setor de inteligência, pois as redes de exploração mudam o seu modo de operação e hoje agem via internet, com uma celeridade sem precedentes e sempre aprimorando sua forma de atuação. Nesse sentido, a Câmara aprovou um PL que autoriza a PF a criar perfis falsos, para com eles entrar na rede e detectar criminosos.

Relatos do presidente da ONG Safernet dão conta que existem entre 400 e 450 *websites* que negociam a compra e a venda de material relacionado ao abuso e a exploração sexual de crianças. Isso significa dizer que, para além do interesse dos pedófilos, portadores dessa parafilia — doença reconhecida pela Organização Mundial de Saúde —, que consomem e colecionam essas imagens, as armazenam e procuram, existe o comércio ao qual se dedicam organizações criminosas, principalmente que operam a partir de alguns países, como Rússia, Camboja, Vietnã e Bulgária. Essas organizações produzem e comercializam essas imagens, por meio do pagamento online, utilizando, inclusive, as *bitcoins,* que são formas de transferência de recursos sem passar pelo sistema financeiro.

Há, também, segundo ele, a chamada "*web* profunda" ou *deep web,* que é uma camada da internet que não está indexada pelos buscadores; não é acessível por um navegador, como Internet Explorer, Firefox ou Chrome.

A exploração sexual de crianças e adolescentes é uma mancha vergonhosa na história de nosso país e não pode mais ser tolerada nem passar impune. A CPI deu uma contribuição efetiva para a prevenção, o combate e a punição desses crimes.

É chegado o momento de um grande pacto nacional. As autoridades desse país, os poderes constituídos, as instituições governamentais e não governamentais, as igrejas, universidades, empresas, sindicatos de trabalhadores, movimentos sociais, todos precisamos cerrar fileiras na defesa intransigente dos direitos das crianças e dos adolescentes brasileiros e no combate a todas as formas de trabalho infantil, principalmente a exploração sexual de nossos meninos e meninas.

Essa é uma convocação para a construção de um país harmonioso, onde haja uma cultura da paz, com as crianças e adolescentes de volta aos braços do tecido social, do qual vêm sendo expulsos.

Só teremos um país democrático e harmonioso com a não hierarquização dos seres humanos, com relações humanizadas e com o respeito às crianças e adolescentes que merecem viver, sonhar, brincar, estudar, ter direito a uma profissão, à arte, à cultura, a uma família estruturada — qualquer que seja ela. Enfim, a uma vida digna.

Relembrando Eglantyne Jebb, a inglesa fundadora da ONG Save The Children: "Que nosso idioma comum seja a erradicação do trabalho infantil em todas as suas formas e regiões do mundo. A única língua universal é o choro de uma criança, e é nosso dever responder".

Terceirização e Precarização no Cenário de Proteção à Infância e à Juventude

Valdete Souto Severo(*)

1. Introdução

A retomada da necessária discussão sobre os efeitos nocivos da terceirização, com a tramitação do PL n. 4.330, cuja redação original é de 2004, hoje nominado PLC n. 30/2015, provocou um saudável despertar democrático. Teve o efeito de permitir a reflexão sobre algumas questões importantes ao Direito do Trabalho. Não se trata apenas de uma luta contra a aprovação do projeto que amplia de modo quase irrestrito as possibilidades de contratação indireta. Trata-se de uma luta contra a intermediação da força de trabalho, que tem sido utilizada como subterfúgio para a subtração de direitos, dentre os quais está a vedação ao trabalho infantil.

O desarquivamento do projeto de lei sobre a terceirização não aparece como algo isolado no cenário político. Ao contrário, é acompanhado de decisões recentemente proferidas pelo STF, ampliando as possibilidades de atravessamento da força de trabalho (ADI n. 1.923) ou sobrestando o andamento de demandas que discutem terceirização na atividade-fim (ARE 791.932). O próprio governo federal, embora eleito em razão da promessa de garantir as conquistas históricas dos trabalhadores, apresenta como um de seus primeiros atos a edição de duas medidas provisórias (664 e 665) que retiram direitos trabalhistas. O Congresso, por sua vez, revela sua ânsia neoliberal, aprovando projetos como o PL n. 3.842/2012 que altera o conceito de trabalho em condição análoga à de escravo (retirando as expressões "jornadas exaustivas" e "condições degradantes de trabalho") e a PEC n. 171/1993 que propõe a redução da maioridade penal para dezesseis anos.

A PEC n. 171 é de 1993. Mais um projeto desengavetado pela Câmara dos Deputados, em razão da nova cena política conservadora, obtida a partir das últimas eleições. Essa proposta afeta diretamente as conquistas de proteção à infância

(*) Juíza do trabalho no Tribunal Regional do Trabalho da Quarta Região. Especialista em Processo Civil pela UNISINOS, Especialista em Direito do Trabalho, Processo do Trabalho e Direito Previdenciário pela UNISC, Master em Direito do Trabalho, Direito Sindical e Previdência Social, pela Universidade Europeia de Roma — UER (Itália), Especialista em Direito do Trabalho e Previdência Social pela Universidade da República do Uruguai (UDELAR), Mestre em Direitos Fundamentais pela Pontifícia Universidade Católica — PUC do RS. Doutoranda em Direito do Trabalho pela USP/SP. Pesquisadora do Grupo de Pesquisa Trabalho e Capital (USP) e RENAPEDTS — Rede Nacional de Pesquisa e Estudos em Direito do Trabalho e Previdência Social. Diretora da FEMARGS — Fundação Escola da Magistratura do Trabalho do RS.

e à juventude, ignorando — a um só tempo — as normativas internacionais de proteção e o fato singelo, mas não desprezível, de que não há prisão suficiente para albergar sequer os nossos adultos.

Nesse cenário desolador de precarização e desmanche, o trabalho infantil apresenta-se como uma realidade ainda presente e cada vez mais recorrente e atual nas relações de trabalho no Brasil, especialmente naquelas "terceirizadas". A terceirização dificulta o controle das condições de trabalho, promove rebaixamento salarial, estimula o trabalho em domicílio e as contratações irregulares, por isso tem sido um facilitador para a exploração de trabalho infantil ou em condições análogas à de escravo.

Este artigo tem por objetivo examinar a relação direta entre as novas formas de *marchandage* e a exploração de trabalho infantil. Torna-se bem mais difícil fazer valer a norma constitucional que veda o trabalho infantil, numa lógica de repasse de força de trabalho, que distancia empregado e empregador, admitindo atravessadores nessa relação.

2. A realidade da terceirização

A terceirização é definida como uma técnica empresarial que promove o "enxugamento" da empresa, por meio do repasse de parte das atividades. De acordo com Márcio Túlio Viana, pode ser externa, quando parte da produção é realizada fora do pátio da fábrica; ou interna, como ocorre com os serviços de limpeza e conservação[1].

Na realidade, a terceirização é apenas um disfarce, uma nova forma de organizar a empresa, que a CLT define como empregador, em seu art. 2º. Em lugar da contratação direta, estabelece-se uma contratação triangular: a empresa contrata outra empresa, para que esta contrate o empregado. O trabalho, porém, reverte em favor das duas figuras (prestadora e tomadora) que dele se beneficiam e que, juntas, formam a *empresa/empregador*. É, portanto, de intermediação que se trata e o lucro da prestadora segue sendo mensurado exclusivamente por sua capacidade de extrair mais trabalho pelo menor valor possível.

A existência de uma figura interposta entre trabalhador e tomador de serviços aprofunda a "subsunção do primeiro ao capital, pois o trabalhador muitas vezes sequer percebe sua participação no processo produtivo que integra a adoção da terceirização pelas empresas"[2]. Assim, potencializa-se a capacidade de exploração do trabalho e reduz-se a possibilidade de atuação dos "agentes que poderiam impor limites a esse processo". O resultado disso é que:

> Ao incrementar a supremacia empresarial sobre o trabalhador, e diminuir as chances de atuação de forças que limitam esse desequilíbrio, a gestão do trabalho por meio da terceirização engendra tendência muito maior a ultrapassar as condições de exploração consideradas como limites à relação de emprego no quadro jurídico brasileiro. Assim, a terceirização (qualquer que seja a modalidade) tende a promover o trabalho análogo ao escravo mais do que uma gestão do trabalho estabelecida sem a figura de ente interposto. Desse modo, a terceirização está vinculada às piores condições de trabalho (degradantes, exaustivas, humilhantes etc.) apuradas em todo o país.[3]

A terceirização, portanto, é um artifício que vem sendo utilizado para reduzir custos e majorar a capacidade de exploração do capital pelo trabalho, cujos efeitos reais revelam au-

(1) VIANA, Márcio Túlio. A terceirização revisitada: algumas críticas e sugestões para um novo tratamento da matéria. *Revista do Tribunal Superior do Trabalho*, São Paulo, v. 78, n. 4, p. 198-224, out./dez. 2012.

(2) Disponível em: <https://indicadoresdeemprego.files.wordpress.com/2013/12/terceirizac3a7c3a3o-e-os-limites-da-relac3a7c3a3o-de-emprego-degradac3a7c3a3o-e-morte.pdf>. Acesso em: 12.12.2014.

(3) FIGUEIRAS, Vitor Araújo. *Terceirização e trabalho análogo ao escravo:* coincidência? Disponível em: <https://indicadoresdeemprego.files.wordpress.com/2013/12/tercerizac3a7c3a3o-e-trabalho-anc3a1logo-ao-escravo1.pdf>. Acesso em: 12.12.2014.

mento expressivo do número de acidentes de trabalho[4], estímulo à fraude em licitações, evasão fiscal e corrupção[5], significativo aumento do número de dependentes do INSS, drástica redução na arrecadação e circulação de riquezas e, por consequência, a redução da arrecadação fiscal[6]. Além disso, aguça e promove a exploração de força de trabalho em condições análogas à de escravo[7], estimula o racismo e a diferença de gênero[8]. Ainda, aniquila a capacidade de organização sindical, porque divide a categoria, criando "classes" dentro da classe. Os trabalhadores terceirizados não se identificam com os colegas que são contratados diretamente. A pulverização das atividades, com a criação de sindicatos de terceirizados, cria disputa interna, que compromete a resistência coletiva, já enormemente dificultada pela ausência de qualquer garantia contra a despedida na prática das relações de trabalho.

A distinção arbitrária, criada pela Súmula n. 331 do TST, entre atividade-meio e atividade-fim, além de não ter amparo no ordenamento jurídico, mal esconde os seguintes fatos: a) a terceirização já invadiu as chamadas "atividades-fim", havendo decisões que chancelam a contratação de terceirizado para prestar serviços de motorista em empresa de transporte, professor em escola, vendedor em loja, apenas para citar alguns exemplos; b) a terceirização na atividade-meio é igualmente nociva e precarizante, pois os efeitos individuais e sociais desse repasse de força de trabalho em nada se alteram, numa e noutra modalidade de terceirização; c) seguir considerando o critério ilegal da Súmula n. 331, quando diferencia atividade-meio e atividade-fim, implica chancelar a intermediação de força de trabalho e todos os seus efeitos deletérios, justamente para os trabalhadores que mais sofrem com esse processo de precarização, notadamente os empregados em serviço de limpeza e conservação, *telemarketing* e segurança.

Além de tudo isso, a terceirização tem sido um mecanismo de estimulação da exploração do trabalho infantil e adolescente, promovendo a negação da ordem constitucional de proteção e, com isso, comprometendo a possibilidade de construir um país que seja melhor para todos.

3. *Trabalho Infantil e Terceirização: a assustadora realidade*

A Constituição veda o trabalho noturno, perigoso ou insalubre a menores de dezoito anos e qualquer tipo de trabalho a menores de dezesseis, salvo na condição de aprendiz, a partir dos quatorze anos. Apesar disso, o trabalho infantil irregular e mesmo autorizado por Juízes das Varas da Infância e Juventude é mais comum do que se imagina[9].

---

(4) Disponível em: <http://www.sinttel.org.br/downloads/dossie_terceirizacao_cut.pdf>. Acesso em: 16.6.2014.

(5) Disponível em: <http://www.sinttel.org.br/downloads/dossie_terceirizacao_cut.pdf>. Acesso em: 16.6.2014.

(6) Disponível em: <http://www.viomundo.com.br/denuncias/ministros-do-tst-sao-unanimes-pl-4-330-provocara-gravissima-lesao-social-de-direitos-trabalhistas.html>. Acesso em: 7.5.2015.

(7) No Manual de Combate ao trabalho em situação análoga à de escravo, o Ministério do Trabalho, observa que provavelmente com o intuito "de elidir a responsabilidade pelo vínculo empregatício, a adoção da terceirização ganhou espaço", havendo necessidade de que a fiscalização volte suas atenções para o "desvendamento da cadeia produtiva envolvida", pois essa prática tem incentivado a exploração de trabalho escravo. Disponível em: <http://portal.mte.gov.br/data/files/8A7C816A350AC88201350B7404E56553/combate%20trabalho%20escravo%20WEB.PDF>. Acesso em: 7.5.2015.

(8) Os serviços de limpeza e manutenção, por exemplo, mantêm a maioria absoluta de mulheres negras como empregadas. Dados revelados por uma pesquisa do Sindicato das Empresas de Asseio e Conservação do Estado do Rio de Janeiro apontam que 92% dos trabalhadores nos serviços de limpeza terceirizados são mulheres, enquanto 62% são negros. Nos serviços de *telemarketing* a escolha de mulheres e negros para o trabalho é por vezes justificada pela invisibilidade que esse trabalho promove. Longe dos olhos do consumidor, o atendente não precisa preencher o requisito perverso e racista da "boa aparência". Disponível em: <http://www.esquerdadiario.com.br/Telemarketing-tambem-e-uma-questao-de-genero>. Acesso em: 7.5.2015.

(9) Recentemente, o MPT de São Paulo assinou uma recomendação pedindo aos juízes de direito da Infância e da Juventude que encaminhassem à Justiça do Trabalho as solicitações de autorização para o trabalho de crianças e adolescentes. O objetivo é justamente evitar que tais autorizações sejam concedidas. De acordo com o Ministério do Trabalho e Emprego, entre os anos de 2005 e 2010 foram concedidos mais de 33 mil autorizações de trabalho a jovens com menos de 16 anos. Dessas autorizações, 131 foram concedidas para crianças de 10 anos; 350 para crianças de 11 anos; 563 para crianças de 12 anos e 676 autorizações para crianças de 13 anos. O Ministério Público do Trabalho no Paraná contabilizou 2.393 denúncias sobre exploração do trabalho infantil

A Convenção n. 182 da OIT define o trabalho infantil como uma das piores formas de trabalho forçado ainda presente na contemporaneidade. Aliás, a OIT preocupa-se de forma prioritária com a erradicação do trabalho infantil, mantendo um Programa Internacional para a Eliminação do Trabalho Infantil (IPEC), implementado em 1992, do qual o Brasil faz parte(10). Na Convenção n. 138 da OIT, ratificada pelo Brasil, está estabelecido que todos os países-membros devem atuar pela "abolição efetiva do trabalho de iacrianas" e pela elevação progressiva da idade mínima de admissão ao emprego ou ao trabalho"(11).

No último Relatório Mundial sobre o Trabalho Infantil, publicado pela OIT, há referência à direta ligação entre pobreza e trabalho infantil(12). A precarização das condições de vida e dos vínculos de trabalho é determinante, portanto, para impedir que a retórica de proteção se torne realidade. Todas as medidas antes referidas, que vêm sendo adotadas pelos três poderes de Estado nos últimos meses, são tendentes a boicotar qualquer espécie de iniciativa para a efetiva erradicação do trabalho infantil. É mesmo óbvio que em um país sem garantia de emprego, como o Brasil, no qual (de acordo com pesquisas oficiais) cerca de doze milhões de pessoas trabalham em empregos precários(13), como terceirizados, haja um verdadeiro estímulo à exploração de crianças e adolescentes(14).

Exatamente por isso o cenário de aparente preocupação não consegue alterar a realidade. Os dados oficiais do governo referem que existiam 486 mil crianças de 5 a 13 anos trabalhando no país em 2013(15). Esses números certamente não contemplam as crianças e adolescentes que trabalham de modo informal na exploração de minérios, no corte e cana-de-açúcar ou na fabricação de roupas e calçados.

A admissão da lógica do trabalho infantil, pelo Estado, representada de forma emblemática pela autorização da exploração gratuita de crianças na Copa do Mundo de 2014(16), é

---

desde 2010. Ao todo, foram firmados 2.169 termos de ajustamento de conduta (TACs) e ajuizadas 190 ações sobre o tema. Apenas em 2014, já foram 223 denúncias, 194 TACs e 14 ações. Disponível em: <http://portal.mpt.gov.br/wps/portal/portal_do_mpt/comunicacao/noticias/conteudo_noticia/!ut/p/c5/04_SB8K8xLLM9MSSzPy8xBz9CP0os3hH92BPJydDRwN_E3cjA88QU1N-3L7OgMEsXA6B8JE75UEdTYnQb4ACOBgR0h4Nci1OFj7MRXnmw60DyeOz388jPTdUvyA2NMMgMSAcA9nigdw!!/dl3/d3/L2dJQSEvUUt3QS9ZQnZ3LzZfQUdTSUJCMUEwTzRHMjBJVDU1R0o2UlZKRzI!/?WCM_GLOBAL_CONTEXT=/wps/wcm/connect/mpt/portal+do+mpt/comunicacao/noticias/mpt+assina+recomendacao+inedita+sobre+trabalho+infantil>. Acesso em: 16.12.2014.

(10) Disponível em: <http://www.oit.org.br/sites/all/ipec/apresentacao.php>. Acesso em: 16.12.2014.

(11) Disponível em: <http://www.tst.jus.br/documents/2237892/0/Convenção+138+da+OIT++Idade+m%C3%ADnima+de+admissão+ao+emprego>. Acesso em: 16.12.2014.

(12) Disponível em: <http://www.ilo.org/ipec/Informationresources/WCMS_233016/lang—pt/index.htm>. Acesso em: 26.5.2015.

(13) Disponível em: <https://www.dieese.org.br/relatoriotecnico/2007/terceirizacao.pdf>. Acesso em: 10.5.2015.

(14) No mesmo relatório, consta: "O desemprego involuntário também está associado ao trabalho infantil. Dados da Argentina, Brasil, Tanzânia e Togo sugerem que, na ausência de proteção no desemprego, os agregados familiares em que um adulto perca o seu emprego podem ser forçados a depender do trabalho infantil para obterem algum rendimento. A implicação óbvia é que a proteção no desemprego tem um papel a desempenhar nos esforços de combate ao trabalho infantil, proporcionando a substituição de, pelo menos, parte do rendimento, permitindo que o beneficiário mantenha um certo padrão de vida até encontrar novo emprego e eliminando, assim, a necessidade de depender do rendimento do trabalho das crianças. No entanto, até à data, não se realizou nenhum estudo que investigasse as relações diretas entre os planos de proteção no desemprego ou outros programas de apoio ao rendimento instituídos para os desempregados e o trabalho infantil". Disponível em: <http://www.ilo.org/ipec/Informationresources/WCMS_233016/lang—pt/index.htm>. Acesso em: 26.5.2015.

(15) Disponível em: <http://www.ibge.gov.br/home/geociencias/recursosnaturais/ids/ids2010.pdf>. Acesso em: 20.5.2015.

(16) A autorização dada pelo Conselho Nacional de Justiça, por meio da Resolução n. 13, autorizando o trabalho de crianças e adolescentes "em atividades promocionais do evento esportivo nos estádios, como "acompanhamento de jogadores", "porta-bandeiras", "gandulas", "amigo do mascote" ou atividades assemelhadas, uma vez que voltadas para a valorização da atividade esportiva" vai na contramão de toda a iniciativa de erradicação do trabalho infantil. De acordo com o *site* oficial da FIFA, aproximadamente 15 mil pessoas foram "selecionadas" como voluntárias. Disponível em: <http://www.cnj.jus.br/recomendacoes-corregedoria/27173-recomendacao-n-13-de-10-de-dezembro-de-2013>. Acesso em: 16.12.2014. A autorização para trabalho infantil não remunerado durante a Copa do Mundo de 2014, em benefício da FIFA, empresa multinacional cuja renda, apenas este ano, superou a marca de dez bilhões de reais, não se justifica sob nenhuma perspectiva de análise. Disponível em: <http://esportes.estadao.com.br/noticias/futebol,receita-da-copa-do-mundo-supera-r-10-bilhoes-para-a-fifa,1506705>. Acesso em: 16.12.2014.

sintomática desse movimento de retrocesso social, pelo qual aceitamos retornar ao século XVIII, e novamente admitir a presença de atravessadores na relação de trabalho. A presença de crianças e adolescentes realizando a venda de bebidas e alimentos durante os jogos ou o recolhimento do lixo produzido nos estádios[17], é uma outra face do mesmo problema.

A opção fundamental pela vedação de qualquer trabalho aos menores de quatorze anos decorre das consequências individuais e sociais do trabalho infantil, que certamente não são alteradas pela circunstância de esse trabalho ser realizado numa fábrica, no meio rural ou mesmo em um campo de futebol.

O trabalho infantil é uma realidade decantada em pesquisas oficiais de órgãos como a OIT ou a Comissão para Erradicação do Trabalho Infantil da Justiça do Trabalho — CETI. Algumas das principais marcas internacionais já foram autuadas pela constatação da prática de trabalho infantil em suas prestadoras de serviços. Samsung[18], Nike[19], Le Lis Blanc[20], Zara[21], BV Financeira[22] são apenas alguns dos nomes de empregadores já flagrados explorando trabalho infantil por meio de interpostos[23].

A Comissão para Erradicação do Trabalho Infantil da Justiça do Trabalho — CETI chegou a divulgar uma nota de repúdio à exploração do trabalho adolescente em condições análogas às de escravo, quando da última notícia de caso envolvendo a rede de Lojas Le Lis Blanc, conclamando a sociedade e os juízes do trabalho a mobilizarem-se "contra as diversas formas de precarização do trabalho, em especial a terceirização desenfreada":

> Se o trabalho infantil e o trabalho escravo podem, ainda, soar distantes e irreais para os juízes do trabalho, a terceirização, quarteirização e precarização das relações de emprego é o nosso dia a dia, nossa realidade a cada processo, a cada audiência. Nenhum magistrado trabalhista brasileiro poderá negar a

---

(17) De acordo com notícia veiculada na internet: "As denúncias de violações aos direitos de crianças e adolescentes aumentaram 15,6% durante a Copa do Mundo (12 de junho a 13 de julho deste ano) na comparação com o mesmo período do ano passado". "Dos cerca de 386 casos, mais de 98% são de crianças trabalhando como ambulantes, sozinhas ou com parentes, catando latinha ou outro material reciclável". Disponível em: <http://exame.abril.com.br/brasil/noticias/levantamento-constata-trabalho-infantil-durante-a-copa>. Acesso em: 10.10.2014.

(18) Disponível em: <http://www.tecmundo.com.br/samsung/58865-ong-denuncia-trabalho-infantil-fabrica-samsung-china.htm>. Acesso em: 20.5.2015.

(19) Na terceirização que se opera na fabricação de sapatos por parte da Nike, há encomenda de produção "a empresas familiares na Malásia e em outros países asiáticos. Há, neste caso, jornadas de trabalho que chegam a 16 horas diárias, com uso de trabalho infantil, e cuja remuneração costuma ser miserável". Disponível em: <http://exame.abril.com.br/negocios/noticias/como-a-nike-esta-lutando-contra-o-uso-de-mao-de-obra-escrava>. Acesso em: 20.5.2015.

(20) Disponível em: <http://www.tst.jus.br>. Acesso em: 20.5.2015.

(21) Disponível em: <http://reporterbrasil.org.br/2011/08/roupas-da-zara-sao-fabricadas-com-mao-de-obra-escrava/>. Acesso em: 19.5.2015.

(22) "A 1ª Vara do Trabalho de Araraquara condenou a BV Financeira, do grupo Votorantim, ao pagamento de indenização de R$ 100 mil por não coibir a exploração de trabalho infantil em empresas terceirizadas. No caso, o Ministério Público do Trabalho flagrou adolescentes de 15 a 17 anos segurando faixas de propaganda da empresa em Araraquara (SP)". Processo 0000049-30.2013.5.15.0006. Disponível em: <http://www.conjur.com.br/2013-jul-05/bv-financeira-condenada-nao-impedir-trabalho-infantil-terceirizada>. Acesso em: 18.5.2015.

(23) O aplicativo para celular Moda Livre, iniciativa da organização Repórter Brasil, traz avaliações de 22 marcas a partir de questionários respondidos pelas próprias empresas. "São classificadas com verde as empresas que têm mecanismos de acompanhamento sobre a cadeia produtiva e histórico negativo em relação ao tema. Recebem amarelo as que demonstram ter mecanismos de acompanhamento, mas apresentam histórico desfavorável em casos de trabalho escravo ou precisam aprimorar esses mecanismos. Já o vermelho é para aquelas que não contam com mecanismos de acompanhamento, têm histórico desfavorável ou não responderam ao questionário". Tem avaliação vermelha, nesse aplicativo, as lojas: Bo.Bô, Centauro, Collins, Gregory, Havan, John John, Leader, Le Lis Blanc e Talita Kume. Amarela: Cori, Dzarm, Emme, Hering, Luigi Bertolli, Marisa, Pernambucanas, PUC, Renner, Riachuelo e Zara. Disponível em: <http://www.redebrasilatual.com.br/revistas/98/escravos-da-moda-as-grifes-e-o-trabalho-escravo-2432.html>. Acesso em: 20.5.2010. Em 2010, a empresa Philip Morris admitiu a presença de pelo menos 72 crianças de 10 anos em suas plantações, envolvidas na colheita do tabaco, submetidas ao envenenamento por causa da nicotina. Disponível em: <http://forum.antinovaordemmundial.com/Topico-cinco-multinacionais-envolvidas-na-explora%C3%A7%C3%A3o-do-trabalho-infantil#ixzz3ahPDiSdv>. Acesso em: 20.5.2015.

presença, existência e os danos causados por estas formas de trabalho.

[...]

Os juízes do trabalho, mesmo que não queiram enxergar o trabalho infantil, não conseguem deixar de ver a terceirização e a precarização das relações de trabalho, especialmente em vias de votação do Projeto de Lei n. 4.330/2004, que trata da terceirização — que, se aprovado, será a porta aberta para que casos como o noticiado virem muito mais do que notícia: virem rotina.[(24)]

No documentário "Favela Fábrica", as entrevistas e visitas às residências dos trabalhadores revela a facilitação do trabalho infantil, por meio da contratação irregular e por produção. Os trabalhadores colocam os filhos pequenos a costurar, colar, cortar, para aumentar a renda da família, pois os valores pagos pelo trabalho são irrisórios[(25)]. A chamada "costura doméstica", realizada em ambientes clandestinos, tem sido uma das atividades que mais propiciam a ocorrência de trabalho infantil. É parte da chamada "terceirização externa", que ao permitir e estimular a exploração de força de trabalho fora do ambiente da fábrica, viabiliza essa triste realidade[(26)].

Um estudo do Instituto Observatório Social revelou recentemente que a Faber-Castell, a Basf e a ICI Paints estavam envolvidas na cadeia de exploração de mão de obra infantil, porque compram talco das empresas Minas Talco e Minas Serpentinito, que utilizam crianças na mineração da pedra-sabão, na Mata dos Palmitos, em Ouro Preto (MG). O estudo descobriu crianças a partir dos cinco anos de idade trabalhando nas jazidas, carregando pedras de até 20 quilos e esculpindo pedra-sabão: "cortam, talham e lixam o minério"[(27)].

O governo americano, por seu escritório de assuntos internacionais, divulgou recentemente uma lista com o rol de empresas que exploram trabalho infantil ou análogo a escravo em sua cadeia produtiva. A lista inclui mais de cem produtos produzidos em cinquenta e oito países. Empresas brasileiras de treze setores, dentre os quais pecuária, carvão vegetal, cana-de-açúcar, produção de tijolos, cerâmica,

(24) Disponível em: <https://www.tst.jus.br>. Acesso em: 21.5.2015. A nota de repúdio refere que um dos trabalhadores resgatados em condição de escravidão era um jovem de dezesseis anos, submetido a jornada de doze horas, morando em condições degradantes.

(25) Disponível em: <https://www.youtube.com/watch?v=RMltbYJ_SOI>. Acesso em: 20.5.2015.

(26) Em um artigo no qual trata a questão do trabalho infantil no setor calçadista da cidade de Franca, de 2006, a autora Elisiane Sartori observa que em 1989, "o Sindicato dos Trabalhadores da Indústria de Calçados de Franca (conhecido como "Sindicato dos Sapateiros") iniciou o monitoramento nas indústrias e, percebendo o aumento da utilização de mão de obra infantil, fez uma tentativa, fracassada, de chamar a sociedade para discutir o problema, o que os levou a buscar parcerias com agentes externos à cidade, com intuito de diagnosticar a demanda, a necessidade e os malefícios dessa incorporação precoce. Dessa maneira, foi realizado um estudo de caso preliminar — "Estudo de Caso de Crianças Trabalhadoras no Setor de Calçados de Franca" —, cujo resultado constatou uma grande parcela das crianças e dos adolescentes trabalhadores da "banca de pesponto" sem registro na Carteira Profissional". SARTORI, Elisiane. *Trabalho infantil em Franca:* um laboratório das lutas sociais em defesa da criança e do adolescente. Disponível em: <http://www.scielo.br/pdf/cpa/n26/30393.pdf>. Acesso em: 20.5.2015.

(27) O Instituto Observatório Social, coordenador dessa pesquisa, foi criado há sete anos por iniciativa da Central Única dos Trabalhadores (CUT) e fiscaliza empresas nacionais e multinacionais por meio de pesquisas de suas cadeias produtivas. Na reportagem sobre o estudo consta: "A pedra-sabão é um produto utilizado em remédios, tintas, cerâmica de naves espaciais, cosméticos, borrachas, papéis, sabão e lápis escolares, além de ser material para artesanato. A poeira do talco contém amianto (ou asbesto), material utilizado em telhas e caixas d'água, proibido em diversos países pelo prejuízo à saúde, mas autorizado no Brasil. A inalação desse composto químico, que acontece durante o manejo das pedras, pode causar câncer de pulmão, da pleura (membrana do pulmão) e do peritônio (membrana interna do abdômen). Em 2003, um estudo da professora Olívia Maria de Paula Bezerra, da Faculdade de Nutrição da Universidade Federal de Ouro Preto, constatou que muitos artesãos de pedra-sabão em Mata dos Palmitos, inclusive crianças, apresentavam sintomas de talcoasbestose — excesso de asbesto, ou amianto, no pulmão — e alertava para a necessidade de serem adotadas medidas imediatas de proteção à saúde dos trabalhadores". "O artesanato da comunidade, produzido por adultos e crianças, é vendido para a ONG Mãos de Minas, que revende e exporta o material, com aproximadamente 1000% de aumento sobre o valor. De acordo com o estudo do Observatório Social, outras entidades no setor, como o Centro Cape (Capacitação e Apoio ao Empreendedor), que prestam auxílio ao artesão mineiro, também negligenciam a problemática da mão de obra infantil na região". Disponível em: <http://reporterbrasil.org.br/2006/02/multinacionais-beneficiam-se-da-exploracao-de-trabalho-infantil/>. Acesso em: 24.5.2015.

algodão, calçados, mandioca, abacaxi, arroz, sisal, tabaco e madeira, são citadas. O setor mais afetado é o agropecuário, seguido pelo setor de manufatura e pelo de mineração[28]. No relatório, constam sessenta produtos agropecuários (com predominância para o algodão), trinta e oito manufaturados (como tijolos e tapeçarias) e vinte e três de mineração. O Brasil é um dos países que mais produtos tem na lista, "atrás apenas da Índia (19) e Mianmar (14), e empatado com Bangladesh"[29].

A relação entre terceirização e exploração do trabalho infantil não deve espantar. Em realidade, o sistema capitalista de produção estimula a exploração cada vez maior e mais abrangente da força de trabalho, por isso é tendencialmente portado a facilitar esse tipo de agressão.

4. A tolerância ao trabalho infantil: uma característica do capital

A industrialização, com a qual o meio de trabalho passou a condicionar o ritmo e a quantidade do trabalho humano, estimulou a exploração de trabalho infantil já no século XVIII. A introdução das máquinas no ambiente de trabalho permitiu a utilização de trabalhadores "com pouca força muscular ou desenvolvimento corporal imaturo, mas com membros de maior flexibilidade"[30].

Marx observa, já em meados do século XIX, que ao estabelecer um local para o trabalho já foi possível pensar a interposição de sujeitos, ora para lucrar com o capitalista, ora para serem explorados com o trabalhador. O fracionamento das atividades, especialmente com a introdução das máquinas no ambiente de trabalho, facilitou a exploração da força de trabalho mais barata (feminina e infantil), a ampliação da quantidade produzida em detrimento da qualidade e a alteração da própria configuração da exploração capitalista. O trabalho domiciliar "se converteu no departamento externo da fábrica, da manufatura ou da grande loja". Segundo Marx, o capital não controla apenas os trabalhadores que "concentra espacialmente em grandes massas e comanda diretamente". Além disso, movimenta também, "por fios invisíveis, um outro exército: o dos trabalhadores domiciliares, espalhados pelas grandes cidades e pelo campo"[31].

Essa é a realidade, por exemplo, do setor calçadista da região Sul do Brasil, em que, especialmente na década de 1990, vários setores das fábricas foram "deslocados" para ateliês que funcionam, via de regra, nas próprias residências dos trabalhadores, tomando a força de trabalho de toda a família, incluindo filhos pequenos[32]. É a realidade dos canaviais[33] ou das fábricas de roupas em São Paulo, que exploram trabalho doméstico ou de pequenos ateliês, pagando por peça, muitas vezes sob regime de escravidão, sem qualquer limitação do tempo de trabalho ou da idade de quem se envolve com a "produção"[34].

(28) Ainda assim, a Câmara dos Deputados aprovou agora em maio o PL n. 3.842/2012, que altera o DL n. 3.689/1941 — Código Penal, em sua definição sobre trabalho em condição análoga à de escravo. A expressão "condição análoga à de escravo, trabalho forçado ou obrigatório" passa a compreender apenas o trabalho ou serviço realizado sob ameaça, coação ou violência, com restrição de locomoção e para o qual a pessoa não tenha se oferecido espontaneamente". Pelo projeto, retiram-se do conceito os termos "jornada exaustiva" e "condições degradantes de trabalho" como circunstâncias capazes de caracterizar trabalho escravo contemporâneo. O projeto, capitaneado pela chamada "bancada ruralista", tem o claro intuito de permitir e incentivar a perpetuação da situação verificada atualmente, de exploração de adultos e crianças em condição de escravidão no meio rural. Disponível em: <http://www.camara.gov.br/proposicoesWeb/fichadetramitacao?idProposicao=544185>. Acesso em: 24.5.2015.

(29) Disponível em: <http://noticias.uol.com.br/ultnot/internacional/2009/09/11/ult1859u1437.jhtm>. Acesso em: 24.5.2015.

(30) MARX, Karl. *O capital*. Livro I. São Paulo: Boitempo, 2013. p. 459-69.

(31) MARX, Karl. *O capital*. Livro I. São Paulo: Boitempo, 2013. p. 533-4.

(32) Disponível em: <http://www.oitbrasil.org.br/sites/default/files/topic/ipec/pub/boas_praticas_calcados_323.pdf>. Acesso em: 26.5.2015.

(33) Há inúmeras reportagens revelando, inclusive, a exploração de trabalho escravo e infantil em canaviais dos quais é extraída a matéria-prima para a fabricação do etanol. Um documento interessante nesse sentido pode ser acessado diretamente no *site* do Ministério Público do Trabalho. Disponível em: <http://portal.mpt.gov.br/wps/wcm/connect/7b5bbf0041b802edb08ef7bbcecb92c3/Labor2_email.pdf?MOD=AJPERES&CACHEID=7b5bbf0041b802edb08ef7bbcecb92c3>. Acesso em: 21.7.2014.

(34) Em reportagem recente, lê-se: "Mais uma vez, trabalhadores foram resgatados da escravidão produzindo peças da grife M. Officer. Ao todo, seis pessoas, sendo cinco homens e uma mulher, foram libertados em uma oficina na Vila Santa Inês, no

Historicamente, o capital nunca se opôs ao trabalho infantil, assim como também nunca se opôs à terceirização. A limitação da idade para o trabalho e para a assunção de responsabilidade penal foram conquistas duramente arrancadas do sistema. Exemplo disso é o fato de que o trabalho a partir dos onze anos em regime de 56 horas semanais foi defendido por Jorge Street, o primeiro diretor do Departamento Nacional do Trabalho no Brasil, quando da criação do Ministério do Trabalho, Indústria e Comércio em 1931. Em sua manifestação, Street referia que "seus trabalhadores", sujeitos a jornadas de dez horas, saíam do trabalho "marchando firmes e bem dispostos", nunca se queixavam desse regime de trabalho, nem participaram da greve geral daquele ano. Acrescentou que os trabalhadores "aceitaram com prazer o trabalho em horas suplementares, que, naturalmente, lhes proporcionava um excedente de ganho"[(35)].

Especificamente sobre a exploração de crianças, Street observou que retirá-las do trabalho significaria deixá-las "ao abandono, entregues a si mesmas, nas ruas, à disposição de todas as seduções e de todos os vícios". Admitia empregar cerca de 300 crianças entre 11 e 15 anos, em regime de 10 horas de trabalho por dia, muitas vezes a pedido dos pais, para que pudessem complementar a renda ou evitar o abandono. As crianças podiam "até fazer lanche durante o trabalho" e mesmo sentar para descansar de vez em quando. Ao fim da jornada, as crianças saíam das fábricas "em revoada alegre e gritante, correndo e brincando". Street chegou a afirmar:

> Defendo, ainda, que a criança brasileira é mais precoce. Esse fato, somado à ausência de incentivo para ir à escola, torna necessária autorização do trabalho a partir dos onze anos. As crianças suportam perfeitamente bem, por exemplo, cinco horas de trabalho seguido. A partir dos 14 anos, o trabalhador já deve ser considerado adulto.[(36)]

O pressuposto dessa defesa (declarada ou disfarçada) do trabalho infantil é a ideia de que existem tipos diferentes de seres humanos. Os filhos da classe média ou alta, que devem estudar e se preparar para assumir funções públicas e empreendimentos privados, não se confundem com os filhos da pobreza, que precisam trabalhar desde cedo para auxiliar no sustento da família. É apenas para essas crianças e adolescentes que o discurso do *mal menor*, representado pela falácia de que é melhor trabalhar do que estar nas ruas, como se a única opção válida fosse entre a rua (as drogas, o abandono) e o ambiente laboral.

Trata-se de exemplo de reprodução da lógica perversa, pela qual a miséria é solucionada com o trabalho precoce. Um discurso antigo, reforçado atualmente pela prática da terceirização. O trabalho feminino e infantil, segundo Marx, "foi a primeira palavra de ordem da aplicação capitalista da maquinaria"[(37)]. O trabalhador, que inicialmente vendia sua própria força de trabalho, com a introdução da máquina na realidade da relação de trabalho, "vende mulher e filho. Torna-se mercador de escravos"[(38)].

Na mesma linha de reprodução (in)consciente do discurso perverso do capital, o Centro Industrial do Brasil apresentou manifesto de

---

extremo leste de São Paulo. A fiscalização aconteceu em 6 de maio. Todos eram imigrantes bolivianos e estavam submetidos a condições degradantes e jornadas exaustivas. O grupo trabalhava em uma sala apertada sem ventilação, um local com fios expostos ao lado de pilhas de tecido e bastante sujeira acumulada". Disponível em: <http://reporterbrasil.org.br/2014/05/de-novo-fiscalizacao-flagra-escravidao-na-producao-de-roupas-da-m-officer/>. Acesso em: 2.8.2014.

(35) Jorge Street era considerado um industrial com muita consciência social, porque instituiu benefícios para seus quase quatro mil operários e fez uma vila operária para que residissem, na qual havia intensa prática religiosa e disciplina de caserna, com toque de recolher. A Vila Maria Zélia foi, inclusive, transformada em presídio durante a revolta militar de 1935. PINHEIRO, Paulo Sérgio; HALL, Michael M. *A classe operária no Brasil.* 1889-1930. São Paulo: FUNCAMP, 1981. p. 175-83. Documentos. V. II. Condições de vida e de trabalho, relações com os empresários e o Estado.

(36) PINHEIRO, Paulo Sérgio; HALL, Michael M. *A classe operária no Brasil.* 1889-1930. São Paulo: FUNCAMP, 1981. p. 175-83. Documentos. V. II. Condições de vida e de trabalho, relações com os empresários e o Estado.

(37) MARX, Karl. *O capital.* Livro I. São Paulo: Boitempo, 2013. p. 468.

(38) *Ibidem*, p. 469.

repúdio ao Código de Menores instituído em 1929, especialmente na parte em que limitava a jornada e determinava mínimas condições de higiene no ambiente laboral, sob o idêntico argumento de que trabalhar é melhor do que permanecer na rua[39].

O discurso é nitidamente invertido: a proteção ao trabalhador passa a servir para justificar a exploração do trabalho de menores de idade. A razão disso é justamente o fato de que o capitalismo é tendencialmente favorável à maximização da exploração. O trabalhador assalariado é vendedor (da força de trabalho) e comprador (das demais mercadorias — consumidor). Já o capitalista, por sua vez, é comprador (da força de trabalho) e vendedor (da mercadoria). Nessa relação, ambos buscam o maior proveito possível. Marx afirma que o capital "tem boas razões para negar os sofrimentos das gerações de trabalhadores que o circundam", porque admiti-lo, seria também reconhecer sua tendência natural a promover o "apodrecimento futuro da humanidade e seu irrefreável despovoamento final"[40].

Ocorre que desde o século XVIII uma farta doutrina de proteção à infância e à juventude se desenvolveu, impondo limites à fúria predatória do capital. Trata-se, portanto, de uma escolha social: não viver em uma sociedade de seres humanos que não tenham direito à infância. Uma conquista histórica que a disseminação da terceirização vem comprometendo e cujos efeitos deletérios não vêm sendo discutidos por quem defende ou mesmo por quem critica a técnica de repasse de parte das atividades da empresa a terceiros, denominada terceirização.

5. Algumas conclusões

O fato de que a terceirização incentiva a exploração de trabalho infantil e dificulta seu combate é apenas mais um elemento a indicar a urgente necessidade de combater qualquer forma de intermediação de força de trabalho.

A Constituição de 1988 estabelece claramente o primado dos valores sociais do trabalho e da livre iniciativa, a ponto de determinar — em seu art. 170 — que a própria ordem econômica deve se sujeitar aos "ditames da justiça social". O art. 7º, inciso I, da Constituição afirma ser direito fundamental dos trabalhadores brasileiros "I — relação de emprego". Essa é a perspectiva sob a qual a relação social entre trabalho e capital é concebida na ótica constitucional. Ao contrário do que ocorreu no passado, hoje a linguagem jurídica constitucional repudia a terceirização sob qualquer modalidade, assim como repudia o trabalho infantil.

A conclusão necessária, portanto, é a de que o Direito, enquanto linguagem jurídica do capital, avançou em sentido oposto àquele pretendido pelo discurso da terceirização. Qualquer tentativa de regulamentação da interposição de sujeitos na relação de emprego, seja sob que denominação for, implica retrocesso social. Esse discurso constitucional, mesmo naquilo que possui de retórico ou utópico, deve constituir o ponto de partida para a aplicação e a compreensão do Direito do Trabalho.

É certo que o combate à terceirização não eliminará, por si só, o grave problema do trabalho infantil, mas é sem dúvida um caminho importante nessa batalha. A compreensão da relação direta entre a exploração do trabalho de crianças e adolescentes e a "técnica" da terceirização permite perceber que a luta pelo trabalho decente, pela melhoria das condições sociais, por uma sociedade minimamente melhor, passa pela rejeição plena e radical de qualquer forma de atravessamento na relação entre capital e trabalho.

Referências bibliográficas

FIGUEIRAS, Vitor Araújo. *Terceirização e trabalho análogo ao escravo:* coincidência? Disponível em:

(39) PINHEIRO, Paulo Sérgio; HALL, Michael M. *A classe operária no Brasil.* 1889-1930. São Paulo: FUNCAMP, 1981. p. 204. Documentos. V. II. Condições de vida e de trabalho, relações com os empresários e o Estado.

(40) MARX, Karl. *O capital.* Livro I. São Paulo: Boitempo, 2013. p. 342-3.

<https://indicadoresdeemprego.files.wordpress.com/2013/12/tercerizac3a7c3a3o-e-trabalho-anc3a-1logo-ao-escravo1.pdf>. Acesso em: 12.12.2014.

MARX, Karl. *O capital*. Livro I. São Paulo: Boitempo, 2013.

PINHEIRO, Paulo Sérgio; HALL, Michael M. *A classe operária no Brasil*. 1889-1930. São Paulo: FUNCAMP, 1981. Documentos. V. II. Condições de vida e de trabalho, relações com os empresários e o Estado.

SARTORI, Elisiane. *Trabalho infantil em Franca:* um laboratório das lutas sociais em defesa da criança e do adolescente. Disponível em: <http://www.scielo.br/pdf/cpa/n26/30393.pdf>. Acesso em: 20.5.2015.

VIANA, Márcio Túlio. A terceirização revisitada: algumas críticas e sugestões para um novo tratamento da matéria. *Revista do Tribunal Superior do Trabalho*, São Paulo, v. 78, n. 4, p. 198-224, out./dez. 2012.

Trabalho Escravo Contemporâneo, Pobreza e Trabalho Infantil

Rodrigo Garcia Schwarz(*)

O emprego da expressão "trabalho escravo contemporâneo", fortemente controvertida e de conteúdo fluído, mas de inegável impacto nos campos ideológico, jurídico e político, vem se consolidando, no Brasil, para aqueles que a utilizam, para designar uma (nova) *categoria*, ou seja, um elemento constitutivo do conhecimento acerca de certos processos históricos, econômicos, sociais e culturais de produção, sobre-exploração e resistências em diferentes experiências de trabalho, que, ao contrário do que o senso comum poderia supor, não está diretamente relacionado ao contexto convencional (denotativo) da palavra *escravidão*, nem à prática jurídico-social há muito revogada do *escravismo*, mas, mais propriamente, à *antítese do trabalho livre e em condições decentes* por meio do recurso a uma relação de analogia entre o trabalho escravo, declarado extinto no Brasil em 1888, e o trabalho em condições residuais de *paraescravidão*, insistentemente vigentes até os nossos dias, em um novo campo de percepções e significações, em processos de precarização das relações sociais de trabalho em que convivem continuidades e rupturas, elementos disruptivos, de contestação e de conservação, suprindo a ausência de uma designação consensual e/ou mais específica para as experiências de trabalho em condições residuais de paraescravidão, nas quais o trabalhador é reduzido, de forma ilícita, à condição análoga à de escravo, sob diferentes formas, veiculando a expressão "trabalho escravo contemporâneo", assim, para aqueles que a utilizam, de per si, uma denúncia ideológica e politicamente comprometida das condições verdadeiramente indecentes de sobre-exploração às quais determinados trabalhadores são submetidos no Brasil.

A expressão "trabalho escravo contemporâneo", portanto, designativa dessa nova categoria da história social do trabalho brasileira, não diz respeito a um (novo) capítulo da história da escravidão no Brasil, tampouco concerne simplesmente a um desvio isolado, a formas arcaicas de sobre-exploração de trabalhadores, próprias de um idealizado "Brasil profundo", desconectado da modernidade, com seus sertões *longínquos* e *atrasados* em termos

(*) Juiz Titular da 13ª Vara do Trabalho da Zona Sul de São Paulo, Professor Titular do Programa de Pós-graduação (Mestrado) em Direito da Universidade do Oeste de Santa Catarina e Professor Colaborador do Programa de Pós-graduação (Mestrado e Doutorado) em Política Social da Universidade Católica de Pelotas, Doutor em Direito do Estado, em Direito do Trabalho e da Seguridade Social e em História Social, especialista em Política, em Direitos Sociais e em Imigração e Mediação Intercultural, com pós-doutorados na Pontifícia Universidade Católica de São Paulo, na Universidad de Manizales, na Universidad Nacional de Córdoba e na Universidade de Coimbra.

geopolíticos, econômicos, sociais e culturais, percepção que, assentada em mitos forjados por pressupostos ideológicos, é tradicionalmente veiculada no *mainstream* político e jurídico conservador e que, condicionando a percepção social acerca dessas experiências de trabalho, afeta seriamente as possibilidades de eficiência das políticas de enfrentamento ao trabalho escravo contemporâneo. Ao contrário, diz respeito a processos de produção, sobre-exploração e resistências que, dotados de lógicas próprias, se transformaram ao longo do tempo para se perpetuarem, em um processo dinâmico em que as estruturas do passado brasileiro — a influência persistente do tipo de colônia de exportação, o latifúndio, o caráter orgânico da escravidão, o peso do patriarcalismo e do patrimonialismo, a desigualdade e a integração incompleta e frustrada com o seu próprio povo —, convergindo com renovados projetos de *modernização produtiva*, no campo e nas cidades, entre continuidades e rupturas, e em contextos em que a precarização das relações de trabalho é uma constante — em meio à extrema pobreza, ao desemprego e a projetos de crescimento econômico estruturalmente excludentes, delineados por uma nova *lex mercatoria* geradora de extremas desigualdades econômicas e sociais —, perpetuaram sistemas análogos àqueles em que diversas outras experiências brasileiras de paraescravidão outrora se inseriram.

De fato, ao longo da história brasileira, a recorrência de situações de sobre-exploração de trabalhadores, com a redução destes à condição análoga à de escravos, sendo-lhes suprimida, de fato, à margem da legalidade, a liberdade real, jamais foi totalmente desconhecida: assim, por exemplo, na sua edição de 12 de maio de 1968, o Jornal do Brasil já denunciava a prática ilícita do "tráfico de escravos", na época, por fazendeiros de Mozarlândia, no estado de Goiás, que aliciavam trabalhadores nos estados de Minas Gerais e do Rio Grande do Norte, trazidos "em grupos de 70 na carroçaria de caminhões próprios para o transporte de gado", "escravizando-os em suas fazendas" e "vendendo-os em leilões ao preço de NCr$ 75,00 cada".

Em 1966, no conto regionalista "A enxada", publicado na obra "Veranico de janeiro", o autor goiano Bernardo Élis, relacionando o mundo do conto e o mundo do trabalho no interior goiano, colocava em evidência a "escravidão por dívida" no sertão de Goiás: o personagem Supriano (Piano), entregue a Elpídio por conta de uma dívida adquirida numa empreitada mal sucedida, precisa de uma enxada para plantar o arroz no prazo determinado pelo "patrão" e se manter vivo dentro do mundo do trabalho; no final do conto, sem obter a ferramenta, e sem poder fugir ("se fugir te boto soldado no seu rasto"), será assassinado.

Já em 4 de novembro de 1940, na Exposição de Motivos da Nova Parte Especial do Código Penal, o Ministro da Justiça e Negócios Interiores do Governo Vargas, Francisco Campos, justificando a inclusão, no art. 149 do novo Código Penal brasileiro, de uma "entidade criminal ignorada" até então, o crime de *plagium*, caracterizado pelo "fato de reduzir alguém, por qualquer meio, à condição análoga à de escravo, isto é, suprimir-lhe, de fato, o *status libertatis*, sujeitando-o o agente ao seu completo e discricionário poder" (*sic*), destacava: "Não é desconhecida a sua prática entre nós, notadamente em certos pontos remotos do nosso *hinterland*".

Mesmo antes de 1940, a prática da paraescravidão no Brasil republicano foi denunciada em várias oportunidades: assim, por exemplo, em 20 de março de 1919, Ruy Barbosa, na sua conferência "A questão social e política no Brasil", reportava-se à insistente vigência, no Brasil, de um "mecanismo de crédito e débito entre senhores territoriais e servos agrícolas" que "eterniza a escravidão branca, num regímen que aboliu o seu nome, para não ser inquietado na sua perpetuidade".

Em 1916, na novela regionalista "Gente da gleba", o escritor goiano Hugo de Carvalho Ramos, tratando da vida no sertão goiano, denunciava a dinâmica da "escravidão por dívida" no interior do estado de Goiás, que "constitui hoje em dia uma das curiosas modalidades do antigo cativeiro":

> Geralmente, o empregado na lavoura ou no simples trabalho de campo e cria-

ção ganha no máximo quinze mil réis ao mês. Quando tem longa prática no traquejo e é homem de confiança, chega a perceber vinte, quantia já considerada exorbitante na maioria dos casos. É essa a soma irrisória que deve prover às suas necessidades. Gasta-a em poucos dias. Principia então a tomar emprestado ao senhor. Dá-lhe este cinco hoje, dez amanhã, certo de que cada mil réis que adianta é mais um elo acrescentado à cadeia que prende o jornaleiro ao seu serviço. Isso, no começo do trato; com o tempo, a dívida avoluma-se, chega a proporções exageradas, resultando para o infeliz não poder nunca saldá-la e torna-se assim completamente alienado da vontade própria. Perde o crédito na venda próxima, não faz o mínimo negócio sem pleno consentimento do patrão, que já não lhe adianta mais dinheiro. É escravo de sua dívida, que, no sertão, constitui hoje em dia uma das curiosas modalidades do antigo cativeiro. Quando muito, querendo d'algum modo mudar de condição, pede a conta ao senhor, que fica no livre arbítrio de lh'a dar, e sai à procura d'um novo patrão que queira resgatá-lo ao antigo, tomando-o a seu serviço. Passa assim de mão em mão, devendo em média de quinhentos a um conto e mais, maltratado aqui por uns de coração empedernido, ali mais ou menos aliviado dos maus-tratos, mas sempre sujeito ao ajuste, de que só se livra, comumente, quando chega a morte.

No Amazonas, estado que aboliu a escravidão antes do próprio advento da "Lei Áurea", a paraescravidão foi imposta pelo barracão, a "casa-grande" dos seringais, por meio do regime de aviamento. As obras "À margem da história" (1909), de Euclides da Cunha, e "A selva" (1930), de José Maria Ferreira de Castro, descrevem os componentes dramáticos e violentos do regime do aviamento amazônico e dos seus mecanismos de endividamento: nos seringais da Amazônia "livre" do trabalho escravo, o trabalhador, imobilizado pelo endividamento, ficava à mercê do poder pessoal do seringalista, que ditava e executava a "lei" com o recurso à violência.

Na realidade, mesmo antes da extinção da escravidão no Brasil, nosso país já convivia com denúncias de sobre-exploração de trabalhadores livres, com a redução destes à condição análoga à de escravos, com o emprego de diferentes meios, sobretudo desse "mecanismo de crédito e débito" de que falaria Ruy Barbosa, ou dessa "escravidão por dívida", que seria denunciada por Hugo de Carvalho Ramos, à margem da lei e do sistema escravista então vigente: em 1858, Thomas Davatz denunciava, na Suíça, no seu livro *Die Behandlung der Kolonisten in der Provintz St. Paulo in Brasilien und deren Erhebung gegen ihre Bedrucker* — publicado apenas em 1980 no Brasil, sob o título "Memórias de um Colono no Brasil" —, um sistema de servidão por dívidas que reduzia, de fato, imigrantes europeus à condição análoga à de escravos, imposto na Fazenda Ibicaba — uma das mais avançadas fazendas de sua época —, em São Paulo, de propriedade do senador liberal e abolicionista Nicolau Pereira de Campos Vergueiro, a colonos imigrantes alemães, portugueses e suíços, travestido de sistema de parceria, que dera causa, em 1856, à sublevação conhecida como a "Revolta dos Parceiros", liderada por Davatz.

Em 1857, em decorrência da "Revolta dos Parceiros", o Presidente da Confederação Helvética enviou uma comunicação ao Ministro dos Negócios Estrangeiros do Brasil, solicitando esclarecimentos oficiais sobre a situação dos colonos suíços no Brasil, especialmente nas propriedades do senador Vergueiro. Afirmava, então, que "Os contratos celebrados entre os empresários brasileiros e os colonos, observados literalmente, são muito vantajosos aos primeiros", que "Nenhuma proteção podem os colonos esperar das autoridades judiciais" (brasileiras) e que "Os parceiros não obtêm nenhum resultado útil de seu trabalho. Após três ou quatro anos, acham-se muito mais endividados do que quando chegaram à colônia", rogando, então, às autoridades brasileiras que "os colonos contratados por Vergueiro & Cia. sejam livres da escravidão e transportados para terras do Estado".

Mas a própria entidade criminal em questão não era, na realidade, ignorada até 1940, como supunha Francisco Campos ao redigir a Exposição de Motivos da Nova Parte Especial do Código Penal. Apesar de uma injustificável lacuna no Código Penal republicano até a reforma de 1940, a prática da paraescravidão no Brasil, tão antiga quanto a própria prática da escravidão, foi objeto de repressão criminal na vigência do escravismo, quando, em diversos momentos, trabalhadores que não poderiam ser legalmente submetidos à escravidão foram reduzidos à condição análoga à de escravos.

Nesse sentido, o Código Criminal do Império do Brasil (Lei de 16 de dezembro de 1830) já previa, no seu art. 179, na sua Parte Terceira, Título I (Dos crimes contra a liberdade individual), como crime, a conduta de "Reduzir à escravidão a pessoa livre, que se achar em posse da sua liberdade", sancionando-a com as penas de prisão e multa, sendo a de prisão de três a nove anos, sendo que "nunca porém o tempo de prisão será menor, que o do captiveiro injusto, e mais uma terça parte". Por outro lado, um Alvará de 10 de março de 1682, tendo por objeto as sublevações dos Palmares na Capitania de Pernambuco, determinava aos juízes que colocassem em liberdade "Todos os negros, ou mulatos, que antes de irem por qualquer causa para os Palmares eram livres", ou aqueles quilombolas "que descenderem de moradores livres", assegurando a estes o direito de "demandar os senhores" quando a sua condição escrava por lei não seja notória, podendo "em todo o tempo usar do seu direito perante o Juiz competente". E uma Portaria de 18 de abril de 1822 tratava severamente do caso do "injusto cativeiro dos índios", cuja escravidão fora extinta oficialmente em 1755: um Alvará de 8 de maio de 1758, com o objetivo de desvincular os índios da escravidão negra, determinava: "fica proibido a que aos índios sejam chamados de negros".

A história do Brasil, em especial a dos séculos XIX e XX, é tristemente rica em exemplos do recurso *tout court* a distintas formas de paraescravidão, especialmente mediante a imobilização de trabalhadores rurais por dívidas: sempre que interessou às frentes de expansão da agropecuária, em razão da escassez de mão de obra ou por outros motivos de conveniência e/ou oportunidade, como a obtenção de vantagens comparativas no mercado, antes ou após a extinção da escravidão, e sobretudo na história do Brasil dos séculos XIX e XX, os senhores rurais recorreram a formas de paraescravidão, geralmente à margem da lei. O colonato, o trabalho dos *coolies*, o aviamento e a morada — *barracão* ou *truck system* — são algumas manifestações mais recentes da paraescravidão, na sua radicalização como sistemas de sobre-exploração e de imobilização por endividamento, que não são desconhecidas da nossa história, acentuando-se, nesses sistemas de paraescravidão, além da extração exorbitada do excedente econômico ínsito ao processo de acumulação capitalista potencializado com a sobre-exploração, uma dominação patriarcal e em certo grau realmente violenta que se irradiava por todas as esferas da vida do trabalhador privado da liberdade.

No entanto, a questão da (nova) paraescravidão, sob a égide do "trabalho escravo contemporâneo", ingressou na pauta dos graves problemas brasileiros em 1971, especialmente a partir das denúncias de D. Pedro Casaldáliga, Bispo de São Félix do Araguaia, no Mato Grosso, na carta pastoral "Uma igreja da Amazônia em conflito com o latifúndio e a marginalização social". É essa igreja que reivindica para si, a partir dos ensinamentos da Constituição Pastoral *Gaudium et Spes*, da Encíclica *Populorum Progressio* e das conclusões da II Conferência Geral do Episcopado Latino-Americano, pondo em prática o *aggiornamento* proposto pelo Concílio Vaticano II, uma ação emancipadora para o homem que implica exigências de transformações de ordem política, econômica, social e cultural, que dá início a uma série de denúncias de "escravidão por dívida" na Amazônia Oriental (região do Araguaia), denúncias que, a partir da criação, em 1975, da Comissão Pastoral da Terra (CPT), entidade vinculada à Comissão Episcopal para o Serviço da Caridade, da Justiça e de Paz da Conferência Nacional dos Bispos do Brasil (CNBB), encontrarão eco nos organismos internacionais integrantes do sistema de proteção dos direitos humanos e pressionarão o

Brasil a adotar uma postura de enfrentamento institucional da questão, pressões que levarão o país ao reconhecimento formal da submissão de trabalhadores à "escravidão contemporânea" no seu território, em 1995, a uma institucionalização de mecanismos de repressão à exploração do "trabalho escravo contemporâneo" e à edição, em 2003 e em 2008, respectivamente, dos dois grandes Planos Nacionais para a Erradicação do Trabalho Escravo, além de Planos Estaduais e/ou Municipais para a Erradicação do Trabalho Escravo.

Na sua carta pastoral, D. Pedro Casaldáliga, além de tecer graves críticas ao latifúndio de "extensões praticamente inconcebíveis" em projetos aprovados pela Sudam, impulsionados pelos benefícios fiscais concedidos pela ditadura militar, e à gritante injustiça consubstanciada na expulsão de posseiros ("primeira desbravadora da região") pelo "tubarão" (latifundiário com título de propriedade), reporta as condições de sobre-exploração impostas aos peões trazidos de "fora", aliciados mediante falsas promessas, para Amazônia oriental, nela reduzidos a condições análogas à de escravos:

> Um sério problema com que se defrontam as empresas Agropecuárias da região é o da mão de obra. Não conseguem entre os elementos locais esta mão de obra desejada que, além de ser escassa, já conhece os métodos de tratamento das companhias.
>
> Veem-se obrigadas então a procurá-la fora. E os lugares preferidos são o sul de Goiás, inclusive Goiânia, e o Nordeste. O método de recrutamento é através de promessas de bons salários, excelentes condições de trabalho, assistência médica gratuita, transporte gratuito etc. Quem faz este trabalho, são, geralmente, empreiteiros, muitos deles pistoleiros, jagunços e aventureiros que recebem determinada importância para executar tal tarefa.
>
> Os peões, aliciados fora, são transportados em avião, barco ou pau-de-arara para o local da derrubada. Ao chegar, a maioria recebe a comunicação de que terão que pagar os gastos da viagem, inclusive transporte. E já de início têm que fazer suprimento de alimentos e ferramentas nos armazéns da fazenda, a preços muito elevados [...].
>
> Não há com os peões nenhum contrato de trabalho. Tudo fica em simples combinação oral com o empreiteiro. [...] Os pagamentos são efetuados ao bel-prazer das empresas. Muitas vezes usa-se o esquema de não pagar, ou pagar só com vales, ou só no fim de todo o trabalho realizado, para poder reter os peões, já que a mão de obra é escassa [...].
>
> Outros muitos, doentes, sentindo-se sem forças e temendo morrer naquelas condições, não conseguindo receber o que de direito, fogem para sobreviver [...]. Outros ainda fogem por se verem cada vez mais endividados. E nestas fugas são barrados por pistoleiros pagos para tanto [...] Na Bordon tem um "tal de Abraão" que "não faz nada", segundo dizem os peões, mas que anda armado o dia todo com uma CBC/22, automática. Foi visto, com esta arma, no Patrimônio de Serra Nova, para intimidar também os posseiros. Gaba-se de ter dois processos por homicídio e vários por tentativa.

Além disso, a própria polícia local é utilizada com frequência para manter ainda mais escravizados os peões.

Nesse sentido, na sua edição de 11 de abril de 1972, o Jornal do Brasil também denunciava a exploração de nordestinos no Pará, nos trabalhos de desmatamento da Jari, em Monte Dourado. Denunciava-se, então, que cerca de mil homens, arregimentados no interior do Maranhão e do Pará, estavam "presos a um contrato escravagista de uma empreiteira ilegal". Segundo o Jornal do Brasil:

> Cerca de mil homens, arregimentados no interior do Maranhão e do Pará, foram levados somente este ano para os trabalhos de desmatamento da Jari, em Monte Dourado, neste Estado,

presos a um contrato escravagista de uma empreiteira ilegal, denominada paradoxalmente de Empresa Paraense de Reflorestamento Ltda. [...].

Desempregados e atraídos pelas promessas de altos salários, eles não hesitam em acompanhar os gatos — sujeitos encarregados de contratar trabalhadores — e quando descobrem que foram enganados não têm mais condições de voltar, a não ser depois de cumprir o contrato [...].

O tráfico de trabalhadores para a região amazônica é antigo [...]. Com o advento dos incentivos fiscais para a Amazônia, através da Lei n. 5.174, de 27 de outubro de 1966, a região voltou a merecer as atenções do país. Os grandes projetos agropecuários aprovados pela Sudam necessitavam de braços para o desmatamento de vastas áreas, visando à sua implantação. O tráfico de trabalhadores, então, foi reativado, buscando-se os homens no celeiro da mão de obra ociosa: o Nordeste [...].

A engrenagem funciona da seguinte maneira: os donos dos projetos contratam os empreiteiros por um valor X, para o desmatamento de determinada área. A contratação dos homens para esse trabalho e o seu pagamento são problemas dos empreiteiros. Como consequência, são eles os responsáveis pelo tráfico e o regime de trabalho escravo, pois quanto mais barata custar a mão de obra mais lucro terão [...].

No início deste ano, oito trabalhadores fugiram da Fazenda Maringá, da Companhia Agroindustrial Maringá-Capim, situada no município de São Domingos do Capim, neste Estado, e informaram às autoridades que estavam sendo submetidos a trabalho escravo, sob as vistas de pistoleiros fortemente armados. Disseram, inclusive, que alguns dos seus companheiros haviam morrido, vítimas de sevícias [...].

O tráfico de homens já atingiu tamanha proporção que deixou de ser feito em segredo, como antigamente, e hoje é realizado naturalmente, como rotina. Os empreiteiros espalham seus homens, os gatos, pelo interior do Pará, Maranhão e Ceará, em busca dos trabalhadores que, desempregados, veem na promessa deles a possibilidade de melhorar de situação ou mesmo enriquecer [...].

A viagem para Monte Dourado, em barco-motor, dura de quatro a cinco dias e os homens, até então apenas desconfiados ante os mistérios do embarque noturno, quando chegam lá têm a certeza de que foram ludibriados. A área em que trabalharão em Monte Dourado é cercada e vigiada por homens armados, comandados pelo tenente Bezerra. Ninguém sai do local sem o visto del, uma espécie de passaporte [...].

A expressão "trabalho escravo contemporâneo", adotada pelas autoridades brasileiras a partir de 1995 e consolidada nos dois Planos Nacionais para a Erradicação do Trabalho Escravo, foi cunhada, portanto, no início dos anos 1970, em um contexto perfilhado à desagregação dos movimentos sociais campesinos pela ditadura militar, ao recrudescimento da força do latifúndio na Amazônia oriental com o processo de modernização da agricultura levado a cabo pela ditadura, que, sob a lógica do capital, resultou no aumento da concentração da propriedade da terra e da disciplinarização do trabalhador pela exclusão e pela violência, e pelo aliciamento e tráfico de trabalhadores entre distintos pontos do território nacional, para suprir a demanda de mão de obra dos grandes empreendimentos amazônicos.

É nesse contexto que se sobressai a luta da Igreja da Amazônia contra o latifúndio, com as denúncias da "escravidão contemporânea". E é nesse contexto de recrudescimento da ditadura militar e da implantação de renovados processos de modernização da agropecuária levados a cabo sob a lógica da concentração da propriedade da terra, da disciplinarização do trabalhador pela exclusão e pela violência e do aliciamento e tráfico de trabalhadores, na contradição entre o local e o cosmopolita em termos profundos que transfiguram a região e a universalizam, que o elemento humano (homem flagelado, migrante, enganado, cativo) se insere, ora tentando resistir à sobre-exploração, ora lutando sozinho não para romper a dinâmica da sobre-exploração, mas para se manter dentro dela, para ser explorado, para não ficar de fora do mundo do trabalho semiescravo, o único mundo do trabalho possível: "Macaco sem rabo não pula de um galho para outro", adverte um trabalhador piauiense resgatado do "trabalho escravo" em uma fazenda em Marabá (Pará).

A escravidão institucionalizada serviu de lastro para a economia mercantil no Brasil, sustentando o lugar do país na ordem mundial a partir do comércio colonial triangular, fundado no modelo agroexportador da *plantation*, até o último quartel do século XIX. "Dádiva do açúcar", o Brasil sustentou o seu lugar no mundo dos séculos XVI a XIX na exportação de *commodities* e no trabalho escravo, imprescindível, até as décadas de 1860/1870, para as lavouras de café, açúcar, algodão, fumo e milho. O regime de trabalho que a sucedeu, cunhado a partir da confluência do abolicionismo com o imigrantismo, movimentos não ajustados ideologicamente, ajustou-se perfeitamente à intenção da grande lavoura, de pressionar o trabalho nacional livre e liberto e, principalmente, de perpetuar o sistema territorial e agrícola em que a escravidão tradicionalmente se inserira, sistema em última análise lesivo também para o imigrante.

Para viabilizar-se uma mão de obra abundante e de baixo custo, necessária para a manutenção da dinâmica da sobre-exploração nos empreendimentos agroexportadores, aos trabalhadores livres e pobres foi impedido o acesso à propriedade da terra, bloqueio institucionalizado em 1850, com a edição da Lei de Terras (Lei n. 601), que inibiu a apropriação da terra pela posse, e estes foram rigidamente disciplinarizados — conquanto haja uma inexplicável lacuna na bibliografia do direito do trabalho rural brasileiro, as leis de locação de serviços de 1830, 1837 e 1879, que garantiram a barateza e a estabilidade forçada da mão de obra do trabalhador agrícola, sua rigorosa disciplinarização e sua submissão quase absoluta ao domínio do proprietário da terra, representaram o principal marco da experiência de intervenção estatal, em prol dos capitais, na contratação do trabalho livre no Brasil rural; por outro lado, já as leis abolicionistas de 1871 e 1885 tratavam de manter sob rígido controle e disciplina o ex-escravo, trabalhador compulsoriamente introduzido no "mercado de trabalho". Assim, após a abolição da escravidão, sem a possibilidade de uma via alternativa, não restou aos trabalhadores rurais outro caminho além da venda da sua força de trabalho aos latifundiários, venda que, no entanto, a despeito de se inserir na contratação *livre* sob o ponto de vista jurídico-formal, não ocorreu nos moldes do assalariamento clássico, mas, em convergência com os interesses dos capitais, foi pautada de forma a institucionalizar a sobre-exploração e a fixar o trabalhador nos grandes domínios.

Revogadas em 1890 as leis de locação de serviços, prevaleceu uma lógica liberal na regulação do trabalho rural nos anos que se seguiram à abolição da escravidão. A República, na época, preocupou-se em atender aos interesses da grande lavoura. E a incapacidade não só do Estado, de lidar com a questão do trabalhador nacional livre e a sua inserção no mercado de trabalho, mas das próprias elites nacionais, principalmente as agrárias, de lidarem com o trabalho livre, deixaram marcas indeléveis na formação e na regulação do mercado de trabalho no Brasil.

Sob esta lógica liberal, as relações de trabalho rurais fomentadas pelas oligarquias rurais que governaram o Brasil até 1930 pautaram-se na secular submissão do homem do campo, preso aos vínculos da dependência pessoal e da obediência. A questão agrária, resultado de um padrão concentrador da propriedade da terra instituído ainda no período colonial e consolidado na Lei de Terras, gerava, em uma ponta da hierarquia social, riqueza, poder e privilégio. Na outra, produzia pobreza, analfabetismo, fome, doença, subordinação, isolamento. Do ponto de vista dessas elites, os poucos movimentos de resistência do homem do campo eram incidentais, catárticos e irracionais, uma espécie de "espasmo" de preservação da vida.

Os governantes do regime autoritário do pós-1930 não pensavam diferente. Entre eles também predominava a "visão espasmódica", que condenava as ações do homem do campo, sobretudo dos sertanejos nordestinos, ao campo dos "instintos". As reformas trabalhistas da Era Vargas e a modernização do direito do trabalho brasileiro, assim, não chegaram ao homem do campo, embora cerca de 70% da população brasileira habitasse a área rural até os anos 1950.

Assim, no Brasil, o proletariado rural somente conquistou direitos sociais mínimos na primeira metade da década de 1960, muitos anos após a queda da República Velha, a instituição da Justiça do Trabalho e a consolidação da legislação trabalhista urbana, em um contexto de intensos conflitos no campo. Os anos 1950 e o início dos anos 1960 foram marcados por um intenso movimento social no campo que, em certa medida, se associava ao projeto desenvolvimentista nacional, projeto que, paradoxalmente, estimulou, nos "anos dourados" do governo de Juscelino Kubitschek de Oliveira, o aumento dos latifúndios por meio da apropriação territorial proporcionada pela ampliação das fronteiras agrícolas no Centro-Oeste. Em Goiás, ocorreu o confronto de Trombas e Formoso, que reuniu trabalhadores do campo e militantes do antigo Partido Comunista Brasileiro (PCB) na luta armada pela posse da terra. Nos anos 1960, ocorrem intensos conflitos agrários na região do "Bico do Papagaio", na divisa entre o norte de Goiás (atual Tocantins), o Pará e o Maranhão. Em nível nacional, as Ligas Camponesas, representando categorias diversificadas de trabalhadores campesinos, alcançaram a unidade necessária para converter as demandas individuais ou locais do trabalhador rural em uma luta política mais ampla do campesinato pela reforma agrária e contra um inimigo comum: o latifúndio, decadente, arcaico e improdutivo.

Nesse contexto, apenas em 1963, com a edição da Lei n. 4.214, os rurícolas obtêm um estatuto para o trabalho rural. No governo de João Belchior Marques Goulart, o Poder Executivo passou a ter um inédito envolvimento com a questão agrária. Sua ação incidiu, por um lado, no terreno da legislação sindical e trabalhista rural, e, por outro, na realização da reforma agrária. Foi no governo de João Goulart que os trabalhadores rurais, que até então se organizavam em entidades de caráter civil, como Ligas Camponesas e associações de lavradores, passaram a se organizar em sindicatos, federações e, finalmente, na Confederação Nacional dos Trabalhadores na Agricultura (CONTAG). Foi no governo de João Goulart, com a edição da Lei n. 4.214, que direitos trabalhistas básicos, reconhecidos há pelo menos duas décadas aos trabalhadores urbanos, foram estendidos ao homem do campo. Foi também no governo de João Goulart que foi criada a Superintendência de Política Agrária (SUPRA), com a finalidade de implantar medidas de reforma agrária no país. A política fundiária do Governo João Goulart, todavia, não chegou a ser implantada; antes, aprofundando a ruptura com grupos de centro que até então lhe davam suporte, como o Partido Social Democrático (PSD), abriu caminho para o golpe de 1964: uma vez mais, o latifúndio imporia o seu poder à Nação.

Após o golpe de 1964, o movimento campesino foi desagregado e a força do latifúndio recrudesceu com o processo de modernização da agropecuária levado a cabo pela ditadura militar, que, sob a lógica do capital, resultou no aumento da concentração radical da propriedade da terra e na disciplinarização do trabalhador rural pela violência, sobretudo com a radicalização do movimento golpista em 1968. A opção do regime militar, então, foi no sentido de fomentar um processo que culminou na disseminação de relações de trabalho que não eram pautadas por direitos trabalhistas, mas centravam-se no trabalho sem vínculo empregatício permanente, volante, temporário, angariado por intermédio de empreiteiros e aliciadores (gatos) e calcado no aliciamento de trabalhadores, levados de uma para outra localidade do território nacional, e escudado no clientelismo, na sobre-exploração, na imobilização por endividamento e na fácil substituição dos trabalhadores reificados.

A edição de 11 de abril de 1972 do Jornal do Brasil reproduz um dos poucos "contratos de trabalho" celebrados por escrito na época, na Amazônia oriental, nos desmatamentos da

Jari. Composto de 8 (oito) cláusulas, o contrato-padrão não assegurava nenhum direito ao trabalhador: o "contrato de trabalho agrícola por obra certa" previa, em síntese, que o contratado executaria para o contratante "de forma autônoma e sem subordinação ou qualquer outro vínculo empregatício" determinado trabalho, sem direito a indenização ao término do contrato, que a remuneração contratada por tarefa seria paga apenas ao término da execução da tarefa contratada, e, ainda, que:

> O contratante descontará do pagamento do contratado, que desde já o autoriza, além dos adiantamentos monetários que lhe tenham sido efetuados, o valor dos fornecimentos de cantina, bem como correspondentes aos danos que por imperícia, imprudência, dolo ou negligência, venha a causar ao contratante, na forma do art. 39 do Estatuto do Trabalhador Rural.
>
> O contratante descontará do contratado o preço de uma passagem de ida e volta a [...] segundo a tarefa da navegação [...] se este permanecer menos de 30 (trinta) dias no local de desmatamentos.

O contratado fica sujeito à fiscalização por parte do contratante e, desde já, obriga-se a refazer todos os serviços que por ventura não estejam de acordo com as normas exigidas, sem que para isso tenha direito a qualquer remuneração.

As relações de trabalho no campo foram historicamente ancoradas, assim, na sobre-exploração e na extrema submissão do trabalhador coagido ao trabalho, fundadas pelo medo da violência e pelo código do favor como estratégia de sobrevivência em uma sociedade marcada pelo latifúndio, pelo caráter orgânico da escravidão, pelo peso do patriarcalismo e do patrimonialismo e pela integração incompleta e frustrada com o seu próprio povo. Forjadas por relações patriarcais e por uma herança escravocrata, unidas à concentração fundiária, promovida e regulamentada pelo Estado sob a égide de uma modernização, marca indelével do poder do latifúndio no Brasil, e pautadas pela desproteção do trabalhador rural, as relações de trabalho no campo brasileiro são o resultado do complexo processo histórico, econômico, social e cultural que se amparou e que, concomitantemente e viciosamente, resultou na recorrente espoliação da força de trabalho mediante uma sobre-exploração (quase) sem limites.

A ditadura militar esteve presente para fomentar a acumulação de capital, seja promovendo a concentração fundiária, seja concedendo incentivos fiscais de todo tipo aos latifundiários, e ausente para promover a limitação à sobre-exploração da força de trabalho. Em alguns casos, foi mesmo francamente tolerante com a violência, sobretudo na região do Araguaia: diante das denúncias do Jornal do Brasil, no sentido de que o tráfico de homens crescia e tornava-se uma rotina, e que boa parte das denúncias de trabalho escravo dizia respeito a projetos financiados pelo governo federal, o general Bandeira Coelho, à frente da Superintendência para o Desenvolvimento da Amazônia (SUDAM), respondeu que ouvia tais denúncias com "serenidade", "pois mesmo a ocupação do Oeste americano tinha sido violenta".

Mas, de certa forma, também os governos democráticos que sucederam a ditadura militar não trataram de reverter esse processo, mantendo quase intocados os interesses do latifúndio nacional, embora tenham avançado, a pequenos e inconstantes passos, e sempre impulsionados por pressões externas — de organismos internacionais integrantes do sistema de proteção dos direitos humanos —, no sentido de limitar a sobre-exploração exercida sobre os trabalhadores rurais, sobretudo nos governos de Fernando Henrique Cardoso e Luiz Inácio Lula da Silva.

Entre 1988, na redemocratização do país, e 1995, o número conhecido das vítimas da paraescravidão cresceu, mas não se pode afirmar que cresceu concretamente o número de pessoas submetidas ao "trabalho escravo contemporâneo" — a atenção dada ao fenômeno teve o potencial de desvelá-lo progressivamente. Da mesma forma, o número conhecido das vítimas da paraescravidão cresceu na virada dos anos 2001/2002 e, especialmente, a partir da edição do primeiro Plano Nacional para a Erradicação do Trabalho Escravo (2003), mantendo-se relativamente estável a partir de então.

Na grande maioria dos casos de redução de trabalhadores à condição análoga à de escravos, as denúncias ocorreram na atividade agropecuária, especialmente na derrubada de florestas para a formação de novas pastagens. Os poucos dados disponíveis indicam que, nos anos 1970/1980, na Amazônia, eram justamente as empresas modernas as mais envolvidas nas denúncias de escravismo, fato que demonstra que, na região, havia uma nefasta cumplicidade entre o arcaico-residual e o moderno. Assim, em 1983, na fazenda-modelo Vale do Rio Cristalino, de uma grande empresa automobilística alemã, em Santana do Araguaia, no Sul do Pará, cerca de mil homens foram reduzidos à condição análoga à de escravos. A Comissão Pastoral da Terra denunciou o caso. O inquérito policial, finalizado, foi conclusivo quanto à responsabilidade dos aliciadores e empreiteiros pela exposição dos trabalhadores a maus-tratos, mas a empresa, dona da propriedade rural, não foi responsabilizada. Ao final, a denúncia não resultou em ação penal e apenas quatro dos mil trabalhadores receberam, após um processo que se arrastou por quatorze anos, indenizações trabalhistas.

Na década de 1980, a disposição das autoridades para reprimir a paraescravidão, de forma geral, era praticamente inexistente. O exército, agindo em diversas frentes atípicas sob o pretexto de resguardar a segurança nacional, ignorou o problema. As autoridades policiais eram, em muitos casos, omissas, se não abertamente coniventes com a redução de trabalhadores rurais à condição análoga à de escravos. Além disso, as poucas libertações de trabalhadores não eram acompanhadas da prisão ou do indiciamento dos fazendeiros ou dos aliciadores, tampouco do pagamento de qualquer indenização trabalhista. O relato do trabalhador José Pereira demonstra como a Polícia Federal atuava, na região, no "combate" ao "trabalho escravo": por ocasião da "libertação" de aproximadamente 60 trabalhadores da Fazenda Espírito Santo, no Sul do Pará, em 1989, estes foram abandonados à própria sorte, apenas com o dinheiro da passagem, à beira do asfalto, sem qualquer indenização trabalhista:

> Fui para Belém [...] denunciar o trabalho escravo na fazenda Espírito Santo à Polícia Federal. Tinha ficado muito companheiro meu lá dentro. Eu fui em Belém, denunciei, voltei na fazenda com a Polícia Federal. Eles chegaram lá e já tinha uns 60 trabalhadores. O Chico e os outros ficaram sabendo que eu tinha escapado da morte e tinham fugido já. A Polícia Federal fez dar o dinheiro da passagem daqueles trabalhadores e deixou eles na beira do asfalto.

Em 1985, durante o governo de José Ribamar Sarney de Araújo Costa, o ministro Dante de Oliveira, titular do Desenvolvimento e da Reforma Agrária, reuniu-se com o ministro Almir Pazzianotto, do Trabalho, e com representantes da Confederação Nacional da Agricultura e da Confederação Nacional dos Trabalhadores na Agricultura, pela primeira vez institucionalizando um "esforço" articulado para tratar do problema da "escravidão contemporânea" no Brasil. Nesse momento, o Ministério do Desenvolvimento e da Reforma Agrária pautou a sua ação na ameaça de suspensão de incentivos fiscais aos proprietários de fazendas "flagrados no uso de escravos ou em condições muito irregulares de mão de obra"; no caso extremo, essas propriedades rurais poderiam ser desapropriadas. Ainda durante o governo de José Sarney, foi criado o Mutirão Contra a Violência, sob a presidência do ministro Paulo Brossard, da Justiça. No entanto, nenhuma providência efetiva foi tomada no enfrentamento da questão pertinente à "escravidão contemporânea". Assim, seis anos depois, em 1991, a Comissão Pastoral da Terra lamentava não haver, no Brasil, "um único caso de punição a fazendeiros e seus agentes envolvidos em casos de trabalho escravo".

A década de 1990 é marcada pelas pressões da comunidade internacional sobre o governo brasileiro na questão da paraescravidão. Mediante convite da Federação Internacional dos Direitos Humanos, representantes da Comissão Pastoral da Terra, em 1992, e da Ordem dos Advogados do Brasil, em 1993, fizeram-se ouvir no plenário da Subcomissão de Direitos Humanos da Organização das Nações Unidas, em Genebra, denunciando o problema da violência no Brasil, tanto na luta pelo acesso à terra quanto na luta contra o "trabalho escravo". Em 1994, as denúncias foram reiteradas pela Comissão Pastoral da Terra, desta vez por meio de uma ação conjunta com a organização não governamental inglesa Anti-Slavery International.

Nos anos de 1991 e 1992, foram apresentadas reclamações contra as autoridades brasileiras junto à Organização Internacional do Trabalho pela *Asociación de Inspectores del Trabajo* e pela *Federación Internacional de Plantaciones Agrícolas y Asimiladas*. Em 1992, a Comissão Pastoral da Terra, a associação estadunidense *Human Rights Watch* e o Centro pela Justiça e o Direito Internacional (CEJIL) apresentaram duas petições contra o governo brasileiro perante a Comissão Interamericana de Direitos Humanos, em Washington. Em 1994, a Comissão Pastoral da Terra e o Centro pela Justiça e o Direito Internacional, apoiados pela *Human Rights Watch*, denunciaram à Comissão Interamericana de Direitos Humanos o caso do trabalhador José Pereira, submetido a "escravidão" e violência no território brasileiro. Assim, a cidadania, que não convencia as autoridades governamentais sobre a intensidade e a relevância do problema, passou a ser ouvida pelo Governo desde Genebra e Washington.

O governo de Itamar Franco não ofereceu respostas significativas à questão. Contudo, entre algumas medidas pontuais que foram tomadas, destaca-se a edição da Instrução Normativa n. 1 (1994), do Ministério do Trabalho, que seria adotada pela inspeção do trabalho, que citava como indícios de que o trabalhador estava sendo reduzido à condição análoga à de escravo por meio de fraude as seguintes situações:

> [...] dívida, retenção de salários, retenção de documentos, ameaças ou violência que impliquem o cerceamento da liberdade dele e/ou familiares, o abandono do local onde presta seus serviços, ou mesmo quando o empregador se nega a fornecer transporte para que ele se retire do local para onde foi levado, não havendo outros meios de sair em condições seguras, devido às dificuldades de ordem econômica ou física na região.

O governo de Fernando Henrique Cardoso, por sua vez, não se demonstrou indiferente ao paraescravismo. Em 1995, o presidente Fernando Henrique Cardoso, em um pronunciamento perante a nação, assumiu formalmente a existência do "trabalho escravo" no país, reafirmando o reconhecimento contido no Relatório Inicial Brasileiro Relativo ao Pacto Internacional dos Direitos Civis e Políticos de 1966. Com isso, o Brasil tornou-se uma das primeiras nações do mundo a reconhecer oficialmente a existência da "escravidão", nas suas expressões contemporâneas, no seu território. Em 27 de junho daquele ano, foi editado o Decreto n. 1.538, criando diversas estruturas institucionais voltadas para o combate ao paraescravismo, com destaque para o Grupo Executivo de Repressão ao Trabalho Forçado (GERTRAF) e o Grupo Móvel de Fiscalização, coordenado pelo Ministério do Trabalho e Emprego.

Em abril de 1995, a Comissão Interamericana de Direitos Humanos foi autorizada, pelo governo brasileiro, a mandar observadores ao Brasil. O relatório dessa visita somente foi aprovado em 1997, e trata da "escravidão", em suas expressões contemporâneas, em cinco dos seus onze capítulos. O relatório elogia algumas iniciativas do governo brasileiro, mas aponta graves vulnerações de direitos humanos no país. Reconhece, ainda, a existência da paraescravidão não apenas na região amazônica, mas no Brasil em geral. O relatório, por fim, informa que as autoridades judiciárias do Pará atuavam de forma conivente com a paraescravidão, facilitando a impunidade e a continuidade do crime organizado no Sul do estado. Afirma, ainda, sobre a atuação de:

> [...] juízes e promotores cerceados pelas complexidades de um sistema processual inoperante e pelo temor de represálias, caso tomem decisões judiciais mais efetivas; autoridades federais distantes e com um interesse objetivo inconstante a respeito do problema, sempre adotando

medidas débeis e ineficientes; e uma população cuja capacidade de exercer seus direitos de reunião, associação, liberdade de comércio e trabalho e até política é necessariamente desafiada pela presença do poder paralelo dessas empresas perversas de exploração ilegal dos trabalhadores.

A criação do Grupo Especial de Fiscalização Móvel conduziu à obtenção de resultados significativos na repressão ao escravismo a partir de 1995. Subordinados diretamente à Secretaria de Inspeção do Trabalho, os grupos móveis conseguem atuar de forma ágil e relativamente independente das pressões de grupos políticos e econômicos influentes nos estados. Assim, por exemplo, apenas no ano de 1997, o grupo móvel atuou na repressão à paraescravidão em cinco fazendas do Pará, constatando *in loco* a prática da redução de trabalhadores à condição análoga à de escravos e resgatando 455 trabalhadores.

A Comissão de Aplicação de Normas da Organização Internacional do Trabalho examinou, em 1996, reclamações contra o governo brasileiro a respeito da inobservância das Convenções ns. 29 e 105. Alegava-se, nessas reclamações, que havia milhões de trabalhadores em situação de completa dependência, em condições de servidão por dívida, numa relação de trabalho que se desenvolvia de forma que não correspondia ao previamente pactuado, nem ao previamente estabelecido pela lei do país, e que não poderia terminar sem riscos de maus-tratos, torturas, humilhações, ou mesmo morte.

Os observadores da Organização Internacional do Trabalho verificaram que, apesar das ações empreendidas no âmbito federal e em alguns estados, subsistiam carências em relação à aplicação das Convenções, inclusive morosidade de procedimentos e processos e poucas sanções impostas aos responsáveis pela utilização de trabalho forçado. Notaram ainda que, nos poucos casos em que os responsáveis pela exploração do trabalho forçado foram levados à Justiça, tratavam-se, na verdade, de meros intermediários, *gatos*, pequenos proprietários ou arrendatários, permanecendo impunes os proprietários das grandes fazendas, que recorrem a serviços de pessoas interpostas para assegurar parte da sua produção mediante mão de obra servil. Segundo a Comissão, o processo de terceirização favorece a impunidade daqueles que, em última instância, tiram maiores benefícios das práticas irregulares. A Comissão reconheceu os esforços do governo, mas sentiu a necessidade de certificar-se de que as sanções impostas seriam mesmo eficazes e estritamente aplicadas. Foram solicitadas ao governo brasileiro informações sobre as medidas adotadas para reforçar o sistema de inspeção e garantir a investigação sistemática e diligente de denúncias, e tomou-se nota da criação de coordenações regionais de fiscalização e das ações de fiscalização móvel.

No entanto, a morosidade do sistema judicial brasileiro foi apontada como fator de verdadeira negação de justiça. Por outro lado, apontou-se para a necessidade de aperfeiçoar-se a conceituação dos diferentes tipos de trabalho degradante, atentatórios à dignidade da pessoa: o trabalho "escravo", o trabalho que supera a capacidade física, o trabalho em condições insalubres, penosas ou perigosas, o trabalho fora da legislação laboral, particularmente referente a saúde, higiene, segurança e duração da jornada, o trabalho do menor (o trabalho infantil), o trabalho em atividades proibidas por lei, como a prostituição, os jogos de azar, o contrabando e o crime organizado, o trabalho em condições humilhantes ou imposto sob vigilância, que deem lugar a castigos corporais etc.

Em março de 2003, o presidente Luiz Inácio Lula da Silva lançou o Plano Nacional para a Erradicação do Trabalho Escravo e instituiu, em agosto do mesmo ano, a Comissão Nacional para a Erradicação do Trabalho Escravo (CONATRAE), que substituiu o Grupo Executivo de Repressão ao Trabalho Forçado (GERTRAF). Durante o governo de Luiz Inácio Lula da Silva, o Brasil reconheceu formalmente, perante a Organização das Nações Unidas, a existência de pelo menos 25.000 (vinte e cinco mil) pessoas reduzidas à condição análoga à de escravos no país a cada ano. A estimativa foi obtida mediante de projeções da Comissão Pastoral da Terra, porém, tem sido utilizada como referência pelas entidades governamentais e não governamentais que atuam no combate à paraescravidão. É impossível, no entanto, determinar de forma exata a quantidade de pessoas submetidas à paraescravidão, anualmente, no Brasil, frente à sua clandestinidade.

O Plano Nacional para a Erradicação do Trabalho Escravo e o reconhecimento, pelo Brasil, perante a Organização das Nações Unidas, da existência de pelo menos 25.000 (vinte e cinco mil) pessoas reduzidas à condição análoga à de escravos no país, a cada ano, decorreu, todavia, de pressões externas, sobretudo daquelas oriundas do Caso n. 11.289 (José Pereira), submetido à Comissão Interamericana de Direitos Humanos.

Em 16 de dezembro de 1994, as organizações não governamentais *Human Rights Watch* e Centro pela Justiça e o Direito Internacional (CEJIL), esta apoiada pela Comissão Pastoral da Terra, apresentaram uma petição à Comissão Interamericana de Direitos Humanos (CIDH) contra a República Federativa do Brasil, por meio da qual denunciaram o caso do trabalhador José Pereira, relacionado com uma situação de "trabalho escravo" e violação do direito à vida e à justiça no Sul do estado do Pará. Na ocasião, as entidades alegaram que o Brasil violou, em síntese, os arts. 1º (direito à vida, à liberdade, à segurança e à integridade pessoal), 14 (direito ao trabalho e a uma justa remuneração) e 25 (direito à proteção contra a detenção arbitrária) da Declaração Americana dos Direitos e Deveres do Homem, e os arts. 6º (proibição de escravidão e servidão), 8º (garantias judiciais) e 25 (proteção Judicial) da Convenção Americana de Direitos Humanos (Pacto de San José de Costa Rica).

Na denúncia, afirmou-se que o trabalhador José Pereira foi gravemente ferido, e que outro trabalhador rural, conhecido apenas por "Paraná", foi morto quando ambos, menores de idade, tentaram fugir, em 1989, do trabalho forçado na Fazenda Espírito Santo, em Sapucaia, no Pará, situação que envolveu outros 60 (sessenta) trabalhadores dessa fazenda. Segundo essas entidades, os fatos denunciados constituíam um exemplo da falta de proteção e garantias do Estado brasileiro, ao não responder adequadamente às denúncias sobre essas práticas, comuns nessa região, permitindo de fato a sua persistência. Alegou-se, ainda, desinteresse e ineficácia nas investigações e nos processos referentes aos assassinos e aos responsáveis pela sobre-exploração trabalhista.

No caso denunciado, as entidades referiram-se de modo específico ao caso do adolescente José Pereira, vítima dessa prática na Fazenda Espírito Santo, localizada no Sul do Estado do Pará. Em setembro de 1989, a vítima, que tinha então 17 (dezessete) anos de idade, com outros 60 (sessenta) trabalhadores, foram retidos contra sua vontade e forçados a trabalhar sem remuneração e em condições desumanas e ilegais. Ao tentar fugir da fazenda, José Pereira e outro trabalhador foram atingidos por disparos de armas de fogo. José Pereira foi atingido pelos disparos, mas sobreviveu, pois os seus agressores pensaram que estava morto. O outro trabalhador que o acompanhava, apenas conhecido pelo apelido de "Paraná", foi morto. Seus corpos foram levados em uma caminhonete pelos assassinos e deixados em um terreno próximo de outra fazenda. José Pereira conseguiu chegar a esta outra fazenda e foi socorrido, o que possibilitou a apresentação da denúncia. José Pereira foi gravemente ferido, sofrendo lesões permanentes no olho e mão direitos.

Segundo as entidades denunciantes, o caso era ilustrativo de uma prática mais geral de "trabalho escravo" e da falta de garantias de segurança no trabalho que fazia com que essa prática continuasse existindo: as entidades em questão alegaram que o caso de José Pereira e de "Paraná" não era um caso isolado e que apenas no biênio 1992/1993, nos dois anos imediatamente anteriores à denúncia, a Comissão Pastoral da Terra (CPT) registrara 37 (trinta e sete) casos de fazendas onde imperava o trabalho em condições de paraescravidão, condições que afetavam 31.426 (trinta e um mil, quatrocentos e vinte e seis) trabalhadores.

Na sua denúncia, as entidades mencionaram ainda que essas condições de trabalho afetavam geralmente os trabalhadores agrícolas sazonais, recrutados por meio de promessas fraudulentas, transportados para fazendas distantes de seu lugar de residência, retidos contra a sua vontade mediante violência e endividamento e obrigados a trabalhar em condições desumanas. Muitos desses trabalhadores eram agricultores pobres e analfabetos ou "sem terra" provenientes dos estados do Nordeste do Brasil, onde as possibilidades de trabalho eram mínimas. Os métodos utilizados para privar-lhes efetivamente da liberdade eram a violência pura e simples, mediante um esquema de endividamento que constituía verdadeira armadilha. Depois que chegavam à fazenda, os trabalhadores verificavam que as promessas feitas quando foram contratados, baseadas num preço acordado por hectare trabalhado, eram falsas, pois o trabalho em geral era muito mais duro do que o antecipado. Além disso, ao chegarem à fazenda, os trabalhadores eram informados de que deviam dinheiro ao empreiteiro pelos gastos de transporte, comida e habitação, tanto durante a viagem quanto no seu lugar de trabalho. Quando descobriam que tinham sido enganados, não podiam deixar a fazenda, nem deixar de trabalhar, até que pagassem as suas "dívidas" e eram ameaçados de morte se tentassem fugir. Em alguns casos, trabalhavam sob a mira de pistoleiros armados que os vigiavam. A localização das fazendas, distantes dos centros urbanos e de vias públicas de acesso, torna ainda mais difícil a fuga.

Na época, até a data da denúncia, ninguém no estado do Pará havia sido sequer processado, nem por esse caso em particular, nem pelos outros muitos que já haviam sido denunciados às autoridades brasileiras. Também alegaram a cumplicidade de autoridades do estado do Pará com os crimes, dado que, em alguns casos, policiais estaduais capturavam e devolviam para a fazenda os trabalhadores que conseguiam escapar; e, em outros casos, os policiais faziam "vista gorda" quando os vigilantes privados, pistoleiros e jagunços capturavam os trabalhadores fugitivos. Por outra parte, nem as autoridades de supervisão do Ministério do Trabalho, nem a Polícia Federal tomavam as medidas necessárias para prevenir, impedir ou reprimir adequadamente essas situações.

As peticionárias denunciaram a impunidade e a cumplicidade do Estado, pois, apesar do aumento considerável de casos denunciados, nenhum agente de contratação, capataz ou proprietário de fazendas foi condenado. Alegaram que era muito comum que os trabalhadores que tentassem escapar fossem assassinados ou agredidos. As peticionárias afirmaram que a Polícia Federal não havia investigado as denúncias feitas desde 1987 a respeito da Fazenda Espírito Santo, e que, quando finalmente tomou o depoimento de José Pereira na capital do estado do Pará, Belém, vários dias depois da sua fuga, em setembro de 1989, só foi à fazenda para investigar os fatos muito depois do ocorrido e somente graças à insistência de ativistas de direitos humanos. Transcorridos mais de quatro anos dos fatos, as duas investigações da Polícia Federal ainda não tinham surtido os resultados esperados.

Em 26 de maio de 1996, as peticionárias assinalaram que, além da contínua ineficácia dos recursos internos, as provas do caso estavam deteriorando-se, tendo em vista o transcurso de seis anos do ocorrido. Apenas em 7 de outubro de 1998 o Ministério Público do Estado do Pará denunciou criminalmente, perante a Vara Estadual de Marabá, cinco pessoas: Francisco de Assis Alencar, Augusto Pereira Alves, José Gómez de Melo e Carlos de Tal ("Carlão"), pelos crimes de tentativa de homicídio e redução de pessoa à condição análoga à de escravo; e Arthur Benedito Costa Machado, pelo crime de redução de pessoa à condição análoga à de escravo. O processo foi dividido em dois: um contra Arthur Benedito Costa Machado, e outro contra os outros quatro réus. Arthur Benedito Costa Machado, administrador da fazenda, foi condenado em 29 de abril de 1998 a dois anos de reclusão, podendo ser substituídos pela prestação de serviços comunitários; porém, a pena não pôde ser executada, por causa da prescrição. Arthur Benedito Costa Machado sequer foi preso. Em relação aos outros quatro réus, já fugitivos, em 21 de outubro de 1997 foi prolatada decisão no sentido de que estes fossem julgados pelo Tribunal do Júri Federal, e foi decretada sua prisão preventiva, a qual não foi, todavia, executada.

A denúncia das organizações não governamentais *Human Rights Watch* e Centro pela Justiça e o Direito Internacional (CEJIL) foi recebida pela Comissão Interamericana de Direitos Humanos em 22 de fevereiro de 1994 e encaminhada em 24 de março do mesmo ano ao Estado brasileiro, que respondeu em 6 de dezembro de 1994, alegando que os recursos da jurisdição interna não haviam sido esgotados. No marco de uma visita *in loco* realizada pela Comissão Interamericana de Direitos Humanos ao Brasil, em novembro de 1995, uma delegação da Comissão percorreu a zona de Xinguara e a cidade de Belém, acompanhada por representantes dos Ministérios da Justiça e das Relações Exteriores brasileiros. Nessa oportunidade, recolheram depoimentos de advogados, defensores de direitos humanos, trabalhadores rurais, promotores de justiça, juízes locais, membros do Tribunal de Justiça do Estado do Pará e do representante do Ministério Público Federal a respeito da redução de trabalhadores à condição análoga à de escravos em geral e sobre o caso em particular.

Em 24 de fevereiro de 1999, a Comissão Interamericana de Direitos Humanos aprovou um relatório positivo tanto sobre a admissibilidade como sobre o mérito do caso. Nessa oportunidade, a Comissão declarou o caso admissível e, quanto ao mérito, concluiu que o Estado brasileiro era responsável por violações à Declaração Americana dos Direitos e Deveres do Homem e à Convenção Americana de Direitos Humanos. Nesse relatório, a Comissão efetuou diversas recomendações ao Estado brasileiro. Em 24 de março de 1999, o mencionado relatório foi enviado ao Estado brasileiro, com um prazo de 2 (dois) meses para que este cumprisse as respectivas recomendações. Posteriormente, a Comissão impulsionou o início de um processo de solução amistosa, com a celebração de reuniões de trabalho e audiências perante a CIDH, sendo que a última delas foi realizada em 27 de fevereiro de 2003, durante o 117º período ordinário de sessões da Comissão.

Em 18 de setembro de 2003, as entidades denunciantes e o Estado brasileiro assinaram um acordo de solução amistosa, por meio do qual o Estado brasileiro reconheceu a sua responsabilidade pela redução de trabalhadores à condição análoga à de escravos no seu território e assumiu uma série de compromissos relacionados com o julgamento e a punição dos responsáveis, medidas pecuniárias de reparação, medidas de prevenção, modificações legislativas, medidas de fiscalização e punição e medidas de conscientização da população em relação ao "trabalho escravo contemporâneo". Em 14 de outubro de 2003, foi celebrada uma nova reunião de trabalho, durante o 118º período ordinário de sessões da Comissão, na qual as partes apresentaram formalmente à Comissão o acordo de solução amistosa que haviam assinado em Brasília, no dia 18 de setembro de 2003.

O acordo de solução amistosa assinado entre ambas as partes em 18 de setembro de 2003 contempla o seguinte:

> 1. O Estado brasileiro reconheceu a sua responsabilidade internacional em relação ao Caso n. 11.289 (José Pereira), embora a autoria das violações não seja atribuída a agentes estatais, pois os órgãos estatais não foram capazes de prevenir a ocorrência da grave prática de "trabalho escravo", nem de punir os atores individuais das violações denunciadas.
>
> 2. O reconhecimento público da responsabilidade do Estado brasileiro teve lugar na solenidade de criação da Comissão Nacional de Erradicação do Trabalho Escravo (CONATRAE), realizada no dia 18 de setembro de 2003, em Brasília.
>
> 3. O Estado brasileiro assumiu o compromisso de continuar com os esforços para o cumprimento dos mandados judiciais de prisão contra os acusados pelos crimes cometidos contra José Pereira.
>
> 4. A fim de pagar indenização por danos materiais e morais a José Pereira, o Estado brasileiro encaminhou um Projeto de Lei ao Congresso Nacional. A Lei n. 10.706, de 30 de julho de 2003, aprovada em caráter de urgência, determinou o pagamento de R$ 52.000,00 (cinquenta

e dois mil reais) à vítima. O montante foi pago a José Pereira em 25 de agosto de 2003.

5. A fim de melhorar a legislação nacional concernente à proibição da prática do "trabalho escravo" no país, o Estado brasileiro comprometeu-se a implantar ações e propostas de mudanças legislativas contidas no Plano Nacional para a Erradicação do Trabalho Escravo (2003), elaborado pela Comissão Especial do Conselho de Defesa dos Direitos da Pessoa Humana, iniciado pelo Governo brasileiro em 11 de março de 2003.

6. O Estado brasileiro comprometeu-se a efetuar todos os esforços para a aprovação legislativa do Projeto de Lei n. 2130-A, de 1996, que incluía, entre as infrações contra a ordem econômica, a utilização de mecanismos ilegítimos da redução dos custos de produção como o não pagamento de impostos trabalhistas e sociais e a exploração do trabalho infantil, escravo ou semiescravo, e do Substitutivo apresentado pela Deputada Zulaiê Cobra ao Projeto de Lei n. 5.693, do Deputado Nelson Pellegrino, que modificava a redação do art. 149 do Código Penal Brasileiro.

7. O Estado brasileiro comprometeu-se a defender a determinação da competência federal, em detrimento da Justiça dos estados, para o julgamento dos crimes de redução de trabalhadores à condição análoga à de escravos, com o objetivo de evitar a impunidade.

8. Considerando que as propostas legislativas demandariam um tempo considerável para serem implantadas, na medida em que dependiam da atuação do Congresso Nacional, e que a gravidade do problema da prática do "trabalho escravo" requeria a tomada de medidas imediatas, o Estado comprometeu-se a fortalecer o Ministério Público do Trabalho, velar pelo cumprimento imediato da legislação existente, por meio de cobranças de multas administrativas e judiciais, da investigação e da apresentação de denúncias contra os autores da prática de "trabalho escravo", fortalecer o Grupo Móvel do Ministério do Trabalho e realizar gestões junto ao Poder Judiciário e às suas entidades representativas, no sentido de garantir a punição dos autores dos crimes de redução da pessoa à condição análoga à de escravo.

9. O Estado brasileiro comprometeu-se a fortalecer gradativamente a Divisão de Repressão ao Trabalho Escravo e de Segurança dos Dignatários (DTESD), criada no âmbito do Departamento de Polícia Federal (Portaria n. 1.016, de 4 de setembro de 2002, do Ministério da Justiça), de maneira a dotar a respectiva Divisão de fundos e recursos humanos adequados para o bom cumprimento das funções da Polícia Federal nas ações de repressão ao "trabalho escravo".

10. O Estado brasileiro comprometeu-se a diligenciar junto ao Ministério Público Federal, com o objetivo de ressaltar a importância da participação e do acompanhamento das ações de fiscalização de "trabalho escravo" pelos procuradores federais.

11. O Estado brasileiro comprometeu-se a realizar uma campanha nacional de sensibilização contra a prática do "trabalho escravo", com um enfoque particular no estado do Pará.

12. O Estado brasileiro comprometeu-se a avaliar a possibilidade de realização de seminários sobre a erradicação do "trabalho escravo" no estado do Pará.

O Plano Nacional para a Erradicação do Trabalho Escravo é, sobretudo, um marco significativo, mais do que simbólico, no combate à "escravidão contemporânea" no Brasil, pois marca a reafirmação institucional da existência da paraescravidão e alça o compromisso com a sua eliminação ao *status* jurídico-formal de prioridade nacional. Compreende 76 (setenta e seis) medidas de combate à prática da paraescravidão, entre elas, medidas legislativas pertinentes à expropriação de terras em que for encontrado "trabalho escravo", à suspensão do crédito de fazendeiros que se utilizam da prática do paraescravismo e ao deslocamento, da Justiça dos estados para a Justiça Federal, da competência para os julgamentos criminais na hipótese de violação de direitos humanos. As medidas previstas no plano compreendem algumas ações gerais, estratégicas, a melhoria na estrutura administrativa do grupo de fiscalização móvel, a melhoria na estrutura administrativa da ação policial, a melhoria na estrutura administrativa do Ministério Público Federal e do Ministério Público do Trabalho, ações específicas de promoção da cidadania e de combate à impunidade, e ações específicas de conscientização, capacitação e sensibilização, além de alterações legislativas. As metas estabelecidas no Plano têm a sua efetividade e eficácia vinculadas à ação de diversos órgãos dos poderes Executivo, Legislativo e Judiciário e da própria sociedade civil.

No marco das inovações compreendidas no Plano Nacional para a Erradicação do Trabalho Escravo de 2003, contudo, é extremamente significativa a nova redação dada ao art. 149 do Código Penal brasileiro pela Lei n. 10.803, de 11 de dezembro de 2003, que expande consideravelmente o rol de condutas tipificadas no crime de redução da pessoa à condição análoga à de escravo; enquanto o tipo penal, na redação original do artigo (1940), era "Reduzir alguém à condição análoga à de escravo", a redução do artigo, com a reforma de 2003, passou a prever:

Art. 149. Reduzir alguém à condição análoga à de escravo, quer submetendo-o a trabalhos forçados ou a jornada exaustiva, quer sujeitando-o a condições degradantes de trabalho, quer restringindo, por qualquer meio, sua locomoção em razão de dívida contraída com o empregador ou preposto:

> Pena — reclusão, de dois a oito anos, e multa, além da pena correspondente à violência.
>
> § 1º Nas mesmas penas incorre quem:
>
> I — cerceia o uso de qualquer meio de transporte por parte do trabalhador, com o fim de retê-lo no local de trabalho;
>
> II — mantém vigilância ostensiva no local de trabalho ou se apodera de documentos ou objetos pessoais do trabalhador, com o fim de retê-lo no local de trabalho.
>
> § 2º A pena é aumentada de metade, se o crime é cometido:
>
> I — contra criança ou adolescente;
>
> II — por motivo de preconceito de raça, cor, etnia, religião ou origem.

Assim, se, na história recente do Brasil, é no contexto peculiar do mundo residual da expansão capitalista na Amazônia Oriental brasileira (Centro-Oeste e Meio-Norte), especialmente a partir de 1971, que é cunhada a expressão "trabalho escravo contemporâneo", expressão cujo emprego inicialmente concerne à redução de trabalhadores rurais à condição análoga à de escravos nessa região, com a sua historicidade e o seu contexto, a expressão generaliza-se a partir de 2003, com a edição do primeiro Plano Nacional para a Erradicação do Trabalho Escravo e com a alteração substancial da redação do art. 149 do Código Penal brasileiro, para passar a cobrir um espectro mais amplo de situações de sobre-exploração no campo e a veicular uma denúncia ideológica e politicamente comprometida das condições verdadeiramente indecentes de sobre-exploração às quais determinados trabalhadores são submetidos no Brasil.

A partir de 2008, especialmente, com a edição do segundo Plano Nacional para a Erradicação do Trabalho Escravo, a expressão chegará a contemplar situações de sobre-exploração até então divorciadas do contexto original do "trabalho escravo contemporâneo", como o trabalho semisservil de imigrantes nos grandes centros urbanos, a prostituição forçada e, finalmente, o trabalho infantil. O Plano de 2008, com 76 (sessenta e seis) metas, embora mantenha o foco principal destas no trabalho rural, pela primeira vez trata de contemplar a necessidade de dar-se atendimento jurídico e social aos trabalhadores imigrantes em situação irregular em território brasileiro, como prevenção à submissão destes ao "trabalho escravo". Coaduna-se, ainda, com outros grandes programas nacionais, como o Plano Nacional de Prevenção e Erradicação do Trabalho Infantil e Proteção ao Trabalhador Adolescente e o Plano Nacional de Enfrentamento ao Tráfico de Pessoas.

Na atualidade, portanto, um dos grandes marcos do enfrentamento ao "trabalho escravo contemporâneo" diz respeito à erradicação do trabalho infantil. Historicamente, o trabalho infantil está associado às piores formas e experiências de sobre-exploração, em contextos de extrema precarização das relações de trabalho. Da cruel sobre-exploração da mão de obra de crianças nas revoluções industriais, na Europa, ao trabalho infantil dos nossos dias, é recorrente a submissão reificante de crianças a trabalhos perigosos e/ou incompatíveis com a sua condição peculiar de pessoas em desenvolvimento — e não de simples adultos em miniatura, ou de pessoas incompletas —, e executados em condições análogas à de escravidão. Se a era moderna descobriu na criança um trabalhador extremamente barato e facilmente descartável, vulnerável e de baixa capacidade reivindicativa, a pós-modernidade ocupou-se de redimensionar, maximizando-a, tal sobre-exploração, até o limite do humanamente insustentável. Assim, se, historicamente, no próprio regime do colonato, no Brasil, o fazendeiro lucrava intensamente com o trabalho compulsório e gratuito dos filhos dos colonos imigrantes — as crianças, então, trabalhavam com os seus pais na agricultura, fornecendo mão de obra suplementar à contratada pelo fazendeiro —, e se uma das tônicas do movimento abolicionista do século XIX foi a preparação compulsória das crianças pobres — compreendendo-se, naturalmente, nestas, mas não apenas, filhos de escravos e ex-escravos — para o trabalho, destinada a transformar crianças em trabalhadores disciplinados, a sobre-exploração, na atualidade, atinge as crianças exploradas em diversas dimensões da sua vida presente e futura, sobre-exploração exacerbada por várias razões, mas pautada, sobretudo, na natural vulnerabilidade da criança em termos econômicos, sociais e culturais.

Daí advém uma profunda afinidade entre o enfrentamento fático do "trabalho escravo contemporâneo", de forma geral, e o enfrentamento fático do trabalho infantil, em particular, observados os marcos legais comuns às duas questões. A atual legislação brasileira, fundada nos postulados de proteção à criança, nos termos da Convenção dos Direitos da Criança (1989), da Organização das Nações Unidas, estabelece, em termos constitucionais, que "É dever da família, da sociedade e do Estado assegurar à criança e ao adolescente, com absoluta prioridade, o direito à vida, à saúde, à alimentação, à educação, ao lazer, à profissionalização, à cultura, à dignidade, ao respeito, à liberdade e à convivência familiar e comunitária, além de colocá-los a salvo de toda forma de negligência, discriminação, exploração, violência, crueldade e opressão" (art. 227, *caput*, da Constituição). E vários tratados e convenções internacionais, ao disporem sobre a erradicação do trabalho infantil, aplicam-se, concorrentemente, à erradicação do trabalho escravo em termos gerais, e vice-versa: convergem, assim, em maior ou menor grau, a Convenção sobre a Escravatura (1926), da Liga das Nações, emendada pelo Protocolo de 1953, da Organização das Nações Unidas, a Declaração Universal dos Direitos Humanos (1948), a Convenção Suplementar sobre Abolição da Escravidão, de 1956, da Organização das Nações Unidas, o Pacto Internacional de Direitos Civis e Políticos (1966), o Pacto Internacional de Direitos Econômicos, Sociais e Culturais (1966), a Convenção Americana sobre Direitos Humanos, conhecida como "Pacto de San José de Costa Rica" (1969), o Protocolo Adicional à Convenção Americana sobre Direitos Humanos em Matéria de Direitos Econômicos, Sociais e Culturais, conhecido como "Protocolo de San Salvador" (1988), a Convenção dos Direitos da Criança (1989), da Organização das Nações Unidas, a Declaração Sociolaboral do MERCOSUL (1998) e as Convenções ns. 29 (1930), 95 (1949), 105 (1957), 138 (1973) e 182 (1999) da Organização Internacional do Trabalho — não por acaso, quatro das oito Convenções da OIT reputadas absolutamente fundamentais segundo a Declaração de 1998, sobre os Princípios e Direitos Fundamentais no Trabalho.

No âmbito do trabalho infantil, estão apontadas, como as piores formas de trabalho,

(a) todas as formas de escravidão ou de práticas análogas à escravidão, como venda e tráfico de crianças, servidão por dívida, trabalho forçado ou compulsório, inclusive recrutamento forçado ou compulsório de crianças para serem utilizadas em conflitos armados, (b) utilização, procura e oferta de crianças para fins de prostituição, de produção de material pornográfico ou espetáculos pornográficos, (c) utilização, procura e oferta de crianças para atividades ilícitas, particularmente para a produção e tráfico de drogas conforme definido nos tratados internacionais pertinentes, e (d) trabalhos que, por sua natureza ou pelas circunstâncias em que são executados, são susceptíveis de prejudicar a saúde, a segurança e a moral da criança. Tais formas de trabalho afrontam especialmente os direitos fundamentais das crianças, submetendo-as a graves violações físicas e psíquicas, impedindo o respectivo acesso, ou o rendimento, ou a permanência na escola e afetando o seu desenvolvimento psicológico, físico, moral e/ou social. A manutenção do trabalho infantil nutre-se de, e mantém, concomitantemente, uma realidade de explorações, de abusos, de negligências e/ou de violências.

O trabalho escravo contemporâneo, no entanto, não atinge, impondo os seus efeitos nefastos à infância, apenas a criança que se submete diretamente ao trabalho nessas piores formas. A precarização das relações de trabalho dos pais também atinge a criança — as crianças mais vulneráveis ao trabalho infantil são aquelas de famílias pobres, especialmente aquelas cujos pais estão submetidos a condições menos decentes e/ou indecentes de trabalho —, perpetuando a sua inserção na extrema pobreza e no subemprego, roubando-lhe uma vida de oportunidades. A precarização das relações de trabalho reforça o aumento das desigualdades, a submissão à pobreza e, em consequência, a diminuição fática das oportunidades de determinados grupos sociais — adultos e crianças. Como fenômeno econômico, social e cultural, o trabalho escravo contemporâneo não só alimenta-se da pobreza, inclusive da pobreza infantil, mas, viciosamente, fomenta-a e mantém-na, retirando não só dos pais, mas sobretudo das crianças o acesso presente e futuro ao *mínimo existencial* e a uma menor desigualdade de oportunidades, ou seja, às condições mínimas necessárias ao desenvolvimento da sua própria capacidade para a participação real na vida social e para definir, revisar e manter projetos de vida próprios.

Nesse sentido, uma das principais causas — e concomitante consequência — do trabalho escravo contemporâneo é a pobreza. As causas mais frequentemente associadas à "escravidão contemporânea", e ao fenômeno migratório que lhe é substancialmente intrínseco, de fato, englobam fatores econômicos, sociais e culturais, mas, sobretudo, situações fáticas de extrema pobreza, de endividamento e de baixos índices de qualidade de vida, que dificultam, quando não impedem, o acesso igualitário a empregos decentes. Um projeto que visasse assegurar, de fato, igualdade de oportunidades às pessoas deveria propor, assim, antes de tudo, a remoção de causas estruturais que colocam as pessoas — e em especial as crianças — em situação de maior vulnerabilidade e a aproximação destas mesmas às condições materiais que lhes permitiriam exercer a liberdade, mas não apenas inicialmente, senão ao longo de todo um processo dinâmico de promoção da igualdade, proporcionando-lhes a chance de uma vida com autonomia, dignidade e segurança, livre da exploração, dos maus-tratos e da discriminação, na qual pudessem desenvolver livremente a sua própria personalidade e a sua capacidade laboral.

Assim, a inclusão dessas pessoas em programas de transferência condicionada de renda, como o Bolsa-Família (apontada como uma das metas do Plano Nacional para a Erradicação do Trabalho Escravo), por exemplo, representa, nesse processo, um passo significativo, na medida em que põe ao alcance das pessoas em situação de extrema pobreza, mediante transferências condicionadas, ao menos uma parcela dos recursos econômicos necessários ao provimento do mínimo existencial. No curto prazo, esse programa fornece dinheiro diretamente aos pobres, provendo uma ajuda de emergência; no longo prazo, as condições da transferência, como a manutenção das crianças na escola e/ou a sua submissão a programas de saúde, promovem o investimento no desenvolvimento humano. Para a manutenção no programa, as crianças em idade escolar devem frequentar regularmente a escola, sendo que a frequência dos alunos é acompanhada pelo Ministério da Educação e pelo Ministério do Desenvolvimento Social. Pesquisas demonstram que aproximadamente 87% (oitenta e sete por cento) do dinheiro recebido pelos beneficiários do programa na área rural são utilizados diretamente na aquisição de alimentos e que houve uma significativa redução na exploração do trabalho infantil entre as crianças beneficiadas pelo Programa Bolsa-Família.

O combate à pobreza — à pobreza infantil, em especial — e à desigualdade deve ser, assim, prioritário no enfrentamento do trabalho escravo contemporâneo e do próprio trabalho infantil. Mas, de per si, programas como o Bolsa-Família não dão conta da superação da pobreza, levando-se em conta, em especial, as profundas desigualdades regionais e sociais que levam as pessoas, no caso brasileiro, à submissão à paraescravidão. Muitas das questões abordadas nesse enfrentamento apontam, em síntese, para a configuração de uma plêiade multi-institucional, participativa e multifacetária de garantias. De nada adiantará, portanto, uma reforma meramente formal, na lei ou nas políticas públicas, se não se alterarem as mentalidades, e, sobretudo, se os operadores políticos e jurídicos não estiverem dispostos a um maior esforço elucidativo para uma adequada compreensão do trabalho escravo contemporâneo, sob pena de a legislação e a jurisprudência produzidas restarem estéreis, com pouco efeito prático: a efetividade de quaisquer direitos humanos fundamentais, vinculados à dignidade humana e relacionados à liberdade e à autonomia da pessoa, não é possível sem a garantia, para ela, do mínimo existencial, condicionado econômica, social e culturalmente.

Reclama-se, portanto, uma reforma nas mentalidades, um reconhecimento do "outro", da sua humanidade, das suas formas de expressão e dos seus modos de criar, fazer e viver. A superação de um tipo de violência presente no estranhamento, na discriminação, na injustiça social e em outras circunstâncias que os apoiam, ou seja, a superação inclusive das formas mais ou menos ocultas da violência quotidiana, da violência dos sistemas (a pobreza, a dependência, a fome etc.) e das suas respectivas interações.

A negação da liberdade, como já apontou o Supremo Tribunal Federal brasileiro, é uma das características centrais do trabalho escravo contemporâneo, com a redução da pessoa à condição análoga à de escravo. Mas é importante que a análise concreta, em cada caso, se realize com a devida acuidade, pois os grilhões contemporâneos nem sempre são visíveis de imediato, como eram os de outrora. E esses grilhões ameaçam, e apreendem, não só as gerações presentes, mas, em especial, as nossas futuras gerações e as suas premissas materiais de liberdade e de autonomia, imprescindíveis para a promoção do desenvolvimento humano e do próprio Estado democrático de direito.

Referências bibliográficas

ALENCASTRO, L. F. *O trato dos viventes:* formação do Brasil no Atlântico Sul, séculos XVI e XVII. São Paulo: Companhia das Letras, 2000.

ALMEIDA, A. A. *Marcados pela desigualdade:* trabalho escravo na cana-de-açúcar no estado de São Paulo (1995-2010). Tese (Doutorado em História). São Paulo: Pontifícia Universidade Católica de São Paulo, 2010.

ANTI-SLAVERY INTERNATIONAL. *Trafficking for forced labour in Europe:* report on a study in the UK, Ireland, the Czech Republic and Portugal. London: Anti-Slavery International, 2006.

ANTUNES, N. M. Caras no espelho: identidade nordestina através da literatura. In: BURITY, J. A. (org.). *Cultura e identidade:* perspectivas interdisciplinares. Rio de Janeiro: DP&A, 2002.

AZEVEDO, C. M. M. *Onda negra, medo branco:* o negro no imaginário das elites — século XIX. Rio de Janeiro: Paz e Terra, 1987.

AZEVEDO, F. *As ligas camponesas.* São Paulo: Paz e Terra, 1982.

BARBOSA, E. H. *Ida ao inferno verde:* experiências da migração de trabalhadores do Ceará para a Amazônia (1942/1945). Dissertação (Mestrado em História

Social). São Paulo: Pontifícia Universidade Católica de São Paulo, 2005.

BARBOSA, R. *A questão social e política no Brasil.* 20 mar. 1919. Disponível em: <http://www.casaruibarbosa.gov.br/dados/DOC/artigos/rui¬_barbosa/p¬¬_a5.pdf>. Acesso em: 20.2.2011.

BASTOS, E. R. *As ligas camponesas.* Petrópolis: Vozes, 1984.

BEIGUELMAN, P. *A crise do escravismo e a grande imigração.* São Paulo: Terceira Margem, 2003.

______. *Formação do povo no complexo cafeeiro:* aspectos políticos. 2. ed. São Paulo: Pioneira, 1977.

BERBEL, M. R.; MARQUESE, R. B. *A escravidão nas experiências constitucionais ibéricas,* 1810-1824. São Paulo: Edusp, 2005.

BRAIN, D. H. Peores formas de trabajo infantil. In: BAYLOS GRAU, A.; THOME, C. F.; SCHWARZ, R. G. *Diccionario internacional de derecho del trabajo y de la seguridade social.* Valencia: Tirant Lo Blanch, 2014.

BRASIL. *Anais do Congresso Agrícola do Rio de Janeiro:* 1878. Rio de Janeiro: FCRB, 1988-a.

BRETON, B. *Vidas roubadas:* a escravidão moderna na Amazônia brasileira. 2. ed. São Paulo: Loyola, 2002.

CACCIAMALI, M. C.; AZEVEDO, F. A. G. *Trabalho forçado:* exclusão ou opção pela inclusão. Brasília: OIT, 2002.

CASALDÁLIGA, P. *Uma igreja da Amazônia em conflito com o latifúndio e a marginalização social.* São Félix do Araguaia, [mimeo], 1971.

CASTEL, R. *Les métamorphoses de la question sociale:* une chronique du salariat. Paris: Fayard, 1995.

CASTRO, F. *A selva.* 29. ed. Lisboa: Guimarães, 1977.

CASTRO, H. M. M. *Ao sul da história:* lavradores pobres na crise do trabalho escravo. São Paulo: Brasiliense, 1987.

COMISSÃO INTERAMERICANA DE DIREITOS HUMANOS. *Relatório n. 95/03.* Caso n. 11.289 (José Pereira). Washington: OEA, 2003.

______. *Relatório sobre a situação dos direitos humanos no Brasil.* Washington: OEA, 1997.

COMISSÃO PASTORAL DA TERRA. *Conflitos no campo:* Brasil, 1993. Goiânia: CPT, 1994.

______. *Conflitos no campo em 1990:* espinhoso caminho para a liberdade. Goiânia: Comissão Pastoral da Terra, 1991.

______. *Trabalho escravo no Brasil contemporâneo.* São Paulo: Loyola, 1999.

CONFEDERAÇÃO HELVÉTICA. *Comunicação encaminhada pelo Presidente da Confederação Helvética ao Ministro dos Negócios Estrangeiros do Brasil,* em 2.12.1857. Berna: Arquivo Federal da Suíça.

______. *Memorial apresentado por Jean Jackes von Tschudi.* Ministro Plenipotenciário da Confederação Helvética, ao Senador João Lins Vieira Cansasão de Tinimbu, Ministro dos Negócios Estrangeiros do Brasil, em 8.10.1860. Berna: Arquivo Federal da Suíça.

CONRAD, R. *Os últimos anos da escravatura no Brasil:* 1850-1888. 2. ed. Rio de Janeiro: Civilização Brasileira, 1978.

CORRÊA, L. M. *A borracha da Amazônia e a II Guerra Mundial.* Manaus: Governo do Amazonas, 1967.

COSTA, E. V. *Da monarquia à república:* momentos decisivos. 5. ed. São Paulo: Brasiliense, 1989.

CUNHA, E. *À margem da história.* São Paulo: Nacional, 1999.

DAVATZ, T. *Memórias de um colono no Brasil.* São Paulo: Edusp, 1980.

DRAIBE, S. Qualidade de vida e reformas de programas sociais: o Brasil no cenário latino-americano. *Lua Nova,* n. 31, São Paulo, 1993.

DUARTE, G. B. *et al.* Impactos do programa bolsa-família sobre os gastos com alimentos de famílias rurais. Recife: Universidade Federal de Pernambuco, 2007.

EISENBERG, P. *Homens esquecidos:* escravos e homens livres no Brasil; séc. XVIII e XIX. Campinas: UNICAMP, 1989.

ÉLIS, B. *Melhores contos. Seleção de G. M. Teles.* 3. ed. São Paulo: Global, 2003.

ESTERCI, N. A ilusão do trabalho livre. In: ESTERCI, N.; FRY, P.; GOLDENBERG, M. (org.). *Fazendo antropologia no Brasil.* Rio de Janeiro: DP&A, 2001.

______. *Conflito no Araguaia:* peões e posseiros contra a grande empresa. Petrópolis: Vozes, 1991.

______. *Escravos da desigualdade:* um estudo sobre o uso repressivo da força de trabalho hoje. Rio de Janeiro: CEDI, 2008.

FIGUEIRA, R. R. Condenados à escravidão. In: COMISSÃO PASTORAL DA TERRA. *Trabalho escravo no Brasil contemporâneo.* São Paulo: Loyola, 1999.

FIRME, T. B. *O caso José Pereira:* a responsabilização do Brasil por violação de direitos humanos em relação ao trabalho escravo. Monografia (Pós-graduação em Direito). Brasília: Universidade de Brasília, 2005.

HEFLINGER JÚNIOR, J. E. *A revolta dos parceiros na Ibicaba*. [s.l.]: Unigráfica, 2009.

IANNI, O. *As metamorfoses do escravo*. São Paulo: Difel, 1962.

INFORME BOLSA-FAMÍLIA. Elogios, também, do Banco Mundial. *Informe Bolsa-Família*, Brasília, 12 abr. 2004.

JAUREGUI, A. O. Pobreza infantil y precariedad laboral. In: BAYLOS GRAU, A.; THOME, C. F.; SCHWARZ, R. G. *Diccionario internacional de derecho del trabajo y de la seguridade social*. Valencia: Tirant Lo Blanch, 2014.

JORNAL DO BRASIL. O tráfico de homens cresce e torna-se uma rotina no Brasil. *Jornal do Brasil*, Rio de Janeiro, 11 abr. 1972.

LAMOUNIER, M. L. *Da escravidão ao trabalho livre*: a lei de locação de serviços de 1879. Campinas: Papirus, 1988.

LARA, S. *Campos da violência:* escravos e senhores na Capitania do Rio de Janeiro, 1750-1808. Rio de Janeiro: Paz e Terra, 1988.

______. *Fragmentos setecentistas:* escravidão, cultura e poder na América portuguesa. Campinas: UNICAMP, 2004.

MALHEIRO, P. *A escravidão no Brasil. Ensaio histórico, jurídico e social*. 3. ed. Petrópolis: Vozes, 1976.

MARTINS, J. S. A escravidão nos dias de hoje e as ciladas da interpretação (reflexões sobre os riscos da intervenção subinformada). In: COMISSÃO PASTORAL DA TERRA. Trabalho escravo no Brasil contemporâneo. São Paulo: Loyola, 1999-a.

______. A reprodução do capital na frente pioneira e o renascimento da escravidão no Brasil. *Tempo Social — Revista de Sociologia da Universidade de São Paulo*, v. 12, n. 6, São Paulo, 1995.

______. *A sociabilidade do homem simples:* cotidiano e história na modernidade anômala. 2. ed. São Paulo: Contexto, 2008.

______. *Expropriação e violência:* a questão política no campo. São Paulo: Hucitec, 1980.

______. *Fronteira:* a degradação do outro nos confins do humano. São Paulo: Hucitec, 1997.

______. *O cativeiro da terra*. 9. ed. São Paulo: Contexto, 2010.

MORAES, C. S. História das ligas camponesas no Brasil. In: STÉDILE, J. P. (org.). *A questão agrária no Brasil:* história e natureza das ligas camponesas. São Paulo: Expressão Popular, 2006.

MORAES, M. D. C. *Memória de um sertão desencantado:* modernização agrícola, narrativa e atores sociais nos cerrados do sudoeste piauiense. Tese (Doutorado em Ciências Sociais). Campinas: Universidade Estadual de Campinas, 2000.

DERECHOS HUMANOS. *Observación general n. 4 del Comité de Derechos Económicos, Sociales y Culturales sobre el derecho a una vivienda adecuada*. 2001. Disponível em: <http://www.ohchr.org/spanish/about/publications/docs/fs25_sp.htm >. Acesso em: 10.10.2007.

NASCIMENTO, J. L. (org.). *Os sertões de Euclides da Cunha:* releituras e diálogos. São Paulo: UNESP, 2003.

PLASSAT, X. Consciência e protagonismo da sociedade, ação coerente do poder público: ações integradas de cidadania no combate preventivo ao trabalho escravo. In: VELLOSO, G.; FAVA, M. N. (coord.). *Trabalho escravo contemporâneo:* o desafio de superar a negação. São Paulo: LTr, 2006.

SAKAMOTO, L. A economia da escravidão. *Repórter Brasil*, [s.n.], São Paulo, 2006.

SCHWARZ, R. G. *Trabalho escravo: a* abolição necessária. São Paulo: LTr, 2008.

______. *Terra de trabalho, terra de negócio:* o trabalho escravo contemporâneo na perspectiva (da violação) dos direitos sociais. São Paulo: LTr, 2014.

SILVA FILHO, E. C.; BANJA, A. A. Conflitos políticos do campesinato pernambucano: as ligas camponesas. *Symposium*, ano X, n. 2, Recife, p. 45-60, 2006.

SILVA, J. C. A. *Conversa bonita:* o trabalho escravo na agricultura contemporânea brasileira e o aliciamento de camponeses na região dos Cocais, Maranhão. Dissertação (Mestrado em Políticas Públicas). Teresina: Universidade Federal do Piauí, 2004.

______. *Ser livre e ser escravo:* memórias e identidades de trabalhadores maranhenses na região dos Cocais (1990-2007). Tese (Doutorado em História). Brasília: Universidade de Brasília, 2009.

SUTTON, A. *Trabalho escravo:* um elo na cadeia da modernização no Brasil de hoje. São Paulo: Loyola,1994.

TEIXEIRA, C. C. *Servidão humana na selva:* o aviamento e o barracão nos seringais amazônicos. Manaus: Valer, 2009.

THE WORLD BANK. Brazil's Bolsa Familia program celebrates progress in lifting families out of poverty. *News & Broadcast — The World Bank*, [s.n.], Brasília, 2005.

VUOLO, R. *et al. La pobreza... de la política contra la pobreza*. Buenos Aires: CIEPP, 2004.

A Proteção das Crianças e dos Adolescentes com Deficiência

Ricardo Tadeu Marques da Fonseca(*)

1. Introdução

O processo de aperfeiçoamento do sistema de direitos humanos lança permanentes desafios, implica avanços e retrocessos, mas muito nos ensina. A discussão sobre o direito das crianças e adolescentes com deficiência envolve necessariamente a reinterpretação da doutrina da proteção integral desses cidadãos a partir do novo paradigma de conceituação das pessoas com deficiência, cuja adoção pela Convenção Internacional dos Direitos das Pessoas com Deficiência da ONU revelou uma virada cultural e jurídica ímpar também para este segmento vulnerável.

É absolutamente conveniente esse reexame porque as crianças com deficiência sempre foram tidas como aquelas que merecem cuidado redobrado, de vez que suas fragilidades se intensificam. Por isso mesmo, o peso da visão assistencialista e clínica das políticas públicas e privadas que a elas se dirigiam raramente as libertavam dos grilhões da superproteção, que, ao cabo, excluíam-nas da concepção cidadã inerente à doutrina da proteção integral. Eram crianças devidamente locadas em guetos institucionais, que as aprisionavam numa barreira atitudinal e educacional incapaz de lhes garantir os instrumentos de aprimoramento de sua condição de pessoas em desenvolvimento. Pesava-lhes, portanto, a situação irregular de menores incapazes, nos dizeres da doutrina minorista.

A Constituição do Brasil, de forma clarividente, já fixara a necessidade de cuidados específicos para crianças e adolescentes com deficiência e adotara a educação especial como alternativa à qual deveria ser prestada em caráter secundário em relação às escolas regulares. De qualquer modo, o próprio art. 208 da Constituição Federal ora em foco não foi bastante para que as escolas inclusivas espelhassem a realidade predominante em relação aos alunos com restrições físicas, intelectuais, mentais ou sensoriais. Permaneceu, no primeiro momento, a ênfase reversa centrada no modo antigo de educar esses jovens. Este estudo perquirirá quais os clamores institucionais impostos pela cominação da poderosa doutrina da proteção integral que emana do art. 227 da Carta Política com a ratificação constitucional da Convenção

(*) Desembargador Federal do Trabalho no TRT Paraná — 9ª Região. Professor da Universidade Positivo. Especialista e Mestre em Direito e Processo do Trabalho pela Universidade de São Paulo. Doutor em Direito das Relações Sociais pela Universidade Federal do Paraná — UFPR.

sobre os Direitos das Pessoas com Deficiência por meio do Decreto legislativo n. 186/08 e do Decreto presidencial n. 6.949/09.

2. DA SITUAÇÃO IRREGULAR À PROTEÇÃO INTEGRAL

A incapacidade absoluta para o exercício dos direitos sempre pesou em relação às crianças e adolescentes que, talvez em razão da tradição romana que outorgava aos pais poder supremo sobre os filhos, estigmatizava-os na condição de pré-cidadãos ou subcidadãos. A menoridade os tornava invisíveis, eis que sobre eles pesava o manto protetivo ou ameaçador do pátrio poder. A proteção implicava um risco porque os critérios de cada família para exercê-la ficavam apartados de uma crítica social, mesmo que fossem insuficientes ou inadequados.

A legislação dos Códigos de Menores (1927 e 1979) dirigia aos infantes cuidados assistencialistas e ações repressivas que acabavam por incidir apenas nas crianças pobres, sem lhes garantir mecanismos de emancipação efetiva. Os "menores de rua" eram vistos como as crianças-problema[1] e não como filhos da nação, a quem se deve dedicar cuidados intensos e prioritários. O papel da doutrina da proteção integral foi justamente o de assegurar que a família, o Estado e a sociedade adotem políticas absolutamente prioritárias para garantir atenção plena a esses cidadãos em condição peculiar de pessoas em desenvolvimento.

A cidadania aqui exposta consiste na percepção de que as políticas públicas e as famílias devem educar as crianças e os adolescentes impondo-lhes deveres e responsabilidades, mas os ouvindo na medida de sua percepção, de modo a lhes garantir posição de protagonismo responsável e protegido. Os Conselhos de Direito, por outro lado, congregam o Estado e a sociedade civil para que deliberem políticas de atendimento às crianças e adolescentes, sob a ótica da democracia participativa, estabelecendo controle social, de modo a assegurar essa cominação de esforços entre as famílias, o Estado e a sociedade.

Observa-se assim, que desde 1959, a partir da Declaração Universal dos Direitos da Criança da ONU, as crianças e os adolescentes passam a ser cidadãos libertos do poder opressivo do *pater familias*, para que, sob os olhos atentos de toda a sociedade, emancipem-se protegidamente, é bom que se diga, sempre, proteção que deve ser prioritária.

3. OS CAPÍTULOS DA EMANCIPAÇÃO DAS PESSOAS COM DEFICIÊNCIA

O extermínio era a nota marcante dos povos primitivos e antigos em relação às pessoas com deficiência. Os gregos as eliminavam em um ritual solene, em que eram devolvidos aos deuses os bebês que nasciam com defeitos[2]. Ao longo da Idade Média, também se atribuía às deficiências o peso do pecado, como forma de impor o poder político da Igreja. Somente a caridade se destinava às pessoas com tais condições, que com isso esperavam a "cura milagrosa" de seus males, segregadas em instituições "beneméritas"[3].

---

(1) "Palmas pra ala dos barões famintos
O bloco dos napoleões retintos
E os pigmeus do bulevar
Meu Deus, vem olhar
Vem ver de perto uma cidade a cantar
A evolução da liberdade
Até o dia clarear" — Trecho da música *Vai Passar* de Chico Buarque.

(2) A Lei das XII Tábuas previa, expressamente, autorização para que os *pater familias* eliminassem os filhos com deficiência, o mesmo ocorrendo em Esparta, onde as crianças portadoras de alguma deficiência eram projetadas, em cerimônia religiosa, do alto do Taigeto (abismo de mais de 2.400 metros de profundidade, próximo de Esparta). ALVES, Rubens Valtecides. *Deficiente físico:* novas dimensões da proteção ao trabalhador.

(3) "A história da construção dos direitos humanos das pessoas com deficiência compreende quatro fases: a) uma fase de intolerância em relação às pessoas com deficiência, em que esta simbolizava impureza, pecado ou mesmo castigo divino; b) uma fase

A partir da Revolução Industrial, desenvolvem-se instrumentos que passam a garantir direitos básicos nunca antes observados em relação a essas pessoas. Muletas, macas, cadeiras de rodas, língua de sinais e o Código Braille, entre outros, possibilitaram o direito de expressão, de ir e vir e à educação, que por milênios simplesmente não se estendiam às pessoas com deficiências. Nos séculos XIX e XX, exemplos como Beethoven, Helen Keller, Stephen Hawking demonstram de forma retumbante a possibilidade de superação de algumas pessoas que adotaram métodos que lhes foram suficientes para realizar o que parecia impossível[(4)]. Tratava-se do paradigma da integração, que buscava dar oportunidade aos indivíduos que se destacavam independentemente de qualquer apoio social e tão somente por esforço próprio.

As legislações do período da integração, que vigoraram a partir dos anos 1980 do século XX até a edição da Convenção sobre o Direito das Pessoas com Deficiência em 2006 pela ONU, definiam esses cidadãos como incapazes clinicamente para realizar os atos normais da vida e mereceriam apoio individual para superar suas incapacidades e, na medida do seu possível, integrarem-se. O paradigma da incapacidade sempre pesou por demais porque as políticas públicas enfatizavam basicamente a assistência social e cuidados de saúde em favor das pessoas com deficiência. O tratado ora em comento, no entanto, rompe radicalmente com aquele paradigma e assume a concepção biopsicossocial da deficiência, na medida em que conceitua as pessoas com deficiência da seguinte forma: *Pessoas com deficiência são aquelas que têm impedimentos de longo prazo de natureza física, mental, intelectual ou sensorial, os quais, em interação com diversas barreiras, podem obstruir sua participação plena e efetiva na sociedade em igualdade de condições com as demais pessoas*[(5)].

Também o art. 2º da Convenção, ao conceituar a discriminação das pessoas com deficiência, estabelece que ela dar-se-á mediante qualquer *diferenciação, exclusão* ou *restrição* em razão de deficiência. Nisso, repetiu os tratados internacionais que combatem a discriminação de grupos vulneráveis. Essa norma inova profundamente ao indicar que a recusa de adaptação razoável do meio também implicará discriminação, entendendo-se como razoável aquela adaptação proporcional à necessidade, mas eficaz para garantia de direitos à pessoa com deficiência. O art. 3º, ao seu turno, pauta como princípios normativos da Convenção o da independência e dignidade inerente da pessoa com deficiência, da igualdade de oportunidades, da não discriminação e da proteção às mulheres e crianças com deficiência. Indica, ademais, o princípio de que a deficiência deve ser vista como inerente à diversidade humana.

É possível, então, afirmar-se que a deficiência hoje é um conceito político que combina as características dos cidadãos que têm como atributos restrições físicas, mentais, intelectuais e sensoriais, os quais em interação com as barreirais atitudinais, culturais, econômicas, sociais, arquitetônicas, entre outras, evidenciam que a sociedade não concede às pessoas com aquelas características caminhos para fruição plena de sua cidadania, devendo, por isso, remover prontamente tais barreiras sob pena de discriminá-las. Da mesma forma que se dera com as crianças, os sistemas jurídicos garantidores dos direitos das pessoas com deficiência rompem o assistencialismo segregador e implantam um modelo libertário que impõe à sociedade adaptar-se, tornar-se menos deficiente para acolher

---

marcada pela invisibilidade das pessoas com deficiência; c) uma terceira fase, orientada por uma ótica assistencialista, pautada na perspectiva médica e biológica de que a deficiência era uma 'doença a ser curada', estando o foco no indivíduo 'portador da enfermidade'; e d) finalmente uma quarta fase, orientada pelo paradigma dos direitos humanos, em que emergem os direitos à inclusão social, com ênfase na relação da pessoa com deficiência e do meio em que ela se insere, bem como na necessidade de eliminar obstáculos e barreiras superáveis, sejam elas culturais, físicas ou sociais, que impeçam o pleno exercício dos direitos humanos." PIOVESAN, Flávia. *Convenção da ONU sobre os direitos das pessoas com deficiência:* inovações, alcance e impacto, p. 46.

(4) Beethoven compôs e regeu a 9ª sinfonia quando se encontrava surdo. Helen Keller, criança surdo-cega, tornou-se célebre pelos seus livros editados e palestras proferidas em todo o mundo e Stephen Hawking, acometido por uma doença degenerativa profunda, ocupa o lugar de Einstein na Academia Real de Física da Inglaterra e é considerado o maior físico da contemporaneidade.

(5) Art. 1º da Convenção Internacional sobre os Direitos das pessoas com deficiência.

todos, remover suas barreiras e aprender com a diversidade humana.

4. A doutrina da proteção integral e a Convenção sobre os Direitos das Pessoas com Deficiência da ONU em relação às crianças e adolescentes

As crianças e adolescentes com deficiência evidenciam dupla vulnerabilidade, que é transversal às questões econômicas ou sociais. É claro que uma criança ou adolescente com deficiência, negra, menina e economicamente desvalida cumulará fatores de exclusão, mas a exclusão também estará presente em relação a meninos brancos e bem aquinhoados pela sorte do ponto de vista econômico, se apresentarem alguma deficiência.

Para as crianças com deficiência, portanto, a absoluta prioridade que se impõe pelo art. 227 da Constituição do Brasil, grande arauto da doutrina da proteção integral, faz-se mais absoluta, suas cores são mais intensas, sendo-lhes imprescindível a atenção com saúde, renda familiar e aporte tecnológico quando necessário, para que possam ter acesso à educação adequada. É importante reiterar que o Brasil incorporou constitucionalmente a Convenção em análise, como também já o havia feito em relação à Declaração dos Direitos da Criança de 1959. Trata-se, portanto, de dois princípios constitucionais que se somam: o da proteção integral da criança e o da inclusão emancipatória das pessoas com deficiência.

Não resta dúvida de que se deva superar o quanto antes a superproteção assistencialista em favor da remoção das barreiras atitudinais e metodológicas, de maneira a viabilizar a inserção imediata dessas crianças na escola, a fim de que possam exercer sua infância plenamente, expressando-se, brincando e vivenciando as fantasias infantis desenvolvidas a partir dos jogos lúdicos compartilhados com todos; para que um dia a língua brasileira de sinais possa ser uma brincadeira no recreio, em que crianças surdas ensinem às ouvintes como falar com as mãos e com o corpo; para que o *braille* possa ser uma atividade lúdica pela qual se tenha contato íntimo com as palavras, *touch them to learn more*; para que as cadeiras de rodas das crianças que delas necessitem venham a ser uma brincadeira a mais nos degraus e rampas na escola, vivenciada por todos.

Convém aqui trazer manifestação[(6)] já publicada pelo autor deste trabalho acerca da interpretação do art. 24 da Convenção da ONU sobre os Direitos das Pessoas com Deficiência:

> O art. 24 é um verdadeiro tratado jurídico e político em prol da educação inclusiva, nota fulcral dos debates que enriqueceram o texto pactuado na Organização Internacional. Em 5 itens e 11 subitens defende-se o primado de que crianças, jovens e adultos com deficiência devem estudar em escolas comuns, regulares, nas modalidades de: ensino superior, treinamento profissional, educação de jovens e adultos e aprendizado continuado, sem discriminação e em igualdade de condições com as demais pessoas. Devem ser empregados métodos especiais, inclusive quanto às linguagens adequadas, como o braille e língua de sinais ou, sistemas tecnológicos que supram as deficiências físicas e sensoriais, além de métodos pedagógicos para pessoas com deficiência mental e intelectual. Visa-se, com isso, assegurar-lhes igualdade de oportunidades educacionais inclusivas em todos os níveis, com objetivos específicos para o desenvolvimento do censo de cidadania, pertencimento social e da personalidade da pessoa com deficiência.
>
> Esse dispositivo constitui a base para o sucesso das políticas públicas, uma vez que a escola é o primeiro *locus* de participação política e social fora do âmbito familiar. A convivência, ademais, entre jovens e adultos com e sem deficiência desde a infância rompe tabus, quebra correntes institucionais e, naturalmente, propicia o aprendizado do respeito à diversidade humana. É possível afirmar-se mesmo, que a escola inclusiva universalizada fará dispensá-

(6) FONSECA, Ricardo Tadeu Marques da. A reforma constitucional empreendida pela ratificação da convenção sobre os direitos da pessoa com deficiência aprovada pela Organização das Nações Unidas. *Revista Eletrônica da 9ª Região da TRT*, Curitiba, 2013.

vel, ao longo dos anos, qualquer outra política de ação afirmativa. Sem ela, ao contrário, os esforços de inserção da pessoa com deficiência em sociedade serão esvaziados.

As escolas especiais desenvolveram, em décadas no Brasil, um trabalho muito elogiável, até porque supriram o vazio estatal. Não se quer, com isso, eliminá-las ou deixar de reconhecer a sua importância histórica. É mister, porém, que o conhecimento por elas acumulado seja compartilhado por toda a sociedade, iniciando-se uma gestão pública e privada da questão, com vistas a romper o isolamento que tem caracterizado a educação de crianças, jovens e adultos com deficiência no Brasil, isolamento esse que se irradia para todos os outros setores da vida social. A Convenção é categórica nesse sentido, sendo mesmo possível afirmar que o art. 208, III, da Constituição Federal foi parcialmente revogado, uma vez que estabelecia a mera preferência da escola regular em face da especial. A norma em apreço, ao revés, determina ser obrigatória a matrícula de pessoas com deficiência na escola comum. As políticas públicas, portanto, devem articular um modelo de interação entre a escola comum e a especial, que pode ser transitório ou até permanente.

Da mesma forma que a educação, também deve ser garantida à criança e ao adolescente com deficiência a ampla extensão de direitos constitucionalmente contemplados pela Convenção em apreço com absoluta prioridade sobre as demais pessoas com deficiência. Parece, ainda, que por apresentarem dupla vulnerabilidade, as crianças com deficiência devem ter preferências sobre as demais crianças e adolescentes. Desse modo, por exemplo, as políticas públicas devem estimular as linguagens assistivas como *braille*, libras, programas de computador acessíveis para a alfabetização e educação em geral para crianças e jovens surdas e cegas. O lazer[7] e o desporto deveriam ser oportunizados a todas as crianças, com adaptação dos *playgrounds* e quadras de esportes para que o brincar seja igualmente concedido a todos e que os esportes paraolímpicos continuem sendo mais eficientes no Brasil em termos de resultados do que o esporte comum.

5. *Conclusões*

1. O processo de maturação dos direitos das crianças e dos adolescentes evoluiu do assistencialismo da doutrina da situação irregular do menor para os princípios concernentes à doutrina da proteção integral, que implica a ação paritária da sociedade, da família e do Estado, concebendo a criança como cidadão em condição peculiar de desenvolvimento, a garantir absoluta prioridade nas políticas públicas de plena proteção.

2. As pessoas com deficiência, historicamente, foram excluídas do acesso às garantias concernentes às liberdades individuais e aos direitos sociais. A conquista desses direitos somente se fará possível com a implementação do novo conceito de pessoas com deficiência que afasta a incapacidade como nota dominante da sua definição. A partir da edição da Convenção da ONU que alberga esses cidadãos, a deficiência é um conceito político que se materializa com a combinação dos atributos das pessoas que apresentam restrições físicas, mentais, sensoriais e intelectuais com as barreiras sociais, atitudinais, tecnológicas, econômicas e culturais, entre outras, nas quais se evidenciam a deficiência social ou a incapacidade social de assegurar a fruição dos direitos humanos por esses cidadãos.

3. As crianças e os adolescentes com deficiência concentram intenso grau de vulnerabilidade e merecem, por isso, prioridade absoluta nos dois segmentos a que pertencem, devendo a sociedade adaptar-se para suprir as deficiências sociais e lhes garantir uma evolução plena como cidadãos com infância. O processo de evolução da doutrina da situação irregular dos menores para a proteção integral da criança e do adolescente, tal qual o avanço histórico atinente às pessoas com deficiência, do extermínio

(7) *Vide* art. 30 da Convenção Internacional sobre os Direitos das Pessoas com Deficiência.

físico à exclusão caritativa que culminou com a Convenção da ONU e o conceito político de deficiência, é bastante semelhante ao que se deu em relação às crianças, porque também aqui o assistencialismo cedeu passo à emancipação.

Referências

ALVES, Rubens Valtecides. *Deficiente físico:* novas dimensões da proteção ao trabalhador. São Paulo: LTr, 1992.

BUARQUE, Chico. *Vai passar*. Disponível em: <http://letras.mus.br/chico-buarque/45184/>. Acesso em: 29.6.2015.

BRASIL. *Constituição (1988)*. Constituição da República Federativa do Brasil. *Diário Oficial*, Brasília, 1988.

______. *Decreto n. 6.949, de 25 de agosto de 2009*. Promulga a Convenção Internacional sobre os Direitos das Pessoas com Deficiência. *Diário Oficial*, Brasília, 2009. Disponível em: <http://www.planalto.gov.br/ccivil_03/_ato2007-2010/2009/decreto/d6949.htm>. Acesso em: 29.6.2015.

FONSECA, Ricardo Tadeu Marques da. A reforma constitucional empreendida pela ratificação da convenção sobre os direitos da pessoa com deficiência aprovada pela Organização das Nações Unidas. *Revista Eletrônica do Tribunal Regional do Trabalho da 9ª Região*, 18. ed., v. 32, p. 10-33, maio 2013.

GONÇALVES, Tamara Amoroso. Crianças e adolescentes com deficiência: avanços e desafios na garantia da proteção integral. In: *Manual dos direitos da pessoa com deficiência*. São Paulo: Saraiva, 2012.

PIOVESAN, Flávia. Convenção da ONU sobre os direitos das pessoas com deficiência: inovações, alcance e impacto. In: *Manual dos direitos da pessoa com deficiência*. São Paulo: Saraiva, 2012.

O Trabalho Infantil Doméstico como uma das Piores Formas de Trabalho Infantil: o Marco Regulatório da Organização Internacional do Trabalho e sua Juridificação no Brasil, Argentina e Uruguai

Candy Florencio Thome(*)

1. Introdução

Este trabalho tem por objetivo a análise do marco regulatório da Organização Internacional do Trabalho acerca do trabalho infantil doméstico, e o estabelecimento de tal forma de trabalho como uma das piores formas de trabalho infantil, bem como a comparação, à luz desse marco regulatório, das disposições e formas de luta contra o trabalho infantil doméstico na Argentina, Brasil e Uruguai para o fim de se averiguar se tais países contemplam normas eficazes de proteção da criança contra o trabalho infantil doméstico.

Para isso, serão analisadas as políticas públicas argentinas, brasileiras e uruguaias, mormente com a instituição dos novos marcos jurídicos regulatórios do emprego doméstico implementados nesses países no tocante ao seu alcance para combater essas desigualdades.

São analisados, também, o trabalho infantil e seus efeitos deletérios para as crianças, as estatísticas oficiais de trabalho infantil remunerado globais constantes dos relatórios da OIT, e dos organismos oficiais da Argentina, Brasil e Uruguai, bem como os impactos da interseccionalidade de discriminações entre gênero e idade, nos casos de trabalho infantil doméstico. Após, as principais normas internacionais que tratam sobre trabalho infantil são estudadas, bem como a recente normativa internacional acerca do trabalho doméstico.

Finalmente, é feita a análise das políticas públicas argentinas, brasileiras e uruguaias,

(*) Juíza do Trabalho do TRT da 15ª Região. Bacharel, Mestre e Doutora em Direito do Trabalho pela Universidade de São Paulo (USP). Pesquisadora pós-doutorada pela Universidad de Córdoba e pós-doutorada pela rede Fundación Centro Internacional de Educación y Desarrollo Humano/Pontifícia Universidade Católica de São Paulo/Universidad Católica Silva Henriquez/ Universidad de Manizales/Consejo Latinoamericano de Ciencias Sociales em Estudos da infância e juventude.

no tocante ao seu alcance para combater essas desigualdades, levando em conta o marco regulatório disposto pela OIT com as Convenções ns. 132, 182 e 189 da OIT e identificação das lacunas legais e contradições existentes em relação às normas internacionais vigentes, aplicáveis ao trabalho infantil doméstico.

2. *O trabalho doméstico*

A expressão "trabalho doméstico" tem muitas acepções, conforme o contexto econômico e cultural, podendo ser distinta em função da idade, do gênero, da etnia e a situação dos trabalhadores envolvidos. Para os fins deste estudo, no entanto, utiliza-se a definição da Convenção n. 189 da OIT, sobre trabalho decente para trabalhadoras e trabalhadores domésticos, segundo a qual "trabalho doméstico" é todo trabalho realizado em um lar ou lares ou para tais lares, e "trabalhador doméstico" é toda pessoa, de gênero feminino ou masculino, que realize um trabalho doméstico dentro de uma relação de trabalho.

Diante de algumas percepções acerca do trabalho doméstico como de que o trabalhador doméstico seria como "um membro da família", essa forma de relação de emprego sempre foi invisibilizada e, juridicamente, uma das formas mais desprotegidas, já que a maioria dos ordenamentos jurídicos nacionais não consagra aos trabalhadores domésticos vários direitos fundamentais do trabalho, tais como direito à liberdade de associação e negociação coletiva, controle dos tempos de trabalho, proteção de maternidade etc. Como consequência, os trabalhadores domésticos, no mundo todo, costumam ganhar menos da metade do que ganham os demais trabalhadores (OIT/IPEC, 2013, p. 3 e 11).

3. *Trabalho infantil doméstico: efeitos nocivos ao pleno desenvolvimento da criança*

A realidade precária e invisibilizada do trabalho doméstico é exacerbada no trabalho infantil por várias razões. Uma delas é a ambiguidade criada pelo fato de que essas crianças, muitas vezes, trabalham para parentes, distantes ou não, confundindo a relação de emprego existente com uma relação familiar, que pode existir conjuntamente com a relação de emprego, mas não a afasta (OIT/IPEC, 2013, p. 4).

Não há um consenso sobre a definição de trabalho infantil doméstico, mas algumas dessas definições podem ser mencionadas.

Conforme Arango (2014), "o trabalho infantil doméstico nos domicílios de terceiros é o conjunto de atividades que implica a participação de criança e adolescentes menores de 18 anos em atividades domésticas, sob qualquer modalidade contratual ou forma de compensação naqueles domicílios de terceiros, alheios ou casa particular, com os quais a criança ou adolescente não tem relação de parentesco em linha direta, que impeça o acesso, rendimento ou permanência na escola e que ocorre em condições que afetem o desenvolvimento psicológico, físico, moral ou social desses".

A OIT (2013b, p. 5) considera como trabalho infantil doméstico o trabalho de crianças em lares de terceiros ou empregadores, com ou sem remuneração, que pode incluir tarefas como limpar a casa, cozinhar, lavar e passar roupa, cuidar de crianças, idosos ou enfermos da família, realizar trabalhos de jardinagem, vigiar a casa e cuidar de animais domésticos. Tais tarefas são consideradas como trabalho infantil quando são realizadas dentro de uma relação laboral por quem não atingiu a idade mínima para trabalho, ou quando são executadas de forma perigosa ou quando são executadas em condições análogas à de escravidão.

O trabalho doméstico infantil é aquele realizado por crianças no setor do trabalho doméstico em lares de terceiros ou empregadores. Quando esse trabalho é realizado por crianças que não tenham alcançado a idade mínima aplicável, ou trabalhem em situação análoga à de escravo, utiliza-se a expressão "trabalho infantil no trabalho doméstico". Quando as condições de trabalho e a idade da criança trabalhadora cumprem os requisitos previstos em normas internacionais do trabalho, utiliza-se a expressão "emprego juvenil/jovens trabalhadores no trabalho doméstico" (OIT/IPEC, 2013, p. 6). O termo "trabalho doméstico infantil" é utilizado para se referir à situação de crianças entre cinco e dezessete anos que trabalham no lar de terceiros ou de empregador, com ou sem remuneração (OIT/IPEC, 2013, p. 19).

Deve-se observar que há uma distinção entre o trabalho infantil doméstico efetuado para terceiros e o trabalho infantil doméstico para seu próprio lar, considerando a OIT que, quando as crianças realizam tarefas nos seus próprios lares, desde que em condições razoáveis e sob a supervisão de pessoas muito próximas a elas, tais tarefas podem ser consideradas como parte integrante da vida familiar e de seu desenvolvimento. Ainda assim, há muitas situações em que a carga de trabalho no próprio lar pode ser tão árdua que acaba por interferir na educação das crianças.

A violação dos direitos dos trabalhadores infantis domésticos ocorre continuamente e em vários âmbitos, com a vulneração tanto de seus direitos econômicos, sociais e laborais, como de seus direitos à educação, à cultura e ao desenvolvimento pessoal (ARANGO, 2004).

O Programa Internacional para a Abolição do Trabalho das Crianças da OIT (IPEC) efetuou as estimativas mundiais de 2012 acerca das crianças no trabalho doméstico, observando-se, porém, que os números precisos sobre crianças trabalhadoras domésticas no mundo não é, ainda, conhecido. Para fins dessa estimativa, o termo "trabalho doméstico de crianças" refere-se a uma situação em que crianças de idade entre cinco e dezessete anos efetuam atividades domésticas nos lares de terceiros ou para um empregador, com ou sem remuneração (OIT, 2013a, p. 1).

Segundo a OIT/IPEC (2013, p. 20), configura trabalho infantil doméstico qualquer labor doméstico efetuado por criança de 5 a 11 anos, qualquer labor doméstico efetuado por crianças de 12 a 14 anos que ultrapasse 14 horas de trabalho semanais e qualquer labor doméstico efetuado por crianças de 15 a 17 anos que ultrapasse 43 horas de trabalho semanais.

Tarefas domésticas intensas são as atividades realizadas dentro do lar que excedam 10 horas semanais, para crianças entre 5 e 13 anos, ou 15 horas semanais, para crianças entre 14 e 16 anos (OIT, 2013b, p. 7).

As estimativas são de que mais de 17.2 milhões de crianças de idade entre cinco e dezessete anos atuam no trabalho doméstico no mundo em 2012, representando quase 6,5% de todas as crianças nesse grupo de idade que estão trabalhando. Entre elas, o número de crianças trabalhadoras domésticas com idade entre cinco e quatorze anos é estimado em 11.2 milhões. Observa-se, portanto, que a maior parte das crianças trabalhadoras domésticas tem menos de quatorze anos, ou seja, não atingiram a idade mínima de quinze anos para acesso ao emprego (OIT, 2013a, p. 2).

A estimativa de 2012 também aponta um número muito maior de meninas trabalhadoras domésticas que de meninos. Assim, 3,8% dos meninos de idade entre cinco e dezessete anos que trabalham estão no trabalho doméstico (em número absolutos, 5.6 milhões), ao passo que 9,9% das meninas de idade entre cinco e dezessete que trabalham estão no trabalho doméstico (em números absolutos, 11.5 milhões). A diferença aumenta com a idade: 1,8% dos meninos de idade entre 15 e 17 anos que trabalham são trabalhadores domésticos, contra 9,8% das meninas de idade entre 15 e 17 anos que trabalham são trabalhadoras domésticas. Das crianças entre 5 e 17 anos trabalhadoras domésticas, 67,1% são meninas e 32,9% são meninos (OIT, 2013a, p. 2).

No tocante ao trabalho doméstico em situação inaceitável, estima-se que dois terços das crianças que efetuam trabalho doméstico estão nessa situação, por não terem alcançado a idade mínima de admissão ao emprego, ou por trabalharem em condições perigosas ou, ainda, por trabalharem em condições análogas às de escravidão (OIT/IPEC, 2013, p. IX).

Os trabalhos domésticos perigosos efetuados pelas crianças são aqueles que, por sua natureza e condições nas quais são exercidos, são suscetíveis de comprometer a saúde, a segurança ou a moralidade da criança. Trata-se de uma das piores formas de trabalho infantil, segundo a Convenção n. 182 da OIT. Cerca de 3.7 milhões das crianças de idade entre 5 a 17 anos que realizam trabalho infantil doméstico efetuam trabalhos perigosos, com longas jornadas de trabalho, jornada noturna ou exposição a maus-tratos psíquicos ou abusos sexuais (OIT, 2013a, p. 7).

A discriminação em razão de gênero também reflete-se na questão dos trabalhos domésticos perigosos, já que 2.6 milhões de meninas realizam trabalhos domésticos perigosos, ao passo que 1.1 milhões de meninos realizam trabalhos domésticos perigosos (OIT, 2013a, p. 8).

Quanto ao trabalho forçado, de um total de 20.9 trabalhadores em condições análogas às de escravo, 11.4 milhões de vítimas eram mulheres, segundo a Estimativa Mundial sobre Trabalho Forçado da OIT de 2012, sendo que cerca de 5.5 milhões eram crianças entre 5 e 17 anos. Quanto ao trabalho doméstico forçado, esses números permanecem desconhecidos, mas os dados apontam para um número significativo de crianças nessa situação, em virtude de dívidas, vítimas de tráfico ou em situações de servidão (OIT, 2013a, p. 8).

A grande maioria das crianças trabalhadoras domésticas é de família pobre, de sociedades que carecem de redes de proteção social e são enviados para trabalhar em outros lares para complementar os ingressos da família ou para aliviar as tensões financeiras de seu próprio lar. No tocante aos impactos da pobreza, Jáuregui (2014, p. 1669-1671) alerta que os impactos da pobreza não são uniformes e que, dentre os coletivos especialmente vulneráveis, encontra-se o de crianças, afirmando a autora que a pobreza infantil está fortemente relacionada com a precariedade laboral, os baixos salários e a instabilidade do emprego dos adultos.

Além disso, outros fatores influenciam para que a criança comece a efetuar trabalho infantil doméstico, como a discriminação em razão de gênero ou etnia, a exclusão social, a falta de oportunidades de educação, a violência doméstica, a tentativa de fuga de casamentos forçados, o êxodo rural, ou a perda de membros próximos da família por violência ou doenças como HIV/AIDS, sendo que tais fatores são agravados conforme o grau de exclusão social e de pobreza relativa de seus familiares e de suas comunidades (OIT/IPEC, 2013, p. 2 e 9-10).

3.1. Discriminação e isolamento

Na medida em que muitas crianças que efetuam trabalho doméstico infantil vivem na casa de seu empregador, essas crianças costumam manifestar experiências de discriminação e isolamento em seu cotidiano. O fato de trabalhar e viver em ambiente doméstico de terceiros os torna extremamente dependentes de seus empregadores para satisfazer suas necessidades básicas como moradia e alimentação, ficando, portanto, vulneráveis ao trabalho infantil e à violência, seja física, psicológica ou sexual (OIT/IPEC, 2013, p. 1).

Como é um labor com conotação social negativa, o trabalho doméstico acaba por acentuar certas ambiguidades. Dessa forma, essas crianças não são consideradas como empregadas, mas como "crianças adotadas ou acolhidas", muitas vezes não recebendo salário, tampouco sendo tratadas como um membro efetivo da família empregadora, já que, na maioria das vezes, não têm acesso à educação e outros bens destinados às outras crianças da família (OIT/IPEC, 2013, p. 27).

As crianças trabalhadoras domésticas, em geral, têm sua liberdade de ir e vir limitada, já que vivem nas casas dos empregadores e muitos dizem que elas não devem sair por causa dos perigos nas ruas, dificultando muitos empregadores o acesso a suas famílias e limitando suas possibilidades de comunicação ou visitas, ou por não terem salários ou porque seus próprios empregadores administram seus salários (OIT/IPEC, 2013, p. 29-31).

Mesmo quando as relações entre a criança e a família empregadora são amistosas, a manifestação típica de discriminação é o fato de que os filhos do empregador vão à escola e a criança trabalhadora não. A criança trabalhadora, muitas vezes, come em local separado e comida de menor qualidade (OIT/IPEC, 2013, p. 29).

O trabalho dessas crianças fica oculto tanto pelo fato de ser efetuado dentro dos lares dos empregadores, a portas fechadas, como pelo fato de que a sociedade, em geral, não tem conscientização acerca da natureza do trabalho que essas crianças realizam, já que muitos consideram que tais tarefas domésticas são uma obrigação das crianças em relação aos adultos e, no caso das meninas, consideram que se trata, inclusive, de uma formação para seu futuro.

A criança que é explorada no trabalho infantil doméstico cresce em um meio ambiente discriminatório, sem suporte afetivo que diminua o sentimento de solidão e desenraizamento, sem oportunidades de educação e cuidados com sua saúde, ócio e relação com seus pares, estando sujeita, inclusive, a risco de maus-tratos e abuso sexual (ARANGO, 2004).

3.2. Deslocamento para o trabalho

Muitas vezes, essas crianças têm que efetuar deslocamentos das zonas rurais para os centros urbanos para trabalhar, havendo, inclusive, muitas crianças trabalhadoras domésticas migrantes, o que aumenta sua situação de vulnerabilidade. Nos casos de crianças trabalhadoras que migram sem sua família, a situação de vulnerabilidade é ainda pior, uma vez que o trabalho doméstico, muitas vezes, está intimamente ligado ao tráfico de pessoas, por meio de seus próprios pais ou família ou mediante intermediários, que transportam as crianças para as famílias empregadoras (OIT/IPEC, 2013, p. 12-15).

Algumas vezes, as próprias crianças tomam a iniciativa de migrar e dirigem-se aos recrutadores mas, em geral, não sabem as dificuldades que terão que enfrentar, principalmente nos casos em que as crianças cruzam fronteiras nacionais, sem documentos, sem falar o idioma local e separadas de suas famílias (OIT/IPEC, 2013, p. 15).

As crianças que são obrigadas a migrar sozinhas são o grupo mais vulnerável de crianças afetadas pela migração, são mais sujeitas ao tráfico e as crianças trabalhadoras domésticas representam uma parte importante desse grupo. As crianças trabalhadoras domésticas vítimas de tráfico sofrem mais que as outras crianças trabalhadoras de longas jornadas de trabalho, cargas pesadas, exposição a ferramentas perigosas e substâncias tóxicas, medo e intimidação, castigos violentos e abusos sexuais que as expõem a graves danos físicos e psicológicos. Essas crianças, inclusive, correm o risco de serem consideradas, pelas autoridades locais, não como vítimas de tráfico e trabalho escravo, mas como criminosas e ou imigrantes ilegais (OIT/IPEC, 2013, p. 31).

3.3. Perigo para a saúde

O Comitê dos Expertos na Aplicação de Convenções e Recomendações (CEACR) da OIT apontou a situação das crianças trabalhadoras domésticas como um grupo de alto risco, expressando sua preocupação acerca dos efeitos que tal forma de trabalho infantil pode acarretar à saúde da criança, diante das longas jornadas de trabalho, má alimentação e trabalho excessivo típicos do trabalho doméstico, uma vez que as crianças costumam carregar cargas pesadas, como água, roupa para lavar, combustíveis e outras crianças, manipular produtos químicos tóxicos do lar ou jardim e trabalhar com facas, panelas e chapas quentes, trabalhos extenuantes para as crianças pequenas e para aquelas que já trabalharam por várias horas ao longo do dia (OIT/ IPEC, 2013, p. 32).

Um estudo efetuado no Brasil, com 3.269 crianças de 10 a 17 anos, constatou que as crianças trabalhadoras domésticas tinham mais dores musculoesqueléticas que as que trabalhavam em outros setores, causadas por má postura, trabalho monótono e fisicamente exigente, privação crônica de sono, diante do fato de elas estarem disponíveis para o trabalho 24 horas por dia, quando dormem no domícilio de seus empregadores (OIT/IPEC, 2013, p. 33).

O trabalho infantil doméstico aumenta o risco de a criança explorada desenvolver quadros de insegurança, baixa autoestima, timidez, depressão e transtornos de identidade (ARANGO, 2004).

Os abusos por parte do empregador, combinados com o isolamento no lugar de trabalho, exigências excessivas de trabalho e tensões financeiras podem contribuir para intensificar a ansiedade e a depressão (OIT/IPEC, 2013, p. 33).

As seguintes tarefas domésticas são consideradas perigosas para as crianças trabalhadoras: cozinhar, limpar, passar, por causa do risco com lâminas cortantes, panelas quentes, utensílios em mau estado, substâncias químicas tóxicas, cortes, queimaduras, asma e enfermidades respiratórias, dermatites, alergias e lesões de postura. Na jardinagem, os riscos são com objetos cortantes, cargas pesadas, calor, picadas de insetos, fertilizantes tóxicos, cortes, dores nas costas, insolação, queimaduras solares, desidratação, mordidas de animais. Também trabalham expostas a horários prolongados, falta de intimidade, maus-tratos físicos e verbais, assédio moral e sexual, humilhações, fome, depressão, transtornos de comportamento, tendências suicidas (IPEC, 2011, p. 30).

As crianças trabalhadoras domésticas costumam sofrer violência tanto verbal, como física ou sexual. A violência verbal costuma ser caracterizada pelo uso de nomes depreciativos, insultos, ameaças e gritos. A violência física consubstancia-se, normalmente, por pontapés, beliscões, queimaduras, excesso de trabalho e negação de alimentos. Também ocorrem mediante a exigência de cumprimento de jornadas excessivas, tarefas domésticas penosas e extenuantes (CAMPOS, 2012, p. 134). A violência sexual também ocorre, mediante abuso ou assédio sexual, com um número maior entre aquelas crianças que vivem na casa de seus empregadores (OIT/IPEC, 2013, p. 35-36; CAMPOS, 2012, p. 134).

3.4. Obstáculo para a educação

As crianças que efetuam trabalho doméstico infantil desde uma idade muito jovem costumam ser privadas de acesso a qualquer educação e aquelas que se inserem no trabalho doméstico um pouco mais velhas têm menos oportunidades de continuar sua educação, gerando um círculo vicioso, já que a pobreza, a falta de acesso à educação e o trabalho infantil estão intrinsecamente vinculados (OIT/IPEC, 2013, p. 6-11).

As taxas de escolaridade das meninas domésticas costumam ser baixas. Muitos pais das crianças trabalhadoras domésticas consideram que o trabalho doméstico é uma possibilidade de acesso à escolaridade, mas, na realidade, acaba sendo um grande obstáculo ao estudo, já que muitos empregadores não permitem que as crianças vão à escola ou, quando o permitem, exigem jornadas de trabalho tão extensas que fica impossível a frequência à escola. Quando as crianças trabalhadoras domésticas conseguem frequentar a escola, seu rendimento é baixo e a taxa de repetição e de deserção é alta (OIT/IPEC, 2013, p. 37-38).

4. A interseccionalidade de discriminações: necessidade de perspectiva de gênero e perspectiva geracional

O fenômeno do trabalho infantil doméstico é um problema majoritariamente de gênero, já que a maior parte dessas crianças exploradas são meninas.

A OIT/IPEC (2013, p. 16) consideram que a análise do problema do trabalho doméstico infantil unicamente em termos de vulneração dos direitos das crianças ou dos direitos laborais é uma análise parcial, já que o trabalho doméstico infantil é uma prática extremamente feminilizada, em virtude de crenças sociais muito enraizadas de que o trabalho doméstico é, basicamente, uma obrigação das mulheres e das meninas, considerado por muitos como um "trabalho de mulher" e de que a escola é um ambiente perigoso e inadequado e ou impertinente para o futuro papel das meninas como esposas e mães. Às vezes, as próprias trabalhadoras domésticas levam suas filhas para o trabalho doméstico para vigiá-las ou para que elas aprendam o ofício, ficando essas meninas fora da escolarização e seguindo o caminho de suas mães no trabalho doméstico (OIT/IPEC, 2013. p. 16).

Conforme as estimativas mundiais de 2012 acerca das crianças no trabalho doméstico efetuadas pelo IPEC, verifica-se que 12,2% (4.5 milhões) das meninas entre cinco e onze anos que realizam trabalho infantil estão no trabalho doméstico, ao passo que 8,1% dos meninos dessa mesma faixa etária que trabalham estão no trabalho doméstico. Já no grupo etário de quinze a dezessete anos, 3,3% (1.6 milhões) de todas as meninas que efetuam trabalho infantil realizam trabalho infantil doméstico, contra apenas 0,6% (0.4 milhões) dos meninos da mesma faixa etária que trabalham executam trabalho infantil doméstico (OIT, 2013a, p. 6).

A discriminação em razão de gênero acentua a precariedade laboral, já que, no grupo etário de cinco a quatorze anos, 0,9% dos meninos que trabalham estão no trabalho infantil doméstico perigoso para 1,4% de meninas na mesma faixa etária e na mesma situação. Quanto às crianças entre quinze e dezessete anos, a porcentagem de meninos no trabalho infantil doméstico perigoso cai para 0,6% e a porcentagem de meninas no trabalho infantil doméstico perigoso sobe para 3,3% (OIT, 2013a, p. 8).

Em 2008, do número de crianças entre cinco e dezessete anos que se encontrava no trabalho infantil doméstico, cerca de 71,3% (7.5 milhões) eram mulheres e 28,7% (3 milhões) eram homens (OIT/IPEC, 2013, p. 23).

Por essas razões, a OIT, em seus diversos relatórios, sempre procurou ressaltar a característica predominantemente feminina do trabalho infantil doméstico (ARANGO, 2004). Dessa maneira, a proteção das crianças contra o trabalho infantil doméstico é, também, uma questão de igualdade em razão de gênero e, consequentemente, uma questão de direitos humanos (OIT/IPEC, 2013, p. 12).

No caso do trabalho infantil doméstico, a discriminação em razão da idade é potencializada pela discriminação em razão de gênero, ocorrendo o fenômeno chamado de discriminação múltipla, dupla, composta, intolerâncias relacionadas (BLACKWELL; NADER, 2002, p. 191), sistemas múltiplos de subordinação, ou, ainda, interseccionalidade de discriminações (CRENSHAW, 2002).

O termo interseccionalidade, utilizado neste trabalho, refere-se às articulações entre a discriminação em razão de gênero e a discriminação em razão de idade. Crenshaw (2002, p. 171). define a interseccionalidade de discriminações como uma forma de análise das discriminações múltiplas, buscando capturar as consequências estruturais e dinâmicas da interação entre dois ou mais feixes de subordinação, afirmando que, para que os direitos humanos tenham efetividade em sua plenitude, é necessária, primeiramente, a análise de como as outras formas de dominação influenciam a questão de gênero e antecipar quais são as formas de entrecruzamento das vulnerabilidades mais comuns em determinada região ou comunidade.

Dois fenômenos comuns ocorrem com a interseccionalidade de discriminações e devem ser analisados: a superinclusão e a subinclusão. A superinclusão trata da circunstância em que um problema ou condição imposta de forma específica ou desproporcional a um subgrupo de mulheres é simplesmente definido como um problema de mulheres, sem se levar em conta outras dimensões, como raça, origem, religião, idade ou qualquer outra forma de dominação. Um exemplo é a questão do tráfico de pessoas, em que a questão de gênero é levada em conta, mas, muitas vezes, a origem das mulheres traficadas é ignorada como fator de vulnerabilidade (CRENSHAW, 2002, p. 175-176).

A subinclusão, por outro lado, diz respeito a uma análise de determinado problema, sem se levar em conta a questão de gênero, porque aquele problema não faz parte dos problemas comuns das mulheres do grupo dominante. Alguns exemplos de subinclusão são o problema da esterilização ilegal de várias mulheres latinas e negras, sem seu conhecimento e consentimento, nos Estados Unidos da América, nos anos cinquenta, bem como a violência sexual sofrida pelas mulheres em Ruanda e na Bósnia, que comumente é vista apenas sob um enfoque de discriminação étnica e não de gênero.

A importância desse tipo de análise reside no fato de que as intervenções baseadas em compreensões parciais e, por vezes, distorcidas das condições das mulheres são, muito provavelmente, ineficientes e, às vezes, até contraproducentes e, apenas por meio de um estudo mais detalhado das dinâmicas variáveis que formam a subordinação, é possível o desenvolvimento de intervenções e proteções mais eficazes (CRENSHAW, 2002, p. 185-188).

A questão do trabalho infantil doméstico, por sua vez, é um caso específico de subinclusão de gênero e idade, já que, em muitos países, como o Brasil, por exemplo, considera-se a discriminação em razão de raça como o fator senão único, mas o primordial da discriminação que o trabalho doméstico sofre, negando ou invizibilizando a existência e importância da discriminação de gênero e de idade nesse fenômeno.

O trabalho infantil doméstico opera de forma, normalmente, invisível para as autoridades, incluindo, por vezes, jornadas de trabalho sem descanso, sem remuneração e com alimentação que provém das sobras da comida familiar. Esse tipo de trabalho é invisibilizado, na medida em que se considera, usualmente, o trabalho doméstico sem valor próprio, por ser socioculturalmente assumido como prolongação das tarefas reprodutivas da mulher. Essa forma de trabalho reproduz a pobreza para as meninas e afeta a igualdade de trato e oportunidades entre gêneros (ARANGO, 2004, p. 21).

Em alguns locais, as meninas, em seu conjunto, trabalham mais que os meninos, por causa do trabalho doméstico efetuado. Dessa maneira, essas meninas terão uma escolarização mais curta que os meninos, estarão mais expostas à violência física e sexual e suas consequências, transformando o trabalho doméstico em uma das formas mais abusivas de trabalho infantil (Argentina/CONAETI, 2011, p. 25).

A questão de gênero, por sua vez, também tem efeitos geracionais no trabalho doméstico. Das crianças que trabalham em serviço doméstico, o coletivo maior é de crianças de 5 — 11 anos (43,2% das crianças no trabalho infantil). As diferenças entre os gêneros aumentam com a idade e com o perigo da situação de trabalho, com, inclusive, situações de trabalho forçado (OIT, 2013).

A menina que trabalha no âmbito doméstico tende a continuar, na idade adulta, nesse mesmo tipo de atividade, replicando a existência de um coletivo preponderante de mulheres no trabalho doméstico, que é um dos trabalhos mais precarizados que existe.

No Brasil, por exemplo, as meninas representavam 94,2% das 323.770 crianças e adolescentes de 10 a 17 anos que efetuavam trabalho infantil doméstico em 2008 (Brasil/CONAETI, 2011, p. 19). Em 2009, 17% das mulheres ocupadas situavam-se no setor de serviços domésticos e 0,9% dos homens situavam-se nesse setor. Em números absolutos, em 2009, dos 7.223.000 empregados domésticos no Brasil, 6.719.000 eram mulheres e somente 504.000 eram homens. Além disso, entre esses homens, praticamente a metade tinha carteira de trabalho anotada (226.000), ao passo que, no caso das mulheres, apenas 1.769.000 tinham a carteira de trabalho anotada, ou seja, além de já ser a maior parte em um trabalho precarizado como o trabalho doméstico, a maior parte das empregadas domésticas não tem sequer a carteira de trabalho anotada. Em 2011, a proporção entre mulheres trabalhadoras domésticas e homens trabalhadores domésticos e a assinatura da CTPS pouco mudou: 15,6% das mulheres ocupadas situavam-se no setor de serviços domésticos e 0,9% dos homens situavam-se nesse setor. Em números absolutos, em 2011, dos 6.653.000 empregados domésticos no Brasil, 6.160.000 eram mulheres e somente 492.000 eram homens. Além disso, entre esses homens, praticamente a metade tinha carteira de trabalho anotada (231.000), ao passo que, no caso das mulheres, apenas 1.807.000 tinham a carteira de trabalho anotada[(1)].

Como o trabalho doméstico é identificado e naturalizado como papel feminino e não como trabalho, o emprego doméstico é considerado

(1) Dados do IBGE/PNAD (2011).

uma forma de emprego particular em que as relações não são regulamentadas da mesma forma que outras relações de emprego, negando a própria legislação laboral vários direitos às empregadas domésticas. Souza-Lobo observa que as necessidade familiares determinam as estratégias de sobrevivência em que as mulheres buscam, no mercado de trabalho, ocupações marcadas pelas representações de ocupações femininas que, ao mesmo tempo, possibilitem integrar atividade doméstica e atividade assalariada e que a precariedade das formas socializadas de reprodução social no nível da sociedade e do Estado reforçam o papel das mulheres nessa esfera, já que, para as mulheres dos setores populares, o emprego doméstico é estratégia de sobrevivência, ao mesmo tempo em que se cria uma demanda privada de serviços domésticos assalariados (SOUZA-LOBO, 2011, p. 167-168).

Dessa forma, as ações orientadas à prevenção do trabalho infantil doméstico devem abordar estratégias para melhorar a condição e *status* dessas meninas domésticas, que estarão em maior situação de vulnerabilidade e, portanto, em maior risco de saída prematura de seus lares e em maior risco de sofrerem maus-tratos e abuso sexual (ARANGO, 2004, p. 21). As políticas públicas devem ter como objetivo a eliminação da divisão sexuada do trabalho em todos os aspectos, mas deve atingir, principalmente, um dos aspectos mais perniciosos dessa divisão sexuada, que é a precariedade do emprego doméstico. Além disso, deve, também, ter por objetivo a eliminação do trabalho infantil doméstico remunerado.

5. Convenção da ONU sobre Direitos das Crianças

Um marco normativo internacional muito importante é a Convenção da ONU sobre os Direitos das Crianças, de 20 de novembro de 1989, que consagra o princípio da proteção integral e o princípio da participação real das crianças como dever do Estado e da sociedade. Dentre diversas disposições, define como criança qualquer pessoa menor de dezoito anos e estipula determinados direitos das crianças no tocante ao trabalho. A partir dessa Convenção, as crianças deixaram de ser objetos de intervenção para serem consideradas como sujeitos de direito, protagonistas de suas vidas, com interesses e preferências específicas (MUÑOZ; PERALTA, 2006, p. 78).

Sob o enfoque dessa Convenção, o trabalho infantil doméstico pode infringir os direitos da criança à não discriminação (art. 2º), direito ao cuidado por seus pais (art. 7º), direito a preservar sua identidade, sua nacionalidade, seu nome e suas relações familiares (art. 8º), direito a manter contato regular com seus pais se estiver separado deles (art. 9º), direito a não ser enviado, ilicitamente, para o exterior (art. 11), direito a expressar suas opiniões em todos os assuntos que lhe digam respeito (art. 12), direito à liberdade de associação (art. 15), direito a não ser objeto de ataques a sua honra e reputação (art. 16), direito a que sua criação esteja a cargo de seus pais ou de seus representantes legais e que esses tenham como preocupação fundamental o interesse da criança (art. 18), direito à proteção contra toda forma de abuso físico ou mental, tratamento negligente ou exploração (art. 19), direito de ter o mais alto nível de saúde e acesso aos serviços sanitários (art. 24), direito à seguridade social (art. 26), direito a um nível adequado para seu desenvolvimento (art. 27), direito à educação (art. 28), direito ao descanso e ao lazer, ao divertimento e às atividades recreativas próprias da idade, bem como à livre participação na vida cultural e artística (art. 31), direito a ser protegido contra a exploração econômica e contra a execução de qualquer trabalho que possa impedir ou prejudicar sua educação ou que possa ser nocivo para sua saúde mental, moral e desenvolvimento social (art. 32), direito à proteção contra todas as formas de exploração sexual e abuso sexual (art. 34), direito à proteção contra o sequestro, venda ou tráfico (art. 35), direito à proteção contra tratamento cruel ou degradante e contra a privação arbitrária de sua liberdade (art. 37).

Apesar da consagração de tais direitos, a maioria dos pais e empregadores de crianças trabalhadoras domésticas ignoram vários direitos reconhecidos às crianças e, principalmente, as violações a tais direitos que costumam ocorrer com os trabalhadores infantis domésticos (OIT/IPEC, 2013, p. 13).

6. O marco regulatório da OIT

A Organização Internacional do Trabalho (OIT), desde o início, preocupou-se em regular o trabalho infantil e várias de suas primeiras convenções internacionais tratavam desse tema, como, por exemplo, a Convenção n. 5, que estabelecia idade mínima para admissão em minas, canteiros, indústrias, construção naval, centrais elétricas, transportes e construções, a Convenção n. 6, que proibia o trabalho noturno na indústria para menores de 18 anos, a Convenção n. 7, que estabelecia idade mínima de 14 anos para o trabalho marítimo e a Convenção n. 10, que proibia o trabalho agrícola para menores de 14 anos. Atualmente, as principais normas internacionais da OIT vigentes sobre trabalho infantil são a Convenção n. 138 da OIT e a Recomendação n. 146 sobre idade mínima de admissão ao emprego, a Convenção n. 182 da OIT e a Recomendação n. 190, sobre a proibição e ação imediata para a eliminação das piores formas de trabalho infantil. Tal é a importância da proteção da criança contra o trabalho infantil que tanto a Convenção n. 138 como a Convenção n. 182 da OIT são consideradas, por essa organização, como integrantes do rol dos direitos trabalhistas universais consagrados pela OIT, já que a Declaração de Princípios e Direitos Fundamentais da OIT, de 1998, considera como um dos princípios fundamentais a abolição do trabalho infantil.

No âmbito do trabalho doméstico, as primeiras normas internacionais a dispor sobre os trabalhadores domésticos foram a Convenção n. 189 da OIT e a Recomendação n. 201, sobre trabalho decente para trabalhadores domésticos.

6.1. A Convenção n. 138 da OIT, sobre idade mínima de admissão ao emprego e a Recomendação n. 146 da OIT

A Convenção n. 138 da OIT, sobre idade mínima de admissão ao emprego, leva em conta todas as convenções anteriores que estipulavam idade mínima nos diversos setores da economia e tem como objetivo básico a abolição efetiva de qualquer trabalho infantil, devendo os Estados convenentes implantar e seguir políticas nacionais que assegurem a extinção do trabalho infantil e aumentem, progressivamente, a idade mínima de admissão no emprego para a garantia do mais completo desenvolvimento físico e mental das crianças (art. 1º).

Cada Estado deverá, mediante uma declaração anexa a sua ratificação, determinar qual é a idade mínima para a admissão ao emprego em seu território, que não poderá ser menor que quinze anos ou a idade em que as obrigações escolares cessam, podendo aumentar essa idade em declaração posterior. Excepcionalmente, o Estado pode estabelecer idade mínima de quatorze anos, levados em conta sua economia e meios de educação, por meio de prévia consulta com as organizações de trabalhadores e de empregadores interessadas (art. 3º).

Quanto aos empregos ou trabalhos que possam ser perigosos para a saúde, segurança ou moralidade das crianças, determinados pela legislação nacional ou autoridade competente, a possibilidade de admissão ao emprego não poderá ser com menos de dezoito anos podendo, excepcionalmente, ser autorizado o labor nesses trabalhos a partir de dezesseis anos, quando houver a garantia de saúde, segurança e moralidade das crianças e que essas tenham recebido instrução ou formação profissional adequada e específica no setor de atividade correspondente (art. 3º).

Os Estados convenentes podem excluir determinadas categorias de emprego da aplicação dessa Convenção, desde que com prévia consulta às organizações de trabalhadores e empregadores e indicar, na primeira memória sobre a Convenção, quais são tais categorias e os fundamentos pelos quais elas foram excluídas, observando-se que algumas categorias não poderão ser excluídas do campo de aplicação dessa Convenção, como trabalho em minas e pedreiras, indústrias manufatureiras, construção, serviços de eletricidade, gás e água, saneamento, transportes, armazenamento e comunicações, plantações e outras explorações agrícolas que não sejam empresas familiares ou de pequenas dimensões (arts. 4º e 5º).

A presente Convenção não se aplica ao trabalho efetuado por crianças nas escolas de ensino geral, profissional ou técnico, tampouco às crianças que trabalham na condição de aprendizes, com um programa efetivo de formação (art. 6º).

Pode haver permissão de trabalho para crianças de treze a quinze anos em trabalhos leves que não prejudiquem sua saúde ou desenvolvimento e não prejudiquem sua frequência na escola, sua participação em programas de orientação ou formação profissional (art. 7º).

A autoridade competente também poderá permitir a participação de crianças em representações artísticas, devendo haver a delimitação de horas e condições de trabalho nessas autorizações (art. 8º).

Os Estados devem tomar medidas efetivas para a garantia de tais direitos às crianças, com o estabelecimento de sanções apropriadas, com registros das crianças abaixo de dezoito anos que trabalhem, com nome e sobrenome e idade (art. 9º).

A Convenção n. 138 da OIT é complementada pela Recomendação n. 146, sobre idade mínima ao trabalho. Como todas as recomendações da OIT, tal norma tem natureza de *soft law*, ou seja, não tem caráter vinculante e não é ratificada pelos Estados, que não se vinculam a essas. Apesar de sua falta de coercibilidade, seu estudo é importante porque traz algumas formas específicas de implementação dos preceitos contidos na Convenção n. 138 da OIT, já que são normas referenciais que têm como objetivo inspirar políticas e legislações nacionais.

Dessa forma, cabe destacar as principais disposições contidas na Recomendação, tais como, a prioridade que as políticas e planos nacionais para a extinção do trabalho infantil deveriam dar para a previsão e satisfação das necessidades das crianças, com a extensão progressiva e coordenada de medidas para melhorar seu desenvolvimento físico e mental, com a adoção de medidas que estimulem o emprego nas zonas rurais e urbanas, com medidas para aliviar a pobreza das famílias das crianças trabalhadoras e aumentar a proteção da seguridade social e com medidas para assegurar a manutenção das crianças, inclusive, com implementação ou aumento de subsídios para crianças, com medidas de extensão de orientação e formação profissionais, bem como medidas de proteção aos adolescentes, com a exigência de cumprimento de estudo com horário completo até, no mínimo, a idade mínima de admissão ao emprego.

A Recomendação também prevê a adoção de medidas especiais para crianças sem família ou que não vivam com elas e para crianças migrantes, mediante a concessão de bolsas e de formação profissional adequada.

Essa norma considera que o ideal é que o Estado determine idade mínima de dezesseis anos para todos os setores da atividade econômica e, nos casos de trabalhos perigosos para a saúde, segurança ou moralidade das crianças, seja inferior a dezoito anos.

As condições de trabalho deveriam manter um nível satisfatório para as crianças, com a fixação de uma remuneração equitativa e levando em conta o princípio de "salário igual por trabalho de igual valor", com a fixação e limitação das horas de trabalho diárias e semanais, com proibição de realização de horas extras, para que haja tempo suficiente para o ensino ou formação profissional, para o descanso e para atividades de lazer, com a garantia de descanso diário noturno de doze horas consecutivas e de descanso semanal remunerado, com a garantia de férias de, no mínimo, quatro semanas, com planos de seguridade social, com previsão de benefícios previdenciários, bem como garantia de existência de normas satisfatórias de segurança e higiene do trabalho.

Para a efetividade de tais medidas, é necessário o fortalecimento da inspeção do trabalho e dos serviços relacionados com a melhora e inspeção da formação nas empresas para descobrir os abusos contra as crianças trabalhadoras que podem surgir no trabalho.

6.2. A Convenção n. 182 da OIT, sobre a proibição e ação imediata para a eliminação das piores formas de trabalho infantil e a Recomendação n. 190 da OIT

Em 1999, a OIT adotou a Convenção n. 182 da OIT, sobre a proibição e ação imediata para a eliminação das piores formas de trabalho infantil, com um número sem precedentes de ratificações pelos Estados-membros da OIT, demonstrando a urgência política da luta contra essas formas de trabalho infantil (BRAIN, 2014, p. 1643).

Os Estados-ratificantes da Convenção n. 182 da OIT deverão adotar medidas imediatas e eficazes para a proibição e eliminação das piores formas de trabalho infantil com caráter de urgência (art. 1º), considerando-se como criança, para os efeitos dessa Convenção, toda pessoa menor de dezoito anos (art. 2º) e a expressão "piores formas de trabalho infantil" como: a) todas as formas de escravidão ou práticas análogas à escravidão, tais como venda e tráfico de crianças, a servidão por dívidas ou condição de servo, o trabalho forçado ou obrigatório, incluído o recrutamento obrigatório de crianças para utilizá-las em conflitos armados; b) a utilização, o recrutamento e a oferta de crianças para a prostituição, a produção de pornografia ou atuações pornográficas; c) a utilização, o recrutamento ou oferta de crianças para a realização de atividades ilícitas, em particular a produção e o tráfico de entorpecentes, conforme definidos em tratados internacionais; d) trabalhos que, por sua natureza ou condições, possam prejudicar a saúde, segurança ou moralidade das crianças (art. 3º).

No tocante às últimas hipóteses de pior trabalho infantil, os Estados-ratificantes da Convenção deverão determinar quais são esses trabalhos, por lei ou pela autoridade competente, mediante prévia consulta com as organizações de trabalhadores e empregadores, levando em conta os termos dos §§ 3º e 4º da Recomendação sobre as piores formas de trabalho infantil, de 1999, determinando, também, os locais onde costumam ocorrer esses tipos de trabalho, examinando e revisando, se necessário, periodicamente, a lista dos piores tipos de trabalho infantil (art. 4º).

No tocante às piores formas de trabalho infantil, Brain (2014, p. 1643) considera que essas formas caracterizam verdadeira escravidão, já que constituem uma opressão dos membros mais vulneráveis, sendo a antítese do trabalho decente.

Mecanismos eficazes de inspeção da proibição das piores formas de trabalho infantil deverão ser estabelecidos (art. 5º), assim como programas de ação para eliminação desses trabalhos (art. 6º), inclusive com o estabelecimento de sanções penais (art. 7º).

Os Estados deverão adotar medidas para impedir a ocupação das crianças nas piores formas de trabalho infantil, prestar a assistência necessária e adequada para livrar as crianças das piores formas de trabalho infantil e assegurar sua reabilitação e inserção social, bem como assegurar a todas as crianças que foram resgatadas das piores formas de trabalho infantil o acesso ao ensino básico gratuito e, se for possível e adequado, à formação profissional, identificar as crianças que estão particularmente expostas a riscos e entrar em contato com elas, e, numa perspectiva transversal de gênero, levar em conta a situação particular das meninas trabalhadoras (art. 7º).

Os Estados deverão, também, tomar medidas para ajudas recíprocas por meio de cooperação e/ou assistência internacional para desenvolver os programas de erradicação da pobreza e da educação universal (art. 8º).

Os dados existentes sobre trabalho infantil doméstico apontam a existência de um grande número de crianças trabalhadoras domésticas que se encontram em situação de servidão por dívidas ou em trabalho forçado (OIT/IPEC, 2013, p. 14).

Quando do processo de elaboração da Convenção n. 182 da OIT, discutiu-se muito acerca da situação das crianças trabalhadoras domésticas e a situação dessas crianças como uma das piores formas de trabalho infantil (OIT, 2013a, p. 6).

Diante dos termos da Convenção n. 182 da OIT, denota-se que o trabalho infantil doméstico compreende uma das piores formas de trabalho infantil. Em 2011, O Comitê dos Expertos da OIT na Aplicação de Convenções e Recomendações (CEACR), por exemplo, caracterizou a prática de *criadazgo*, existente no Paraguai, que legitima a "adoção ou acolhimento" de crianças que efetuam trabalho doméstico em troca, apenas, de comida, alojamento e educação, como uma violação da Convenção n. 182 da OIT (OIT/IPEC, 2013, p. 27).

A Recomendação n. 190 sobre as piores formas de trabalho infantil complementa a Convenção n. 182 da OIT, sugerindo que os programas de ação dos Estados para a erradicação das piores formas de trabalho infantil identifiquem quais são as piores formas de trabalho infantil e as denunciem, impeçam a ocupação das crianças nessas formas de trabalho, protegendo-os contra represálias e garantindo sua reabilitação e inserção social. Esses programas deveriam ter enfoque nas crianças pequenas, nas meninas e no problema do trabalho oculto, em que elas estão particularmente expostas a riscos, que é o caso típico do trabalho doméstico e a outros grupos de crianças que sejam particularmente vulneráveis ou com necessidades específicas, identificar as comunidades com crianças expostas a riscos e trabalhar com eles e, por fim, informar, sensibilizar e mobilizar a opinião pública e aos grupos interessados, incluindo as crianças e seus familiares.

No tocante ao trabalho perigoso, os Estados deveriam levar em conta os trabalhos em que a criança fique exposta a abusos de ordem física, psicológica ou sexual, nos quais se encaixa o trabalho infantil doméstico, tais como os trabalhos realizados com máquinas e ferramentas perigosas ou manipulação ou transporte manual de cargas pesadas, os trabalhos realizados em ambiente insalubre ou perigoso, os trabalhos que implicam condições especialmente difíceis, como em horários prolongados ou em jornadas noturnas, ou, ainda, em trabalhos que retêm, injustificadamente, a criança no local de trabalho, como sói ocorrer no trabalho infantil doméstico.

Dados estatísticos sobre o trabalho infantil e as violações das normas nacionais sobre proibição e eliminação das piores formas de trabalho infantil deveriam ser compilados para determinar as prioridades das políticas públicas contra o trabalho infantil, incluindo dados desdobrados em sexo, grupo de idade, ocupação, ramo de atividade econômica, situação no emprego, frequência escolar e localidade geográfica.

A Recomendação considera que os Estados deveriam configurar como atos delituosos, dentre outras piores forma de trabalho infantil, todas as formas de escravidão ou análogas à escravidão, trabalho forçado ou obrigatório, servidão por dívidas e condição de servos, esses últimos comuns nos casos de trabalho infantil doméstico, mediante o estabelecimento de sanções penais, bem como outras medidas de caráter penal, civil ou administrativa, como, por exemplo, revogação, temporária ou definitiva, de licença para funcionamento.

A Recomendação também sugere que os Estados tomem medidas para eliminar, sensibilizar e mobilizar as pessoas sobre as piores formas de trabalho infantil, fazer com que as organizações de empregadores e de empregadores e associações civis participem das medidas, fornecer formação aos funcionários públicos encarregados de fiscalizar e aplicar tais políticas e leis, simplificar os procedimentos judiciais e administrativos, com estabelecimento de procedimentos especiais de queixa, registrar e difundir práticas idôneas e as disposições jurídicas em matéria de eliminação do trabalho infantil, melhorar a infraestrutura de ensino básico, promover ações para aumento de emprego dos pais e adultos das famílias de crianças trabalhadoras e sensibilizar seus pais quanto aos problemas decorrentes desse trabalho.

Os Estados deveriam, também, manter cooperação entre si, mediante a mobilização de recursos para os programas nacionais ou internacionais, com o estabelecimento de assistência jurídica e técnica mútua, com o intercâmbio de informações e o apoio ao desenvolvimento econômico e social, os programas de erradicação da pobreza e a educação universal.

6.3. A Convenção n. 189 da OIT, sobre trabalho decente para trabalhadoras e trabalhadores domésticos e a Resolução n. 201 da OIT

O trabalho doméstico sempre foi subestimado e pouco regulado, mal remunerado e com pouca proteção legal. Essa situação continua a ser perpetuada, inclusive pela própria legislação laboral dos países, e reflete a falta de reconhecimento do papel essencial dessa ocupação, bem como de todo trabalho reprodutivo em geral, na economia. O trabalho doméstico é uma importante fonte de emprego, principalmente para as mulheres, e aporta uma contribuição considerável para as economias locais, nacionais e mundiais (OIT/IPEC, 2013, p. 1-3).

As normas que regulamentam o trabalho doméstico, na maior parte dos países, costumam ser mais restritas que a proteção dada aos demais trabalhadores. Segundo a OIT/IPEC (2013, p. 44), apenas 10% das legislações nacionais do mundo dão a mesma proteção aos trabalhadores domésticos e aos trabalhadores nos demais setores e mais de 25% das legislações nacionais excluem os trabalhadores domésticos da legislação do trabalho, embora essa situação esteja se alterando, também, em virtude da adoção da Convenção n. 189 e da Recomendação n. 201 da OIT.

A Convenção n. 189 sobre trabalhadores e trabalhadoras domésticas e a Recomendação n. 201 apontam para o reconhecimento de trabalho decente para todos os trabalhadores domésticos e a consequente necessidade de revisão da legislação e práticas dos Estados-membros da OIT, para que os trabalhadores domésticos desfrutem do mesmo nível de proteção que os demais trabalhadores (OIT/IPEC, 2013, p. 9-12).

A OIT/IPEC (2013, p. 17) considera que a ratificação da Convenção n. 189 pelos Estados-membros da OIT proporcionará uma maior proteção aos trabalhadores domésticos, diminuindo o déficit de trabalho decente para esse grupo, uma maior possibilidade de alcance da igualdade em razão de gênero e ajudará no combate à discriminação em razão de gênero, raça e etnia, discriminações comumente perpetuadas nesse setor.

A Convenção n. 189 da OIT, sobre trabalhadores e trabalhadoras domésticas considera, em seu preâmbulo, que, apesar de o trabalho doméstico constituir uma proporção importante da força de trabalho, o trabalho doméstico sempre foi e continua a ser sub-valorado e invisível e as pessoas que o executam que são, em sua maioria, mulheres e meninas, muitas migrantes ou integrantes de comunidades desfavorecidas, são particularmente vulneráveis à discriminação no tocante às suas condições de emprego e de trabalho e de abuso de seus direitos humanos.

Para os fins dessa Convenção, a expressão "trabalho doméstico" designa o trabalho realizado no (s) lar(es) ou para os mesmos e a expressão "trabalhador doméstico" designa a pessoa, de gênero feminino ou masculino, que realiza um trabalho doméstico dentre de uma relação de emprego, excetuando-se os casos em que o trabalhador realiza trabalho doméstico de forma ocasional ou esporádica (art. 1º).

Os Estados-ratificantes dessa Convenção deverão adotar medidas para assegurar a promoção e proteção efetiva dos direitos humanos a todos os trabalhadores domésticos, com a garantia dos princípios e direitos fundamentais no trabalho, ou seja, a liberdade de associação e à liberdade sindical e o reconhecimento efetivo do direito de negociação coletiva, a eliminação de todas as formas de trabalho forçado ou obrigatório, a abolição efetiva do trabalho infantil e a eliminação da discriminação em matéria de emprego e ocupação (art. 3º). Dessa forma, o trabalho infantil doméstico é proibido tanto pelas Convenções que dispõem sobre idade mínima de admissão ao trabalho e sobre as piores formas de trabalho infantil (Convenções ns. 138 e 182 da OIT), como pela Convenção n. 182 da OIT, sobre trabalhadoras e trabalhadores domésticas.

Os Estados deverão proteger o direito dos trabalhadores e empregadores domésticos a constituir organizações, federações e confederações que entendam convenientes e se filiar a eles (art. 3º).

Os Estados-ratificantes deverão estipular uma idade mínima para os trabalhadores domésticos compatível com as determinações das Convenções ns. 138 e 182 da OIT, que não poderá ser inferior à idade mínima estipulada na legislação nacional para os demais trabalhadores e adotar medidas para assegurar que os trabalhadores domésticos menores de 18 anos, mas com idade mínima para admissão ao emprego, segundo a legislação nacional, não sejam privados do ensino obrigatório, nem tenham prejudicadas suas oportunidades de acesso à educação superior ou a uma formação profissional (art. 4º).

Os trabalhadores domésticos deverão gozar de proteção efetiva contra toda forma de abuso, assédio ou violência (art. 5º), seja física, moral ou sexual. Deverão ter, também, condições de emprego equitativas e condições de trabalho decente e, se residirem no local de trabalho, devem ter condições de vida decentes que respeitem sua privacidade (art. 6º).

Esses trabalhadores também têm o direito de informação acerca de suas condições de trabalho, mediante contratos escritos em conformidade com a legislação nacional, em que fique claro o nome, sobrenome e endereço do empregador e do trabalhador, o início do contrato de trabalho ou sua duração, o tipo de trabalho a ser realizado, a remuneração, sua forma de cálculo e periodicidade, jornada de trabalho, férias anuais pagas e períodos de descanso diários e semanais, o fornecimento de alimentos e alojamentos, quando estiver no contrato de emprego, o período de experiência, quando houver, as condições de repatriação, quando for necessário, as condições relativas à forma de término do contrato de trabalho (art. 7º).

Os Estados-ratificantes devem garantir que os direitos ora consagrados sejam assegurados, também, aos trabalhadores domésticos migrantes e que esses recebam a oferta de emprego ou o contrato de trabalho, por escrito (art. 8º).

Os trabalhadores domésticos que residam no local de trabalho devem ter assegurados seus períodos de descanso diários e semanais, sem serem obrigados a permanecer no local de trabalho e devem ter o direito de manter seus documentos pessoais (art. 9º).

Os trabalhadores e trabalhadoras domésticas devem ter assegurados a igualdade de trato entre eles e os trabalhadores em geral, no tocante à jornada de trabalho, compensação de horas extras, períodos de descanso diários e semanais de, no mínimo, 24 horas consecutivas, e férias anuais pagas, sendo que os períodos em que os trabalhadores domésticos ficarem à disposição do empregador deverão ser computados na jornada de trabalho (art. 10).

Também têm assegurados o direito a salário mínimo e a isonomia salarial em razão de sexo (art. 11), bem como pagamento de seus salários com periodicidade mínima mensal (art. 12).

A Convenção garante o direito a um meio ambiente de trabalho seguro e saudável, em seu art. 13, direito esse que pode ser implementado progressivamente pelas legislações nacionais e garante a mesma proteção social que a dos demais trabalhadores, inclusive no que concerne à proteção da maternidade (art. 14).

Os trabalhadores domésticos, principalmente os migrantes, devem ser protegidos de abusos de agências de emprego privadas (art. 15), devem ter acesso à justiça (art. 16) e o Estado deve estabelecer métodos eficazes de inspeção do trabalho, inclusive com possibilidade de autorização de acesso dos auditores ao domicílio dos empregadores (art. 17).

A Recomendação n. 201, sobre trabalhadoras e trabalhadores domésticos, foi adotada em 16 de junho de 2011 e trata de várias proposições acerca do trabalho doméstico.

Dessa forma, para que os trabalhadores domésticos efetivamente desfrutem da liberdade sindical e dos direitos de negociação coletiva consagrados na Convenção n. 189 da OIT, esse documento recomenda que os Estados identifiquem e suprimam as restrições legislativas ou administrativas, ou quaisquer outros obstáculos que impeçam o exercício dos direitos de organizar associações sindicais e efetuar negociação coletiva dos trabalhadores domésticos, adotem medidas para eliminar a discriminação contra o trabalhador doméstico em matéria de emprego e ocupação, assegurando o direito à intimidade e proteção dos dados pessoais dos trabalhadores domésticos.

Especificamente no tocante ao trabalho infantil doméstico, os Estados deveriam identificar as modalidades de trabalho doméstico que, por causa da sua índole ou circunstâncias, possam prejudicar a saúde, segurança ou moralidade das crianças, proibindo e erradicando essas modalidades de trabalho infantil e deveriam regulamentar o trabalho doméstico de menores de 18 anos e maiores que a idade mínima para admissão ao emprego, de modo a proteger tais crianças, limitando sua jornada de trabalho, para que tenham tempo adequado para descanso, para educação ou formação profissional, atividades de lazer e contato com seus familiares, mediante a proibição de jornada laboral noturna, a limitação do trabalho excessivamente cansativo, tanto de forma física como psíquica, e o estabelecimento ou reforço de mecanismos de vigilância de suas condições de trabalho e de vida.

Medidas de proteção adequadas deveriam ser implementadas, tais como auxílio-doença, estabelecimento de adicional pela realização de horas extras.

Um modelo de contrato de trabalho doméstico deveria ser disponibilizado para os empregadores e trabalhadores, contendo as principais condições de trabalho. Além disso, a jornada de trabalho deveria ser registrada com exatidão, inclusive as horas extraordinárias realizadas.

Mecanismos de queixa acessíveis deveriam ser disponibilizados para que os trabalhadores domésticos possam informar casos de abuso, assédio e violência, para que esses casos sejam investigados e sejam objetos de ações judiciais, com o estabelecimento de programas de realocação e readaptação dos trabalhadores domésticos vítimas de abuso, assédio e violência, inclusive com alojamento temporal e assistência à saúde.

O período em que o trabalhador doméstico permanece à disposição para labor imediato para o empregador deveria ter uma limitação máxima, seja semanal, mensal ou anual, bem como a forma de remuneração dessas horas de disponibilidade laboral imediata.

O descanso semanal remunerado deveria ser de, no mínimo, 24 horas consecutivas, o salário não pode ser pago apenas em utilidades, devendo haver um mínimo de pagamento em espécie e o empregador deveria fornecer todos os equipamentos necessários para o trabalho, tais como ferramentas, equipamento de proteção individual, produtos de limpeza etc., sem nenhum custo para os trabalhadores.

É recomendável que os trabalhadores domésticos tenham um alojamento separado, privado, convenientemente mobiliado e ventilado, com tranca, cuja chave deve ser entregue ao trabalhador doméstico, acesso a instalações sanitárias, comuns ou privadas, em boas condições, iluminação suficiente, aquecimento e ar-condicionado, quando for necessário, comida de boa qualidade e em quantidade suficiente.

No caso de extinção do trabalho sem justa causa, os trabalhadores domésticos que residam na casa do empregador deveriam ter um prazo razoável para buscar novo emprego e alojamento.

Recomenda-se, também, que os Estados tomem medidas para eliminar ou reduzir ao máximo os riscos relacionados ao trabalho, prevenindo acidentes, doenças e mortes e promovendo a segurança e saúde laborais nos locais de trabalho.

Um sistema de inspeção suficiente e apropriado, com o estabelecimento de sanções adequadas, deveria ser implementado para dar efetividade à proteção legal dos trabalhadores domésticos.

Algumas medidas adicionais deveriam ser asseguradas no tocante aos trabalhadores domésticos migrantes, tais como: o estabelecimento de uma linha telefônica nacional de assistência, com serviços de tradução para os trabalhadores domésticos que necessitem ajuda, previsão de um sistema de visitas, antes da colocação, nos domicílios que empregarão trabalhadores domésticos migrantes, a criação de uma rede de alojamento de urgência, a sensibilização dos empregadores quanto as suas obrigações jurídicas, garantia de que os trabalhadores domésticos possam recorrer a mecanismos de queixa e possam utilizar recursos legais tanto no âmbito civil como penal, durante ou depois do contrato de trabalho e mesmo que já tenha deixado o país onde foi empregado, estabelecimento de um serviço público de assistência que informe aos trabalhadores domésticos, em língua que eles compreendam, acerca de seus direitos, mecanismos de queixa e recursos disponíveis, com previsão de direito de repatriação, sem custo para os trabalhadores, com a extinção do contrato de trabalho.

Por sua vez, os Estados-membros que sejam países de origem dos trabalhadores domésticos migrantes deveriam informar esses trabalhadores acerca de seus direitos, antes que saiam de seus países, criando fundos de assistência jurídica, serviços sociais e serviços consulares especializados.

Os Estados deveriam, também, em conformidade com suas legislações nacionais, autorizar os auditores do trabalho ou outros funcionários encarregados de velar pelo cumprimento das disposições aplicáveis ao trabalho doméstico a entrada nos domicílios em que se realize o trabalho.

Os Estados deveriam formular políticas e programas a fim de fomentar o desenvolvimento contínuo das competências e qualificações dos trabalhadores domésticos, incluindo sua alfabetização, atender às necessidades dos trabalhadores domésticos no tocante ao equilíbrio entre a vida laboral e a vida pessoal e assegurar que os trabalhadores domésticos sejam amparados pelas políticas de conciliação entre trabalho e responsabilidades familiares.

Os Estados-membros deveriam cooperar entre si com o propósito de melhorar a proteção dos trabalhadores domésticos, mediante a difusão de boas práticas e recompilação de estatísticas relativas ao trabalho doméstico.

6.5. A Declaração Mundial sobre Trabalho Infantil de 2013

A Declaração Mundial sobre Trabalho Infantil, firmada em 10 de outubro de 2013, em Brasília, reafirmou a determinação de todos os participantes da III Conferência Global sobre Trabalho Infantil, de eliminar as piores formas de trabalho infantil, estabelecidas na Convenção n. 182 da OIT, até 2016 e, a longo prazo, a determinação de erradicação de toda forma de trabalho infantil, por meio de aumento de esforços em nível nacional e internacional.

Essa Declaração considera que qualquer trabalho infantil prejudica o efetivo gozo dos direitos da criança, sendo sua erradicação necessária para a efetivação dos direitos humanos, observando os termos da Declaração da OIT sobre os Princípios e Direitos Fundamentais no Trabalho (1998), a inserção da erradicação do trabalho infantil como um dos pilares da Agenda de Trabalho Decente da OIT e a ratificação por número expressivo de Estados-membros das Convenções ns. 138 e 182 da OIT.

Dessa maneira, a Declaração deixa claro que considera qualquer trabalho infantil, sem exceção, como uma vulneração aos direitos fundamentais das crianças, estabelecendo prazo até 2016 como meta para a eliminação das consideradas como piores formas de trabalho infantil. Para isso, destaca a necessidade de resposta específica no que concerne às questões de idade e gênero em relação ao trabalho infantil, com especial enfoque na formalização da economia informal e no fortalecimento da ação nacional.

A atuação estatal como atuação principal e o Estado como responsável de forma primária pela prevenção e extinção do trabalho infantil foram destacados, sem prejuízo da atuação de outros atores da sociedade civil, levando em conta a necessidade de auxílio mútuo entre todos os atores envolvidos, inclusive com enfoque especial na cooperação Sul-Sul.

Essa atuação estatal deve ocorrer de maneira transversal, de modo a integrar as políticas públicas de trabalho, educação, agricultura, saúde e de proteção social, para que as crianças não necessitem mais se envolver em trabalho infantil, com a garantia do direito à educação dessas crianças. Essa atuação deve ser feita, também, mediante o estabelecimento e incremento do arcabouço legal e institucional necessário para prevenir e eliminar o trabalho infantil, por meio da responsabilização dos perpetradores de casos de trabalho infantil, com a aplicação de sanções adequadas.

A próxima Conferência Global sobre a Erradicação Sustentada do Trabalho Infantil será em 2017, na Argentina.

7. A normatização jurídica do trabalho infantil doméstico na Argentina

Seguindo tendência mundial, as políticas públicas argentinas sobre trabalho infantil foram mudando seu enfoque de um trabalho infantil como caridade, para tutela desse trabalho e, finalmente, adotou um enfoque de trabalho infantil como alarme social e, desde 1996, Argentina faz parte do Programa Internacional para a Erradicação do Trabalho Infantil OIT/IPEC (MUÑOZ; PERALTA, 2006, p. 77).

A Comissão Nacional Para a Erradicação do Trabalho Infantil (CONAETI)(2), considera trabalho infantil toda atividade econômica e/ou estratégia de sobrevivência, remunerada ou não, realizada por crianças, abaixo da idade de admissão ao emprego ou que não tenham finalizado a escolaridade obrigatória, ou que não tenham cumprido 18 anos, se se tratar de trabalho perigoso, e criança a pessoa com menos de 18 anos (Argentina/CONAETI, 2011, p. 9; OIT, 2013b, p. 3).

As principais atividades da CONAETI são a recompilação e análise da normativa que regula o trabalho infantil na Argentina e suas estatísticas, realização de convenções e acordos institucionais com governos e organizações em torno a ações que previnam e erradiquem o trabalho infantil, por meio de estratégias complementares, a inclusão das crianças trabalhadoras no sistema educativo e o fortalecimento econômico laboral de suas famílias (MUÑOZ; PERALTA, 2006, p. 89).

A Convenção Internacional sobre os Direitos da Criança foi aprovada pela República Argentina, em 1990, pela Lei n. 23.849 e incorporada à Constituição argentina, em 1994, no art. 75, inciso 22, passando, assim, a Convenção a ter *status* constitucional no ordenamento jurídico argentino.

A Argentina ratificou tanto a Convenção n. 138 da OIT, sobre idade mínima para admissão ao emprego, em 11 de novembro de 1996, como a Convenção n. 182 da OIT, sobre a proibição das piores formas de trabalho infantil, em 5 de fevereiro de 2001, mas não ratificou a Convenção n. 189 da OIT, sobre trabalhadoras e trabalhadores domésticos.

A Lei n. 26.390/2008 proíbe o trabalho infantil e protege o trabalho adolescente, estabelecendo idade mínima de admissão ao emprego de 16 anos, proibindo o trabalho de pessoas menores dessa idade em todas as suas formas, tenha ou não relação de emprego, havendo remuneração desse trabalho ou não (art. 2º) e proibindo o trabalho em jornada noturna para os menores de 18 anos (art. 9º). Dessa forma, qualquer trabalho doméstico que exija algum tipo de trabalho noturno de menores de 18 anos é proibido.

A Lei, contudo, permite o trabalho de, no máximo, 3 horas diárias e 15 horas semanais, nos casos de trabalho infantil doméstico para maiores de 14 anos e menores de 16 anos, desde que não se trate de tarefas penosas, perigosas e/ou insalubres e desde que a criança continue a frequentar a escola (art. 8º).

Embora, na Argentina, qualquer trabalho realizado por pessoas abaixo de 16 anos seja proibido, conforme pesquisa do *Módulo de Acti-*

(2) A CONAETI foi criada em 2000, pelo Decreto n. 719/2000, com o objetivo de coordenar, avaliar e dar seguimento aos esforços em prol da prevenção e erradicação do trabalho infantil. No âmbito da CONAETI, foram criadas as Comissões Provinciais para a Prevenção e Erradicação do Trabalho Infantil (COPRETI), integradas por representantes de organismos governamentais provinciais, com a possibilidade de participação de entidades não governamentais, sindicais e de empregadores.

vidades de Niñas, Niños y Adolescentes (MANNyA) de 2012, 2,4% das crianças entre 5 e 13 anos e 7,8% das crianças entre 14 e 17 anos executam tarefas domésticas intensas, consideradas aquelas executadas por mais de dez horas semanais por crianças de 5 a 13 anos e por mais de quinze horas semanais por crianças entre 14 e 17 anos. Do total das crianças entre 14 e 18 anos, a porcentagem de meninas que realizou tarefas domésticas intensas era de 13%, ao passo que a porcentagem de meninos, na mesma faixa etária, executando tais tarefas era de 5,1% (OIT, 2013b, p. 8).

O Código Penal argentino, por sua vez, com a incorporação do art. 148 *bis*, feita pela Lei n. 26.847/2013, estabelece que será punido com prisão de um a quatro anos aquele que se aproveitar economicamente do trabalho de uma criança, mediante a violação das normas nacionais que proíbem o trabalho infantil, a não ser que a ação importe delito ainda mais grave, excetuando-se o trabalho com fins exclusivos pedagógicos ou de capacitação. Não são puníveis o pai, a mãe ou tutor que incorra na conduta descrita.

A Lei Argentina n. 26.844/2013, sobre o regime especial de contrato de trabalho para as pessoas em casas particulares (trabalho doméstico), rege a normativa que amplia os direitos dos empregados domésticos, equiparando-os aos demais empregados. Assim, a norma estabeleceu a proibição de contratação de menores de 16 anos, em seu art. 9º, limitou a jornada de trabalho para o caso de empregados maiores de 16 anos e menores de 18 anos a 6 horas diárias e 36 horas semanais de trabalho, em seu art. 11, e proibiu o emprego de menores de 18 anos que não tenham terminado o estudo obrigatório, a não ser que o empregador se responsabilize pelo término dos estudos da criança trabalhadora doméstica (art. 12). Em nenhuma hipótese, os trabalhadores menores de 18 anos poderão ter contratação de trabalho em que residam no local de trabalho (chamado *modalidade laboral sin retiro* ou *trabajo con cama adentro*), conforme art. 13 da referida lei.

Na Argentina, foram implementados os *Planes Nacionales para la Prevención y Erradicación del Trabajo Infantil* de 2006-2010 e de 2011-2015. O plano de 2011-2015 considera o trabalho infantil como uma vulneração de direitos, tem como beneficiários diretos as crianças que trabalham nas distintas modalidades de trabalho infantil e aquelas que se encontram em risco de se incorporar ao trabalho infantil e beneficiários indiretos as famílias de crianças que trabalham nas distintas modalidades de trabalho infantil e os atores sociais envolvidos nas temáticas de infância e trabalho.

Seu objetivo geral é a prevenção e erradicação do trabalho infantil, em todas as suas formas, e a proteção do trabalho adolescente, por meio do desenvolvimento de ações que favoreçam a participação dos distintos setores da sociedade em todo o país. Os objetivos específicos são, dentre outros: garantir a permanente difusão, sensibilização, informação e formação em matéria de prevenção e erradicação do trabalho infantil e proteção do trabalho adolescente, promover e sustentar um sistema integral de informação permanente sobre o trabalho infantil e adolescente, fortalecer, integralmente, o grupo familiar das crianças que trabalham e das que estão em risco de trabalho infantil, fortalecer os sistemas de inspeção do trabalho em matéria de prevenção e erradicação do trabalho infantil e proteção do trabalho adolescente e promover a figura do inspetor do trabalho como ator chave para a proteção da infância e da adolescência, implementar outros mecanismos de prevenção e detecção do trabalho infantil, a partir do envolvimento dos atores sociais nessa problemática, impulsionar a inclusão e/ou permanência de todas as crianças e adolescentes no sistema educacional formal obrigatório, promover a atenção à saúde integral das crianças envolvidas no trabalho infantil, elaborar e atualizar as normas para prevenção e erradicação do trabalho infantil e proteção do trabalho adolescente, com a participação dessas crianças e adolescentes nos processos (Argentina/CONAETI, 2011).

O Plano também destaca as relações e papéis de gênero como fatores chaves na estruturação da incidência e natureza do trabalho infantil, considerando que a promoção da igualdade deve, necessariamente, levar em conta a igualdade de oportunidades para meninas e meninos e o uso da perspectiva de gênero como vital para prevenir e resolver os problemas relacionados com o trabalho infantil (Argentina/CONAETI, 2011, p. 24).

8. A normatização jurídica do trabalho infantil doméstico no Brasil

A pesquisa do IBGE de 2011 apontou que mais de 250 mil crianças estavam envolvidas no trabalho doméstico em domicílio de terceiros, sendo que 67 mil eram crianças de 10 a 14 anos de idade e 190 mil eram crianças de 15 a 17 anos de idade. As políticas públicas brasileiras vêm tentando inserir a problemática do trabalho infantil doméstico nos programas de proteção contra o trabalho infantil e, atualmente, o combate ao trabalho infantil doméstico está inserido nos diversos Planos de Prevenção e Erradicação do Trabalho Infantil existentes no Brasil.

No Brasil, até a década de 1980, a sociedade considerava o trabalho infantil como um fator positivo e o Código de Menores, que só foi revogado pelo Estatuto da Criança e do Adolescente — ECA considerava o "menor" que não estudava ou trabalhava como um delinquente em potencial, que precisava ser controlado e reprimido pelo Poder Público. A partir dessa década, iniciaram-se discussões acerca da criança e do adolescente como seres humanos em fase de desenvolvimento no Congresso Constituinte. Em 1988, foi promulgada a Constituição Federal do Brasil e, em 1990, foi promulgado o ECA, introduzindo um novo paradigma de abordagem das políticas públicas no que concerne ao trabalho infantil, a valorização da educação das crianças e adolescentes (Brasil/CONAETI, 2011).

A Constituição brasileira de 1988, em seu art. 227, consagra a proteção integral da criança e do adolescente, responsabilizando a família, a sociedade e o Estado pela proteção prioritária e absoluta desses indivíduos, e, no art. 7º, incisos XXX e XXXIII, estabelece a isonomia salarial, dentre outros fatores, também por motivo de idade, e proíbe o trabalho noturno, perigoso ou insalubre a menores de dezoito e de qualquer trabalho a menores de dezesseis anos, salvo na condição de aprendiz, a partir de quatorze anos (redação dada pela Emenda Constitucional n. 20/1998).

Observe-se que a criança e o adolescente menor de dezoito anos têm os seguintes direitos garantidos constitucionalmente, previstos no art. 227: direito à vida, à saúde, à alimentação, à educação, ao lazer, à profissionalização, à cultura, à dignidade, ao respeito, à liberdade e à convivência familiar e comunitária, devendo as crianças e adolescentes serem colocados a salvo de toda forma de negligência, discriminação, exploração, violência, crueldade e opressão. Dentre esses direitos não se encontra o direito ao trabalho, mas apenas à profissionalização, ou seja, criança e adolescente não têm direito ao trabalho, mas à educação e profissionalização e qualquer trabalho que seja, eventualmente, permitido à pessoa menor de 18 anos deverá, dentre outros requisitos, ter como escopo a profissionalização dessa criança ou adolescente.

O Estatuto da Criança e do Adolescente, em seu art. 60, admite o trabalho da criança maior de 16 anos desde que seja respeitada sua condição peculiar de pessoa em desenvolvimento e a capacitação profissional adequada ao mercado de trabalho, mas veda o trabalho do adolescente em locais prejudiciais a sua formação e a seu desenvolvimento físico, psíquico, moral e social (art. 67, inciso III). Por sua vez, o art. 405 da CLT reitera essa proibição de trabalho à criança e adolescente[(3)] e define como trabalho prejudicial à moralidade da criança ou adolescente o trabalho prestado de qualquer modo, em teatros de revista, cinemas, boates, cassinos, cabarés, *dancings* e estabelecimentos análogos (alínea "a"), em empresas circenses, em funções de acrobata, saltimbanco, ginasta e outras semelhantes (alínea "b"), em atividades de produção, composição, entrega ou venda de escritos, impressos, cartazes, desenhos, pinturas, emblemas, imagens e quaisquer outros

(3) A CLT ainda utiliza, de forma errônea, a expressão "menor".

objetos que possam, a juízo da autoridade competente, prejudicar sua formação moral (alínea "c") e trabalhos consistentes na venda, a varejo, de bebidas alcoólicas (alínea "d"). Nos casos das alíneas "a" e "b", é possível a autorização desse labor por autoridade competente (art. 406 da CLT).

O art. 405, § 5º, da CLT proíbe o trabalho da pessoa menor de 18 anos em serviços que demandem o emprego de força muscular superior a 20 quilos, para o trabalho contínuo, ou 25 quilos para o trabalho ocasional.

O art. 413 da CLT veda a realização de jornada extraordinária por pessoas menores de 18 anos, possibilitando tal labor apenas nos casos de força maior.

Conforme o art. 424 da CLT, é dever dos pais ou do responsável legal afastar os menores dos empregos que diminuam seu tempo de estudo, reduzam seu repouso de modo a prejudicar sua saúde e desenvolvimento físico e prejudiquem sua educação moral.

Por fim, o art. 440 da CLT determina que não há prescrição aos menores de 18 anos.

O Brasil ratificou tanto a Convenção n. 138 da OIT, sobre idade mínima para admissão ao emprego, em 28 de junho de 2001, como a Convenção n. 182 da OIT, sobre a proibição das piores formas de trabalho infantil, em 2 de fevereiro de 2000, mas, tal como a Argentina, não ratificou a Convenção n. 189 da OIT, sobre trabalhadoras e trabalhadores domésticos.

A Convenção n. 138 da OIT foi ratificada pelo Brasil sem nenhuma ressalva, sendo aplicável a todos os tipos de trabalho, portanto.

O Decreto n. 6.481, de 12 de junho de 2008, que estabelece a lista de trabalho infantil perigoso, nos termos da Convenção n. 182 da OIT, qualificando 89 atividades como perigosas para as crianças, inclui o trabalho doméstico dentre essas atividades perigosas, descrevendo os riscos ocupacionais dessa atividade e suas consequências para a saúde, moralidade e bem-estar das crianças. Dessa forma, o trabalho doméstico está proibido para menores de 18 anos no Brasil, por ser considerado como uma das piores formas de trabalho infantil.

Para que não haja um prejuízo ainda maior à criança trabalhadora doméstica, mesmo sendo nulo seu contrato de trabalho, os direitos laborais são totalmente garantidos a ela até a declaração da ilicitude contratual (CAMPOS, 2012, p. 114) e, por consequência, a extinção laboral por culpa do empregador. Nesse sentido, tem sido a jurisprudência dos tribunais trabalhistas brasileiros[4].

No âmbito penal, a normativa brasileira não tipifica, especificamente, o trabalho infantil, mas o art. 232 do ECA penaliza com detenção de 6 meses a 2 anos a pessoa que submeter criança ou adolescente sob sua autoridade, guarda ou vigilância a vexame ou constrangimento, havendo dúvidas, porém, quanto ao sujeito ativo desse tipo penal.

Em 23 de março de 2000, foram instituídos, pelo Ministério do Trabalho e Emprego, os Grupos Especiais de Combate ao Trabalho Infantil e Proteção ao Trabalhador Adolescente (Portaria n. 7) e, em 12 de setembro de 2002, foi instituída a Comissão Nacional de Erradicação do Trabalho Infantil — CONAETI (Portaria n. 365).

No âmbito do Ministério Público do Trabalho, a Portaria PGT n. 299, de 10 de novembro de 2000, criou a Coordenadoria de Combate à Exploração do Trabalho de Crianças e Adolescentes — COORDINFANCIA.

No Brasil, alguns programas foram implementados para o combate ao trabalho infantil doméstico. Em Recife, por exemplo, o Centro de Defesa de Direitos Humanos Dom Helder Câmara (CENDHEC) implementou um projeto que tinha como objetivo o envolvimento das crianças trabalhadoras domésticas na expressão de suas demandas e em seu reconhecimento como sujeito de direitos, com a meta de retirada de 80% dos trabalhadores infantis domésticos identificados em Recife e inclusão deles no Programa para a Erradicação do Trabalho Infantil

(4) TRT 22ª R. — RO 0000891-35.2010.5.22.0001 — Rel. Des. Francisco Meton Marques de Lima — DJE 30.5.2011.

(PETI) e nos serviços sociais do município, com atenção especial aos casos de maus-tratos e abuso sexual. Novamente, a questão de gênero foi fortemente marcada, já que nesse programa, cerca de 90% dos beneficiários diretos eram meninas (ARANGO, 2004).

Em 2011, foi implantado o Plano Nacional de Prevenção e Erradicação do Trabalho Infantil e Proteção ao Adolescente Trabalhador — 2011-2015 e é fruto do empenho da Comissão Nacional de Erradicação do Trabalho Infantil (CONAETI)[(5)].

O Plano Nacional define "trabalho infantil" como aquelas atividades econômicas e/ou atividades de sobrevivência, com ou sem finalidade de lucro, remuneradas ou não, realizadas por crianças ou adolescentes em idade inferior a 16 (dezesseis) anos, ressalvada a condição de aprendiz a partir dos 14 (quatorze) anos, independentemente da sua condição ocupacional e "trabalho adolescente" todo trabalho desempenhado por pessoa com idade entre 16 e 18 anos e, na condição de aprendiz, de 14 a 18 anos (Brasil/CONAETI, 2011).

O Plano Nacional de Prevenção e Erradicação do Trabalho Infantil e Proteção ao Adolescente Trabalhador — 2011-2015 tem como principais objetivos: o avanço significativo na prevenção e erradicação do trabalho infantil resultando em maior garantia dos direitos de crianças e adolescentes, a priorização da prevenção e erradicação do trabalho infantil e proteção ao adolescente trabalhador nas agendas políticas e sociais, a promoção de ações de comunicação e mobilização social, a criação, aperfeiçoamento e implementação de mecanismos de prevenção e erradicação do trabalho infantil e proteção ao adolescente trabalhador, com destaque para as piores formas, a promoção e fortalecimento da família na perspectiva de sua emancipação e inclusão social, a garantia de educação pública de qualidade para todas as crianças e os adolescentes, a proteção da saúde de crianças e adolescentes contra a exposição aos riscos do trabalho, bem como o fomento à geração de conhecimento sobre a realidade do trabalho infantil no Brasil, com destaque para as suas piores formas (Brasil/CONAETI, 2011).

No tocante à normatização do trabalho doméstico, esse é tão precarizado e tão pouco valorizado no Brasil que o ordenamento jurídico brasileiro sempre efetuou discriminação sem fundamento entre os trabalhadores em geral e os trabalhadores do serviço doméstico. As mulheres têm presença massiva no trabalho doméstico, o que acaba fazendo com que essas discriminações jurídicas atinjam, praticamente, apenas as mulheres e, no Brasil, principalmente as mulheres negras, podendo, mesmo, ser consideradas como uma discriminação indireta em razão de gênero e de raça feitas pelo próprio ordenamento jurídico brasileiro.

Atualmente, a Lei n. 5.859/1972, art. 1º, define o empregado doméstico como todo aquele que preste serviços de natureza contínua e de finalidade não lucrativa à pessoa ou à família no âmbito residencial dessas, reafirmando a ideia do trabalho doméstico reprodutivo como sem mais-valia.

O art. 7º, "a", da CLT, dispõe que os preceitos nela contidos não se aplicam aos trabalhadores domésticos, salvo quando seja, em cada caso, expressamente determinado o contrário.

Até a Emenda Constitucional n. 72, de 2013, o art. 7º da Constituição Federal brasileira, de um rol de 34 direitos garantidos aos trabalhadores urbanos e rurais, em geral, garantia somente 9 direitos aos empregados domésticos: salário mínimo, irredutibilidade salarial, décimo terceiro salário, repouso semanal remunerado, preferentemente aos domingos, férias anuais remuneradas, com, pelo menos, um terço a mais que o salário normal, licença-maternidade, sem prejuízo do emprego e do salário, com duração de 120 dias, licença-paternidade, aviso-prévio proporcional ao tempo de serviço de, no míni-

(5) A CONAETI é um organismo quadripartite composto por representantes do poder público, dos empregadores, dos trabalhadores, da sociedade civil organizada e de organismos internacionais, sob a coordenação do Ministério do Trabalho e Emprego (MTE).

mo, 30 dias, nos termos da lei, aposentadoria e integração à Seguridade Social.

Com a Emenda Constitucional n. 72, de 2.2.2013, os empregados domésticos passaram a ter os seguintes direitos: salário mínimo, fixado em lei, irredutibilidade salarial, garantia de salário, nunca inferior ao mínimo, para os que recebem remuneração variável, décimo terceiro salário, com base na remuneração integral, proteção do salário na forma da lei, constituindo crime sua retenção dolosa, duração do trabalho normal não superior a oito horas diárias e quarenta e quatro semanais, facultada a compensação de horários e a redução da jornada, mediante acordo ou convenção coletiva de trabalho, repouso semanal remunerado, preferencialmente aos domingos, remuneração do serviços extraordinários superior, no mínimo, em 50% da hora normal, férias anuais remuneradas com, no mínimo, um terço a mais do salário normal, licença-maternidade, sem prejuízo do emprego e do salário, com a duração de 120 dias, licença-paternidade, nos termos fixados em lei, aviso-prévio proporcional ao tempo de serviço de, no mínimo, 30 dias, redução dos riscos inerentes ao trabalho, por meio de normas de saúde, higiene e segurança do trabalho, aposentadoria, reconhecimento das convenções e acordos coletivos de trabalho, proibição de diferenças de salários, de exercício de funções e de critérios de admissão em razão de sexo, idade, cor ou estado civil, proibição de qualquer discriminação no que concerne ao salário e critérios de admissão do trabalhador deficiente, proibição do trabalho noturno, perigoso ou insalubre a menores de 18 anos e de qualquer trabalho a menores de 16 anos, salvo na condição de aprendiz, a partir de 14 anos (art. 7º, parágrafo único, com a redação dada pela Emenda Constitucional n. 72/2013).

Os seguintes direitos, já garantidos aos empregados urbanos e rurais em geral, continuam a ser negados aos empregados domésticos: piso salarial proporcional em turnos ininterruptos de revezamento, salvo negociação coletiva, proteção do mercado de trabalho da mulher, mediante incentivos específicos, nos termos da lei, adicional de remuneração para as atividades penosas, insalubres ou perigosas, proteção em virtude da automação, proibição de distinção entre trabalho manual, técnico e intelectual e entre os profissionais respectivos. Além disso, muitos dos preceitos da Consolidação das Leis do Trabalho não são aplicáveis aos empregados domésticos se não estiverem na Constituição Federal ou expressos na norma consolidada.

Dessa maneira, pode-se observar que, no Brasil, os direitos das empregados e empregados domésticos que já estão consagradas na normativa da OIT continuam a ser negados, atuando o ordenamento jurídico brasileiro no sentido de conservar as necessidades do capitalismo, mantendo o trabalho reprodutivo, tanto pago como não pago, como eixo oculto da exploração das mulheres. Ainda que alguns direitos tenham sido garantidos com a Emenda Constitucional n. 72/2013, muitos desses direitos "estão apenas no papel", já que ficaram pendentes de uma regulamentação infraconstitucional que ainda não ocorreu, mantendo as diferenças jurídicas e fáticas históricas entre empregados e empregadas urbanas e rurais e empregados e empregadas domésticas.

9. A NORMATIZAÇÃO JURÍDICA DO TRABALHO INFANTIL DOMÉSTICO NO URUGUAI

O Uruguai ratificou tanto a Convenção n. 138 da OIT, sobre idade mínima para admissão ao emprego, em 2 de junho de 1977, a Convenção n. 182 da OIT, sobre a proibição das piores formas de trabalho infantil, em 3 de agosto de 2001, bem como a Convenção n. 189 da OIT, sobre trabalhadoras e trabalhadores domésticos em 14 de junho de 2012.

O art. 54 da Constituição Federal uruguaia determina que o trabalho dos menores de 18 anos será especialmente regulamentado e limitado. Assim, no Uruguai, a Constituição é silente acerca da idade mínima para acesso ao trabalho, mas a Lei n. 18.065/2006 estabelece idade mínima de 18 anos para admissão no trabalho doméstico, permitindo que a autoridade competente, no caso o Instituto da Criança e do Adolescente do Uruguai, autorize, em determinados casos, a admissão no emprego com 15 anos (art. 11).

Essa lei disciplina o labor doméstico, com o objetivo de diminuir as desigualdades entre os trabalhadores domésticos e os trabalhadores em geral, sendo que essa lei e suas negociações entre organizações sindicais de trabalhadores e organizações de empregadores foram fonte de inspiração para a própria Convenção n. 189 da OIT, sobre trabalhadoras e trabalhadores domésticos (OIT/IPEC, 2013, p. 60; BAHTEN, 2011, p. 199). De fato, dos países analisados, apenas o Uruguai ratificou a Convenção n. 189 da OIT.

A Lei n. 18.065/2006 considera como trabalhador doméstico aquele que presta, em uma relação de dependência, a uma ou mais famílias, com o objeto de efetuar trabalhos de cuidado no lar, ou em tarefas vinculadas a esse lar, sem que tais tarefas possam representar, para o empregador, um lucro econômico direto (art. 1º).

Essa lei estabelece jornada diária de 8 horas e de 44 horas semanais para os trabalhadores domésticos (art. 2º), intervalo intrajornada de 30 minutos remunerados para os empregados que não moram no local de trabalho e duas horas não remuneradas para os que moram no local de trabalho (art. 3º), descanso entre as jornadas de, no mínimo, nove horas (art. 5º) e descanso semanal remunerado de, no mínimo, 36 horas contínuas (art. 4º).

O Uruguai, para a determinação de salários mínimos, convoca os Conselhos de Salários, que são órgãos de organização tripartite, criados pela Lei n. 10.449/1943. Dessa forma, o art. 6º da lei sobre trabalhadores domésticos determina que o sistema de fixação dos salários desses trabalhadores também será feito por esses Conselhos.

O art. 8º da lei em comento prevê indenização para a trabalhadora doméstica que for despedida encontrando-se em estado gestacional até que tenha passado 180 dias desde sua reintegração da licença-maternidade correspondente e o art. 9º garante o seguro-desemprego aos trabalhadores domésticos também.

A Lei n. 18.065/2006 dispõe como regra a aplicabilidade de todos os preceitos do direito do trabalho e da previdência social aos trabalhadores domésticos (art. 14), tais como os dispositivos de férias e horas extras.

O Código da Infância e Adolescência uruguaio proíbe a contratação de menores em funções que dificultem sua formação educacional (art. 163).

Em 2000, foi criado, pelo Decreto n. 367/2000, o Comitê Nacional Para a Erradicação do Trabalho Infantil (CETI), integrado por organizações governamentais, organizações sindicais, empresariais e da sociedade civil, com os seguintes objetivos: assegurar, coordenar e propor políticas e programas para a eliminação do trabalho infantil e elaborar e propor o Plano Nacional de Ação Para a Eliminação Progressiva do Trabalho Infantil e a Proteção do Adolescente Trabalhador (CAMPOS, 2012, p. 87).

Em 2006, os trabalhadores domésticos uruguaios e uma coalizão de sindicatos colaboraram para a realização de uma convenção coletiva nacional que abrange todo o setor. A convenção coletiva de 2010 prevê a formação de uma comissão tripartite de saúde laboral para a categoria (BAHTEN, 2011, p. 207). Essa convenção garante aos domésticos uma compensação pelo trabalho noturno (das vinte e duas às seis horas) de ao menos 15 % sobre o salário base.

A normativa uruguaia sobre trabalho doméstico está em consonância com a maior parte dos preceitos da Convenção n. 189 da OIT, mas algumas normas poderiam ser acrescentadas, tais como a proteção específica dos trabalhadores domésticos migrantes, a não exigência de exames de HIV ou gravidez, o fomento à capacitação, a elaboração de normas que propiciem uma melhor conciliação entre o trabalho e responsabilidades familiares, melhores condições de aviso-prévio e tempo livre para buscar outro trabalho e acomodação e uma maior cooperação entre Estados para melhorar a proteção internacional com relação ao tráfico de pessoas, seguridade social, controle de Agências de emprego, difusão de boas práticas e recopilação de estatísticas (BAHTEN, 2011, p. 216).

10. Análise das normativas jurídicas

Diante das normas internacionais sobre luta contra o trabalho infantil, pode-se dizer que existe, hoje, uma nova ordem pública laboral internacional que tem como direito fundamental do trabalho a erradicação do trabalho infantil. Dessa forma, as legislações nacionais dos países e dos Estados devem desenvolver ações e programas concretos de fiscalização, verificação e prosseguimento desse labor infantil, instrumentalizando políticas dinâmicas e sustentáveis com a finalidade protetiva, de acordo com normativa internacional sobre a matéria, com a devida participação de todos os operadores sociais que sejam necessários para que essas normas e esses programas se tornem efetivos e não meros anúncios programáticos (BRAIN, 2014, p. 1647).

As normativas nacionais acerca do trabalho infantil doméstico devem levar em conta que esse tipo de trabalho deve ter um enfoque transversal, levando em conta que é uma questão de direito do trabalho, de direitos da criança e uma questão de igualdade de gênero. Além disso, esse tipo de trabalho concerne não apenas às crianças envolvidas, suas famílias e comunidades, mas também toda a sociedade e, por isso, a responsabilidade pela sua erradicação deve recair, também, nos governos internacionais, nas associações civis e sindicais e nos organismos internacionais, já que está intimamente ligada com o objetivo de redução da pobreza (OIT/IPEC, 2013, p. 41-42).

A mudança legislativa transversal, levando em conta a interseccionalidade de discriminações e os diversos aspectos do trabalho infantil doméstico tem tido resultados favoráveis para defender os direitos das crianças e adolescentes trabalhadores domésticos. No entanto, a reforma legislativa não deve se limitar à modificação das leis, sendo necessária também a difusão desses direitos e a garantia de sua exigibilidade, mediante a criação de mecanismos de vigilância social e de formação dos operadores legais, como juízes e promotores, com um enfoque de transversalidade (ARANGO, 2004, p. 32).

No Brasil, por exemplo, a proibição de os auditores do trabalho fiscalizarem o trabalho doméstico gera um obstáculo muito grande para a fiscalização e garantia de exigibilidade de tais direitos, já que a eficácia da fiscalização do trabalho é primordial para a erradicação do trabalho infantil doméstico, sendo necessárias medidas para que os auditores/fiscais do trabalho possam ingressar nos locais de trabalho. Isso demanda a relativização do princípio da inviolabilidade do domicílio, que pode ser feita mediante a expedição de mandados pelos juízes.

Algumas boas práticas para a prevenção e erradicação do trabalho infantil doméstico são apontadas pela OIT nesse sentido, tais como: a promoção da adequação das legislações nacionais às determinações das Convenções ns. 138 e 182 da OIT e suas respectivas recomendações, sendo que todos os países analisados nesse trabalho ratificaram ambas as convenções, com o fortalecimento da capacidade dos operadores de Justiça como com a difusão dos avanços normativos entre as famílias de origem e as famílias receptoras, articulação entre os diferentes setores para que haja ações de fiscalização do trabalho, da escolaridade e da saúde dos trabalhadores infantis domésticos (ARANGO, 2004, p. 32).

As normativas brasileiras, argentinas e uruguaias têm vários pontos positivos no tocante à proteção contra o trabalho infantil doméstico, tais como: o estabelecimento objetivo de uma idade mínima para a admissão ao trabalho doméstico, sendo que, nesse ponto, a legislação brasileira é mais protetiva, já que considera o trabalho doméstico *per se* como uma forma de trabalho perigoso para as crianças, nos termos da Convenção n. 182 da OIT, e o proíbe para qualquer criança menor de 18 anos. A legislação uruguaia também determina idade mínima de 18 anos para admissão ao trabalho doméstico, mas admite, em alguns casos, que a autoridade pública permita uma criança entre 15 e 18 anos trabalhar no serviço doméstico.

Apesar de tanto Argentina como Brasil e Uruguai serem Estados-membros do Mercosul e a Resolução n. 6/2012 (MERCOSUL/CMC/REC. n. 6/2012), sobre trabalho doméstico levar em conta que, na região do Mercosul, o setor do trabalho doméstico remunerado constitui um coletivo laboral historicamente relegado e em situação de desvantagem e assimetria em relação ao resto dos/as trabalhadores/as, que essa atividade, desenvolvida quase em sua totalidade por mulheres, reproduz os estereótipos de gênero e a discriminação étnico-racial e migratória, tornando as mulheres responsáveis pelas tarefas de cuidado e pelo trabalho doméstico e limitando sua condição de sujeitos de direito trabalhista, gerando, portanto, situações de informalidade e precarização do trabalho, baixos salários e carência de medidas de proteção social e de ferramentas de representação e organização para a defesa de seus direitos e recomendar que todos os Estados-membros ratifiquem a Convenção n. 189 da OIT (art. 1º), implementem políticas públicas que melhorem as condições laborais do setor do trabalho doméstico, em cooperação com os países da região (arts. 2º e 3º), apenas o Uruguai ratificou a Convenção n. 189 da OIT, embora Argentina e Brasil tenham promulgados novas leis mais protetivas em relação ao trabalho doméstico[(6)].

No tocante à normativa acerca do trabalho doméstico, é essencial que Argentina e Brasil, tal como Uruguai, ratifiquem a Convenção n. 189 da OIT, para que haja a promoção da melhoria das condições de trabalho dos trabalhadores domésticos de todas as idades e para que haja o reconhecimento do trabalho doméstico como "verdadeiro trabalho" e, consequentemente, o reconhecimento do trabalho infantil doméstico como "verdadeiro trabalho infantil" que deve ser proibido e erradicado, combatendo a ideia errônea de que os trabalhadores infantis domésticos formam parte da família e que o trabalho infantil doméstico seja algo aceitável e saudável para as crianças, principalmente as meninas (OIT/IPEC, 2013, p. 76-77).

A ratificação da Convenção n. 189 da OIT ajudará, também, a lutar contra a "invisibilidade" do trabalho doméstico, principalmente o trabalho infantil, mas, a par disso, esses países devem desenvolver ferramentas de coleta de dados e estatísticas acerca do trabalho infantil, desdobrados em idade, gênero e outros fatores que possam influenciar nos desenhos das políticas públicas de combate ao trabalho infantil doméstico.

A normativa argentina sobre trabalho infantil tem a vantagem de penalizar o aproveitamento do trabalho infantil proibido, impondo sanções penais mais severas para os exploradores do trabalho infantil, o que não ocorre no Brasil e Uruguai.

Quanto à formalização dos contratos, nas normativas estudadas, vige, em regra, a legalidade dos contratos de trabalho verbais, tácitos ou formais. Ainda que seja importante a existência de um contrato de trabalho por escrito, esse não pode ser requisito para a formalização do vínculo empregatício, sob pena de se retirar da proteção jurídica verdadeiras relações de emprego sem contrato formalizado, mas, para o efetivo cumprimento da normativa da OIT sobre trabalhadoras e trabalhadores domésticos, o empregador doméstico deve fornecer todas as informações acerca das condições de seu contrato de trabalho ao empregado doméstico (BAHTEN, 2011, p. 208).

No tocante ao direito fundamental de liberdade sindical e de negociação coletiva, os trabalhadores infantis domésticos têm diversos obstáculos. No Brasil, por exemplo, os obstáculos são, inclusive, jurídicos, já que a Constituição Federal brasileira de 1988 consagra o direito à livre associação sindical, mas limita tal direito a uma única organização sindical para determinada categoria em determinada localidade (art. 8º da Constituição). Dessa maneira, muitas organizações sindicais dos trabalhadores domésticos existem sem seu reconhecimento oficial como sindicatos. Na Argentina, o princípio da liberdade sindical é consagrado na Constituição, sendo utilizado o critério de maior representatividade. Apenas no Uruguai, os trabalhadores domésticos têm assegurados os seus direitos de liberdades sindicais e de negociação coletiva.

É oportuno ressaltar, também, que a Convenção da ONU, sobre direitos da criança, de 1989, prevê o direito à associação sindical às

(6) Quanto às recomendações do Mercosul, observe-se que elas são normas conhecidas como *Soft Law*, não têm força cogente, não obrigando os Estados-membros, portanto.

crianças. Alguma forma de participação na vida sindical deve ser garantida aos trabalhadores domésticos infantis, tais como direito de voz e assento, por exemplo, para que eles possam participar do processo de erradicação dessa forma de trabalho.

As crianças trabalhadoras domésticas devem estar envolvidas nas políticas públicas de erradicação do trabalho infantil e de valorização do trabalho doméstico, já que a criança tem o direito fundamental a ser escutada.

Uma vez que as crianças mais vulneráveis ao trabalho infantil doméstico são aquelas de famílias pobres, são necessárias, também, políticas públicas que contribuam diretamente para a criação de trabalho decente para os adultos, diminuindo a pressão que as famílias pobres sofrem para colocar seus filhos para trabalhar (OIT/IPEC, 2013, p. 48-50), principalmente para as mulheres, já que as famílias monoparentais de mulheres costumam ser maioria entre as famílias que não têm nenhum tipo de renda (JÁUREGUI, 2014, p. 1672).

Nos países que aceitam o labor doméstico de crianças menores de 18 anos, como Argentina e, com autorização, Uruguai, a frequência à educação obrigatória deve ser uma exigência, já que as escolas oferecem uma alternativa muito importante ao trabalho infantil, principalmente no caso do trabalho infantil doméstico, já que proporcionam a essas crianças um ponto de contato com outras pessoas, além de seus empregadores. Além da obrigatoriedade da escolaridade, as escolas devem ser de boa qualidade e mais acessíveis para que sejam uma verdadeira opção para as crianças (OIT/IPEC, 2013, p. 79-80).

Finalmente, a cooperação e intercâmbio de conhecimentos, experiências e boas práticas entre Argentina, Brasil e Uruguai devem ser feitos, no tocante ao trabalho infantil doméstico, com mais frequência do que vem sendo feito atualmente.

Conclusões

O trabalho infantil doméstico pode ser definido como o trabalho efetuado em um lar ou em vários lares por toda pessoa menor de 18 anos dentro de uma relação de trabalho, nos termos da Convenção da ONU sobre direitos da Criança e das Convenções ns. 182 e 189 da OIT. É uma forma invisibilizada de trabalho infantil que deve ser configurada como uma das piores formas de trabalho infantil e proibida para qualquer pessoa menor de 18 anos.

Essa realidade precária e invisibilizada do trabalho doméstico é exacerbada no trabalho infantil por várias razões. O trabalho dessas crianças fica oculto tanto pelo fato de ser efetuado dentro dos lares dos empregadores, a portas fechadas, como pelo fato de que a sociedade, em geral, não tem conscientização acerca da natureza do trabalho que essas crianças realizam, já que muitos consideram que tais tarefas domésticas são uma obrigação das crianças em relação aos adultos e, no caso das meninas, consideram que se trata, inclusive, de uma formação para seu futuro.

A situação das crianças trabalhadoras domésticas deve ser considerada como uma das piores formas de trabalho infantil porque pode acarretar graves danos à saúde da criança, diante das longas jornadas de trabalho, má alimentação e trabalho excessivo típicos do trabalho doméstico, porque aumenta o risco de a criança explorada desenvolver quadros de insegurança, baixa autoestima, timidez, depressão e transtornos de identidade; aumenta a privação de acesso a qualquer educação e diminui as oportunidades de continuar sua educação, gerando um círculo vicioso, já que a pobreza, a falta de acesso à educação e o trabalho infantil estão intrinsecamente vinculados.

O fenômeno do trabalho infantil doméstico é um problema majoritariamente de gênero, já que a maior parte dessas crianças exploradas são meninas, sendo uma prática extremamente feminilizada, por causa da crença social muito enraizada de que o trabalho doméstico é, basicamente, uma obrigação das mulheres e das meninas, considerado por muitos como um "trabalho de mulher" e de que a escola é um ambiente perigoso e inadequado e/ou impertinente para o futuro papel das meninas como esposas e mães.

No caso do trabalho infantil doméstico, a discriminação em razão da idade é potencializada pela discriminação em razão de gênero, ocorrendo o fenômeno chamado de interseccionalidade de discriminações, com articulações entre a discriminação em razão de gênero e a discriminação em razão de idade e a subinclusão desses fatores, muitas vezes, negando ou invizibilizando a existência e importância da discriminação de gênero e de idade nesse fenômeno.

A questão de gênero, por sua vez, também tem efeitos geracionais no trabalho doméstico. A menina que trabalha no âmbito doméstico tende a continuar, na idade adulta, nesse mesmo tipo de atividade, replicando a existência de um coletivo preponderante de mulheres no trabalho doméstico, que é um dos trabalhos mais precarizados que existem.

Como o trabalho doméstico é identificado e naturalizado como papel feminino e não como trabalho, o emprego doméstico é considerado uma forma de emprego particular em que as relações não são regulamentadas da mesma forma que outras relações de emprego, negando a própria legislação laboral vários direitos às empregadas domésticas.

Dessa forma, as ações orientadas à prevenção do trabalho infantil doméstico devem abordar estratégias para melhorar a condição e o *status* dessas meninas domésticas, que estarão em maior situação de vulnerabilidade e, portanto, em maior risco de saída prematura de seus lares e em maior risco de sofrerem maus-tratos e abuso sexual.

As políticas públicas devem ter como objetivo a eliminação da divisão sexuada do trabalho em todos os aspectos, mas deve atingir, principalmente, um dos aspectos mais perniciosos dessa divisão sexuada, que é a precariedade do emprego doméstico. Além disso deve, também, ter por objetivo a eliminação do trabalho infantil doméstico remunerado.

Atualmente, as principais normas internacionais da OIT vigentes sobre trabalho infantil são a Convenção n. 138 da OIT e a Recomendação n. 146 sobre idade mínima de admissão ao emprego, a Convenção n. 182 da OIT e a Recomendação n. 190, sobre a proibição e ação imediata para a eliminação das piores formas de trabalho infantil. Tal é a importância da proteção da criança contra o trabalho infantil que tanto a Convenção n. 138 como a Convenção n. 182 da OIT são consideradas, por essa organização, como integrantes do rol dos direitos trabalhistas universais consagrados pela OIT, já que a Declaração de Princípios e Direitos Fundamentais da OIT, de 1998, considera como um dos princípios fundamentais a abolição do trabalho infantil.

No âmbito do trabalho doméstico, as primeiras normas internacionais a dispor sobre os trabalhadores domésticos foram a Convenção n. 189 da OIT e a Recomendação n. 201, sobre trabalho decente para trabalhadores domésticos.

O trabalho doméstico sempre foi subestimado e pouco regulado, mal remunerado e com pouca proteção legal. Essa situação continua a ser perpetuada, inclusive pela própria legislação laboral dos países, e reflete a falta de reconhecimento do papel essencial dessa ocupação, bem como de todo trabalho reprodutivo em geral, na economia. Diante dos termos da Convenção n. 182 da OIT, denota-se que o trabalho infantil doméstico compreende uma das piores formas de trabalho infantil.

As normas que regulamentam o trabalho doméstico, na maior parte dos países, costumam ser mais restritas que a proteção dada aos demais trabalhadores. Dessa forma, a ratificação da Convenção n. 189 pelos Estados-membros da OIT proporcionará uma maior proteção aos trabalhadores domésticos, diminuindo o déficit de trabalho decente para esse grupo, uma maior possibilidade de alcance da igualdade em razão de gênero e ajudará no combate à discriminação em razão de gênero, raça e etnia, discriminação comumente perpetuada nesse setor.

Tanto Brasil, como Argentina e Uruguai mudaram a concepção positiva do trabalho infantil para uma concepção de que qualquer trabalho infantil é nefasto para a criança e, quanto às normativas desses países no tocante ao trabalho infantil doméstico, conclui-se que todos tiveram uma grande mudança normativa, na última década, no tocante à definição de trabalho infantil doméstico como algo a ser prevenido e combatido, por meio da ratificação, pelos três países, das Convenções ns. 138 e 182 da OIT e, por meio da ratificação, apenas pelo Uruguai, da Convenção n. 189 da OIT. Dessa forma, essas normativas tiveram um avanço no tocante à proteção das crianças contra o trabalho infantil doméstico.

As normativas dos três países, no entanto, são apenas parciais, no tocante à proteção da criança contra o trabalho infantil doméstico preconizada nas normas internacionais. Essas normativas assemelham-se, mas têm alguns pontos de avanço e estancamento que diferem entre si.

Assim, a cooperação e o intercâmbio de conhecimentos, experiências e boas práticas entre Argentina, Brasil e Uruguai devem ser feitos, no tocante ao trabalho infantil doméstico, para que os avanços de cada normativa sejam implementados nas outras, proporcionando uma maior efetividade nas políticas públicas de combate ao trabalho infantil doméstico nesses países.

Referências bibliográficas

ARANGO, Miguel Arenas. *Buenas prácticas y aprendizajes hacia la prevención y erradicación del trabajo infantil doméstico*. Lima: OIT/ IPEC Sudamérica, 2004.

ARGENTINA/CONAETI. *Plan nacional para la prevención y erradicación del trabajo infantil y la protección del trabajo adolescente 2011-2015*. Buenos Aires: Ministerio del Trabajo y Seguridad Social, 2011.

BAHTEN, Gustavo Luiz Von. A Convenção n. 189 da OIT e os sistemas juslaborais brasileiro e uruguaio. Uma análise de direito comparado. *Cadernos da Escola de Direito e Relações Internacionais*, Curitiba: Unibrasil, v. 15, p. 198-219, 2011.

BLACKWELL, Maylei; NABER, Nadine. Interseccionalidade em uma era de globalização: as implicações da Conferência mundial contra o racismo para práticas feministas transnacionais. *Revista Estudos Feministas*, Florianópolis: Instituto de Filosofia e Ciências Sociais, ano 10, n. 1, p. 189-198, 2002.

BRAIN, Daniel Horacio. Peores formas de trabajo infantil. In: GRAU, Antonio Baylos; SCHWARZ, Rodrigo Garcia; THOME, Candy Florencio (coords.). *Diccionario internacional de derecho del trabajo y de la seguridade social*. Valencia: Tirant lo Blanch, 2014.

BRASIL/ CONAETI. *Plano nacional de prevenção e erradicação do trabalho infantil e proteção do adolescente trabalhador*. 2. ed. Brasília: Ministério do Trabalho e Emprego, 2011.

CAMPOS, Marco Antonio Lopes. *Proposições jurídicas:* fonte de proteção social do trabalho infantil. São Paulo: LTr, 2012.

CRENSHAW, Kimberlé. Documento para o encontro de especialistas em aspectos da discriminação racial relativos ao gênero. *Revista Estudos Feministas*, Florianópolis: Instituto de Filosofia e Ciências Sociais, ano 10, n. 1, p. 171-188, 2002.

JÁUREGUI, Amaia Otaegui. Pobreza infantil y precariedade laboral. *In:* GRAU, Antonio Baylos; SCHWARZ, Rodrigo Garcia; THOME, Candy Florencio (coords.). *Diccionario internacional de derecho del trabajo y de la seguridade social*. Valencia: Tirant lo Blanch, 2014.

MUÑOZ, Carolina; PERALTA, María Inés. La situación del trabajo infantil y su relación con las políticas públicas e intervención social en Argentina y Chile. *Perspectivas: Revista de Trabajo Social*, Santiago: Universidad Católica Silva Henriquez, n. 17, p. 75-122, 2006.

ORGANIZAÇÃO INTERNACIONAL DO TRABALHO (OIT). *Travail domestique des enfants:* estimations mondiales 2012. Genebra: OIT, 2013. Disponível em: <http://www.ilo.org/ipecinfo/product/download.do?type=document&id=23236>. Acesso em: 29.1.2014.

______. *No al trabajo infantil, no al trabajo doméstico:* campaña OIT 2013. Buenos Aires: Oficina de País de la OIT para la Argentina, 2013. Disponível em: http://www.ilo.org/wcmsp5/groups/public/—americas/—ro-lima/—ilo-buenos_aires/documents/music/wcms_221850.pdf>. Acesso em: 14.2.2014.

______. PROGRAMA INTERNACIONAL PARA A ERRADICAÇÃO DO TRABALHO INFANTIL. *Erradicar el trabajo infantil en el trabajo doméstico y proteger los jóvenes trabajadores contra las condiciones de trabajo abusivas*. Genebra: OIT, 2013.

PROGRAMA INTERNACIONAL PARA A ERRADICAÇÃO DO TRABALHO INFANTIL (IPEC). *Niños en trabajos peligrosos:* lo que sabemos, lo que debemos hacer. Genebra: OIT, 2011.

SOUZA-LOBO, Elisabeth. *A classe operária tem dois sexos. Trabalho, dominação e resistência*. 2. ed. São Paulo: Brasiliense/Secretaria Municipal de Cultura, 2011.

A Infância nos Bastidores: Repercussões, Riscos e Desafios do Trabalho Infantil Artístico

"O trabalho do pintor está sob a pintura, assim como a realidade está sob o visível. O trabalho e a realidade são, desse modo, dissimulados pela visibilidade que criam"
Bernard Noël

Sandra Regina Cavalcante(*)

1. Introdução

A frase acima abre a edição brasileira da famosa obra sobre ergonomia *Compreender o trabalho para transformá-lo* (GUÈRIN *et al.*, 2001) e foi usada, no presente texto, para provocar os leitores, desde o início, a aguçarem os sentidos. Isso porque se espera que as reflexões e informações aqui apresentadas os ajudem a vislumbrar algumas realidades "dissimuladas" quando se está diante da atuação de encantadores e talentosos artistas mirins.

O trabalho infantil artístico é um assunto de grande controvérsia entre os operadores do direito e órgãos que atuam na área da saúde e defesa dos direitos da criança e do adolescente. Nos últimos anos, o debate começou a ganhar espaço nos meios de comunicação e na sociedade em geral. Enquanto alguns são contrários à autorização da participação de crianças e adolescentes nesse tipo de atividade, com o argumento de que os artistas mirins sofrem prejuízos psicológicos e sociais no ambiente de trabalho, outros entendem que o trabalho artístico é um direito da criança e do adolescente e que pode ser exercido em conformidade com o princípio da proteção integral.

A discussão é complexa e precisa considerar que a obra artística tem a capacidade de despertar, nas emoções e razão humana, reações culturalmente ricas, que aguçam os instrumentos utilizados pelo indivíduo para apreender o mundo que o rodeia (COLI, 2006). A liberdade de expressão artística e acesso às fontes de cultura (e de arte) é direito de todos, inclusive das crianças e adolescentes, conforme determinam a Constituição Federal brasileira (arts. 5º, IX, 208, V e 215) e o Estatuto da Criança e do Adolescente (arts. 15, 16, I, II e IV, 54, 58 e 71). O ensino da arte é componente curricular

(*) Mestre em Saúde Pública (FSP-USP). Especialista em Direito do Trabalho (ESA-OAB/SP). Advogada e autora do livro *Trabalho Infantil Artístico: do deslumbramento à ilegalidade.*

obrigatório na educação básica, segundo a Lei de Diretrizes e Bases da Educação (art. 26, § 2º da Lei n. 9.394/1996). As disciplinas escolares de música, educação artística e teatro, bem como as escolas de dança, teatro, instrumentos e canto, incluindo os grupos culturais formados em igrejas, condomínios e clubes recreativos, todos estes são exemplos de situações nas quais adultos, crianças e adolescentes têm a oportunidade de vivenciar a arte.

Porém, a experiência artística será positiva na infância e na adolescência se levar em conta o perfil de pessoa em desenvolvimento e respeitar suas fragilidades biológicas e psicológicas. Essa ressalva vale tanto no âmbito recreacional e escolar, quanto (e principalmente) se tal participação artística ocorrer no contexto empresarial, ou seja, no segmento do entretenimento, moda e publicidade. Isso porque a lapidação dos talentos e habilidades artísticas exige disciplina, esforço e dedicação, que por si só demanda observação cuidadosa e apta a interromper a atividade caso ofereça prejuízos e/ou riscos à saúde infantojuvenil. Quando tal participação se dá em uma produção empresarial artística que abrange responsabilidades contratuais, interesses econômicos e trabalho coletivo, o grande desafio (para alguns, inconciliável) é compatibilizar as preocupações protetivas envolvendo cada artista mirim com os outros interesses, sejam das produções ou dos próprios pais.

2. Trabalho artístico e precarização

A arte integra segmentos econômicos: o trabalho artístico também faz parte do mercado de trabalho e quem o desenvolve compra ou vende trabalho (SANTOS, 2008). Algumas pesquisas com artistas (SEGNINI, 2006; LACOMBE, 2006; MELRO, 2007; BAHIA *et al.*, 2007; BAHIA *et al.*, 2008, SANTOS, 2008; CAVALCANTE, 2011) já verificaram que a atuação no *show business* traz escondido muito treinamento, dedicação, disciplina e pressão, que passam despercebidos para a maioria das pessoas, porque o tipo de atividade frequenta o imaginário popular como profissão privilegiada. As relações de trabalho aí presentes são silenciadas e até mesmo ofuscadas por idealizações envolvendo a obra artística decorrente daquele trabalho.

O processo de expansão das políticas liberais trouxe mudanças econômicas e sociais que atingiram também os setores culturais das artes e dos espetáculos (SEGNINI, 2006). Na sociedade do consumo, a massificação chegou à arte e o lazer se tornou um setor de produção industrial (ALBORNOZ, 2008). Parte da classe artística constata preocupada a mudança de papel deste segmento, que estaria perdendo a sua função de agente transformador para virar consumo e gerador de riquezas (TORRES, 2011). Na estrutura de produção capitalista, o artista é uma mercadoria; os empresários vendem diversão e às vezes também cultura. Os artistas são contratados e remunerados em função do que significam enquanto rentabilidade (PEIXOTO, 2007). A cultura estaria ameaçada porque as condições econômicas e sociais, nas quais ela pode se desenvolver, ficariam profundamente afetadas pela lógica do lucro (BORDIEU, 2001).

Segnini (2007), ao analisar as estatísticas do mercado de trabalho artístico brasileiro, observou nos últimos anos uma redução do índice de trabalho formal ao lado do acelerado crescimento do número de artistas. A autora constata, então, que tais dados são explicados pela predominância do trabalho intermitente e frequentemente precário no segmento do espetáculo. Essas informações confirmam as conclusões de estudo francês (MENGER, 2005) sobre as formas dominantes da organização do trabalho nas artes: autoemprego, *free-lancing* e as diversas formas atípicas de trabalho (intermitentes, tempo parcial, vários cachês, atividade não assalariada). Para este autor, as atividades de criação não seriam ou deixaram de ser a face oposta do trabalho, mas assumiram sim o protótipo futurista das novas referências de emprego engendradas pelas mutações do capitalismo.

Mas como entender a inserção do artista mirim neste contexto? Qual o impacto da participação artística na qualidade de vida daquelas crianças e adolescentes? Quais os limites impostos pela lei vigente e o que precisaria ser regulamentado para proteger a saúde e segurança dos artistas mirins? O presente artigo apresenta e comenta alguns dos principais resultados de pesquisas desenvolvidas desde 2007 para responder a estas questões (CAVALCANTE, 2011; 2012), bem como agrega novas informações decorrentes da continuidade do debate e reflexões sobre o tema.

3. Trabalho infantil artístico e legislação aplicável

O Trabalho Infantil Artístico é toda prestação de serviço apropriada economicamente por outrem, remunerada ou não, realizada antes da idade mínima (que no Brasil é 16 anos) e envolvendo a manifestação artística[(1)]. Ele abrange, portanto, atividades como a representação, canto, dança e dublagem, mas também a atuação em fotos e vídeos publicitários, bem como desfiles de moda e a apresentação de programas televisivos. O Decreto n. 82.385/1978, que regulamenta a Lei n. 6.533/1978 (que trata da profissão de artista e técnicos em espetáculos de diversões) apresenta uma lista de funções em que se desdobram as atividades artísticas. Porém, ambos dispositivos não fazem qualquer ressalva sobre a participação de crianças e adolescentes nessas atividades.

Cabe esclarecer que a atividade desportiva, apesar de ser um espetáculo de massas, foge ao alcance deste conceito, pois seus praticantes não são considerados artistas no sentido formal da expressão, uma vez que as atividades desportivas têm como objetivo a competição; já na atividade artística não existe o confronto. "Em geral, a execução do trabalho artístico está sujeita ao desenvolvimento de um texto, enquanto o desportista atua de forma improvisada" (BARROS, 2003, p. 23). No Brasil, a atividade de atleta profissional é regulada em leis especiais, a mais famosa conhecida como Lei Pelé (Lei n. 9.615/1998).

Segundo a legislação brasileira (Constituição Federal, art. 7º, XXXIII; Estatuto da Criança e do Adolescente, arts. 60 e 67; e Consolidação das Leis Trabalhistas, art. 403), qualquer trabalho é proibido antes dos 16 anos de idade, exceto na condição de aprendiz, a partir de 14 anos. Mas a Convenção n. 138 da Organização Internacional do Trabalho, que trata da idade mínima para o trabalho, autoriza expressamente algumas situações nas quais a criança e o adolescente poderiam atuar no trabalho artístico, mesmo abaixo da idade mínima (art. 8º, item 1). Além de autorização judicial específica para aquela participação pontual, esta norma impõe que sejam feitas restrições quanto às condições de trabalho e duração da atividade (art. 8º, item 2). O ECA também condiciona a participação de crianças e adolescentes em espetáculos públicos à existência de alvará judicial (art. 149, II), e lista alguns fatores a considerar (art. 149, § 1º), como instalações adequadas e a natureza do espetáculo. Contudo, as limitações necessárias e verificações indispensáveis para garantir a saúde e segurança da criança e do adolescente na atividade artística não são especificadas, nem nesta nem em qualquer outra norma em vigor no país.

De qualquer modo, a interpretação conjunta das leis nacionais e internacionais aplicáveis às participações infantojuvenis na indústria do espetáculo parece possibilitar a autorização, caso a caso, dessa atuação no Brasil, desde que com alvará judicial contendo restrições para proteção aos riscos da atividade (MARQUES, 2009; OLIVA, 2010; NASCIMENTO, 2007; ROBORTELA, 2005; PERES, 2005).

Porém, tal opinião enfrenta resistência de importantes juristas, que sustentam que a situação atual da legislação brasileira não permite o trabalho infantil artístico antes dos 16 anos de idade (OLIVEIRA, 2007; SANTOS, 2006; MINHARRO, 2003; COSTA *et al.*, 2010). Segundo tal linha de entendimento, a proteção da constituição brasileira é mais ampla do que a concedida pela norma internacional (Convenção n. 138 da OIT), e por isso deve prevalecer a vedação constitucional. Também se questiona o *status* dessa convenção que estaria, para alguns,

(1) Definição elaborada pelos participantes do curso de aperfeiçoamento sobre Trabalho Infantil Artístico, realizado em dezembro de 2014, na Escola Superior do Ministério Público da União — Brasília.

em nível hierárquico inferior à constituição e que, portanto, não poderia contrariá-la.

Consenso existe, contudo, sobre a lei nacional já prever a proteção prioritária e integral da criança e do adolescente em toda e qualquer situação, obrigação imposta ao Estado, sociedade e família (arts. 227 da CF e 5º do ECA), bem como a punição por ação ou omissão em casos envolvendo a exploração infantojuvenil ou que de algum modo atente aos direitos fundamentais da criança e do adolescente (art. 5º do ECA). Além da previsão expressa na CLT (art. 403) e no ECA (art. 67, III), a proibição do trabalho que prejudique a saúde, segurança e moral do adolescente está na Convenção n. 182 da OIT sobre as piores formas de trabalho infantil (art. 3º, *d*), ratificada pelo Brasil (Decreto n. 3.597/2000) e regulamentada pelo Decreto n. 6.481/2008, que criou a lista TIP (lista das piores formas do trabalho infantil), que são aquelas proibidas antes dos 18 anos.

Destaque-se, contudo, que não há, na lei brasileira, dispositivos específicos de proteção às fragilidades psicológicas e biológicas da infância quando exposta aos riscos e pressões do segmento artístico, ou seja, que regulamente e imponha condições para que o trabalho infantil artístico ocorra. Assim, fica a critério de cada juiz definir, em cada situação, os limites que vai conferir àquela autorização, como já assinalado em Cavalcante & Vilela (2012). Mas não se poderá falar em irregularidade na contratação dessas crianças se houver alvará judicial autorizando essa atividade; afinal, esta é uma das situações, prevista em lei, que excepciona a idade mínima para o trabalho.

No entanto, a autorização judicial deve ser a exceção, e não a regra (OLIVA, 2010; MARQUES, 2009). E mesmo nas ocasiões em que há alvará, se os termos forem amplos e sem restrições, os artistas mirins permanecerão sujeitos aos riscos da atividade. Afinal, o trabalho infantil foi proibido na maior parte dos países porque se verificou que ele prejudica a saúde, educação e desenvolvimento das crianças e adolescentes. A imaturidade, inexperiência, distração e curiosidade, traços comuns nesta fase da vida, somados à menor possibilidade de defesa e reação, aumentam a vulnerabilidade do grupo aos riscos do trabalho (ASMUS *et al.*, 1996; NIOSH, 1997; FISHER *et al.*, 2000, 2003; OLIVEIRA *et al.*, 2001; GALLI, 2001; TEIXEIRA *et al.*, 2010; ARTES; CARVALHO, 2010; PALMEIRA SOBRINHO, 2010). Então a exceção aberta ao trabalho infantil artístico na Convenção n. 138 da OIT só faz sentido se aquela experiência for saudável e proveitosa para a formação do artista mirim, com riscos mínimos e devidamente protegidos.

Cabe, pois, destacar que este requisito deveria ser sempre verificado pelo juiz, a partir dos argumentos da produção e dos pais no pedido de alvará: que fique claro de que forma tal participação artística poderá contribuir na formação daquela criança ou adolescente. Caso contrário, que a produção resolva com técnica e criatividade a ausência do artista mirim, naquele empreendimento, para dar sentido à obra artística; e que seja protegida tal infância, às vezes contrariando também o desejo dos pais e/ou da própria criança ou adolescente, mas para propiciar um desenvolvimento equilibrado e seguro àquele ser em formação e que logo será adulto. Aí, quando isso acontecer, tudo indica que ele terá condições psicológicas e educacionais para escolher o seu caminho, inclusive uma carreira a seguir.

Outro aspecto relevante para entender o tratamento excepcional dos artistas mirins frente à proibição do trabalho infantil diz respeito à impossibilidade de substituição daquele trabalhador mirim por outro trabalhador adulto. Os diversos tipos de trabalho, inclusive aqueles aparentemente até mais leves do que o trabalho artístico, mesmo que tragam repercussões positivas na formação e para a autoimagem da criança e do adolescente, todos são proibidos antes de 16 anos, exceto a partir dos 14 anos como aprendiz. Isso ocorre em razão das repercussões negativas do trabalho na saúde do trabalhador precoce, mas também porque tal atividade pode ser realizada por um trabalhador mais velho. Portanto, outro requisito a ser verificado na concessão da autorização judicial deve ser o da efetiva necessidade da participação infantil na obra artística e da impossibilidade de substituição do artista mirim por um trabalhador adulto.

4. Proibição x regulamentação

Ser um astro na infância não implica, necessariamente, em sofrimento pessoal e perturbações na adolescência e vida adulta, conforme já abordado em Cavalcante (2011). Há pessoas que, quando crianças, fizeram sucesso como artistas e se tornaram adultos bem sucedidos dentro e fora dos palcos. Há, contudo, outros exemplos de ex-artistas mirins com problemas aparentemente decorrentes de uma infância conturbada na carreira artística. Ou seja, generalizações aqui não são possíveis, porque há experiências diversas, contextos familiares diferentes e, no âmbito dos efeitos do trabalho no trabalhador, a experiência é individual, não atinge da mesma maneira as pessoas. As consequências de uma mesma causa externa nem sempre afetam de igual maneira ou com a mesma intensidade todos os indivíduos que a ela são submetidos (GUÉRIN *et al.*, 2001).

De qualquer forma, diferentes estudos abordados em Asmus *et al.* (1996) comprovam que os limites de tolerância para exposição recomendados para adultos trabalhadores não são adequados para proteger adolescentes. Se a identificação e eliminação dos riscos relacionados aos locais e instrumentos de trabalho já é difícil no caso de adultos, quando envolvem adolescentes torna-se particularmente problemático, porque eles estão em um período de crescimento e desenvolvimento que varia individualmente.

Porém, há exemplos de produções que tomaram o cuidado de se acomodar às características, limites, necessidades e fragilidades do artista mirim, de tal forma que, tudo indica, a experiência teve riscos mínimos e causaram impacto positivo na formação daquele indivíduo. Um exemplo divulgado pela imprensa é o da psicóloga Lídia Aratangy, que interpretou na década de 1930 o personagem *Narizinho*, na primeira montagem televisiva de *O Sítio do Pica-pau Amarelo*. Nesta entrevista, ela revela aspectos da produção para explicar o impacto positivo daquele trabalho artístico em sua história:

> [...] Os textos e as falas não tinham só a função de serem bons para a cena. Tinham também uma função educativa para seu público infantil e também para nós, atores: dar vazão e expressão a sentimentos e emoções difíceis de expressar, nem sempre louváveis, mas que existem em todas as crianças.
>
> [...] Meu diretor jamais esquecia que eu era criança e que, por mais desenvolta e competente que me mostrasse em cena, tinha a estrutura emocional da minha idade cronológica — e devia ser protegida. (FARIA, 2009, p. 124-125)

Mesmo em obras cuja presença infantil protegida seja aparentemente impossível, há relatos de experiências positivas, que evidentemente exigiram gastos adicionais, dedicação e atenção prolongada dos adultos próximos àquela criança, atingindo diretores, colegas de gravação e familiares: Danny Torrent atuou, aos seis anos de idade, no filme de terror "O Iluminado", de Stanley Kubrick, e acreditou durante anos que havia atuado em um drama. Antes, durante e após as filmagens, ele foi poupado de ver ou saber do conteúdo da obra na qual participara e só descobriu a verdade aos treze anos, quando assistiu uma cópia editada do filme. A versão sem cortes foi vista por ele, segundo declarou em entrevistas, apenas aos dezessete anos[2].

No estudo realizado com os artistas mirins brasileiros (CAVALCANTE, 2012), aspectos positivos como o aumento da autoestima e a aquisição de uma nova habilidade apareceram

---

(2) Disponível em: <http://www.nytimes.com/movies/person/42806/Danny-Lloyd>; <http://www.imdb.com/name/nm0515950/bio?ref_=nm_ov_bio_sm>; <http://ego.globo.com/Gente/Noticias/0,,MUL1338178-9798,00-POR+ONDE+ANDA+DANNY+LLOYD+O+GAROTINHO+DE+O+ILUMINADO.html>. Acesso em: 11.7.2015.

nos resultados, bem como relatos de alegria vivenciada em decorrência da experiência no palco. Recentemente, o TRT de São Paulo divulgou que ajudara a realizar o sonho de um garoto de treze anos, ao autorizar a sua participação em um comercial no qual era abraçado por famosos[(3)]. Sob tal perspectiva, é forçoso considerar que a proibição geral e irrestrita do trabalho infantil artístico antes da idade mínima não seria o melhor caminho e que se estaria correndo o risco de prejudicar justamente quem se deseja proteger.

Afinal, há indicativos de que o que torna a experiência positiva ou negativa para o artista mirim sejam alguns fatores, tais qual a forma como aquela atuação foi conduzida (pelos adultos) e a quantidade de horas despendidas com a atividade (que não pode comprometer o tempo disponível para a escola, lazer, convivência social e familiar, descanso, dentre outros). A diferença estaria na forma cuidadosa como os adultos que atuaram ao redor destes prodígios (diretores e atores, por exemplo) trataram daquela participação infantil, e também no discernimento dos pais em administrar a carreira artística preservando a saúde e reais interesses dos filhos, ou seja, tudo indica que, se bem dosada, com os devidos cuidados tomados, incluindo a preparação das famílias e dos profissionais da área artística que vão ter contato com os artistas mirins, tal experiência pode ser positiva para a criança e o adolescente.

Seguindo este entendimento, seria possível compatibilizar a proteção integral de crianças e adolescentes à atividade artística infantil, desde que as produções se organizem em função do bem-estar e interesse dos artistas mirins. Portanto, regulamentar esta participação parece ser a melhor opção, mas as produções do segmento terão o trabalho de organizar seus horários e roteiros em função das crianças. Como tal exigência pode significar demora na produção e maiores gastos, é provável que ocorra uma diminuição das ofertas de trabalho artístico para crianças e adolescentes, o que é bom porque tornará a inclusão da participação mirim mais criteriosa e cuidadosa, facilitando até mesmo a fiscalização.

Cabe destacar que a ausência de regulamentação facilita abusos e exploração, pois se as regras não são claras, a fiscalização e a atuação dos órgãos de proteção da infância ficam limitadas. A ausência de restrições expressas é, na verdade, o "pior dos mundos" e ruim para todos: empresários, produtoras, juízes, famílias e fiscalização. Afinal, urgente é orientar os pais sobre os cuidados necessários e riscos envolvidos nesta atividade, assim como nortear o mercado para lidar adequadamente, com responsabilidade e cautela, com os artistas mirins incluídos em suas produções (CAVALCANTE; VILELA, 2011).

Contudo falta conhecer e sistematizar quais seriam esses limites e condições. Não se tem notícia de pesquisas nacionais ou internacionais que verificaram o impacto, a longo prazo, do trabalho infantil artístico. Contudo, a partir da observação dos bastidores e de entrevistas realizadas com profissionais da área, artistas mirins e seus familiares em Cavalcante (2012), foi possível identificar alguns riscos provenientes dos aspectos organizacionais e das condições de trabalho neste segmento, assim como efeitos biopsicossociais da carreira artística para a saúde infantojuvenil.

5. *Alguns resultados da pesquisa qualitativa*

Quando as crianças e mães entrevistadas foram indagadas sobre as características importantes para seguir a carreira artística, ao lado dos esperados desinibição, talento e espontaneidade, apareceram: disposição para cumprir horários, ter disciplina, estar preparado para ouvir críticas e saber que faz parte do trabalho, ter muita garra para aguentar o que vem, ter humildade para esperar muitas horas para fazer pontinha e aceitar um papel pequeno.

(3) Disponível em: <http://www.trtsp.jus.br/indice-noticias-em-destaque/19113-trt-2-ajuda-a-realizar-o-sonho-de-um-garoto-de-13-anos>. Acesso em: 11.7.2015.

A lista de aspectos desejáveis nos candidatos a artista mirim já permite vislumbrar a realidade escondida atrás do sonho e *glamour* da atividade artística.

As crianças também contaram o que viram e não gostaram nessa atividade: a demora para gravar os comerciais, a competitividade que há entre as meninas, de esperar, a obrigação de ir (para a atuação artística) mesmo se tiver aniversários na família e de amigos, faltar a muitas festas, a vontade de ir à praia e não poder porque não tem final de semana livre, da demissão do colega porque havia rido nos bastidores, não gosta de teste porque fica supernervosa, viu pressão no camarim por causa da briga, concorrência por papéis e pressão para que atrizes adultas emagrecessem. Mas o mais instigante depoimento foi o choque sofrido por causa da troca de papéis de duas garotas, avisado somente no dia de início das gravações da novela e depois de vários capítulos decorados, sob a alegação de que uma ficara mais alta do que a outra durante a fase preparatória de ensaios. O despreparo e descuido dos profissionais ao lidar com esta situação, para dizer o mínimo, geraram sérios problemas de relacionamento e muita angústia para as mães e crianças envolvidas.

Quanto ao meio ambiente de trabalho, os resultados do estudo indicam que a estrutura varia muito de uma produção para outra, mesmo dentro dos segmentos do teatro, cinema, televisão e publicidade, que foram as áreas nas quais muitos participantes possuíam experiências diversas e foi possível fazer as comparações. Basicamente, nenhum empreendimento prioriza o cuidado focado na criança e no tratamento especial que cumpriria o princípio da proteção integral preconizado na lei. Foram raras as produções apontadas nos relatos como tendo cuidados com a alimentação, proteção solar, alongamentos para compensar o corpo estático entre uma sessão de fotos e outra ou conversas para preparar o fim da experiência artística porque a temporada está acabando. Algumas das mães acompanhantes destacaram que elas próprias tiveram estas preocupações com o seu artista mirim, mas em muitos casos não foi possível saber se alguém teve esse olhar cuidadoso sobre a criança ou adolescente.

De qualquer forma, a única pessoa naquela indústria de produtos culturais ou publicitários que poderia a todo tempo manter o olhar adulto sobre aquele ser vulnerável exposto aos riscos e constrangimentos do ambiente de trabalho está impossibilitada de fazê-lo na maior parte das vezes, porque é afastada do artista mirim. Trata-se do adulto acompanhante, responsável legal e com presença solicitada pela produção e agências para cumprir a lei ou autorização judicial, mas que, em regra, é colocado fora do estúdio (na salinha dos pais) ou do local onde ocorrem os testes e gravações; há relatos de seleções (*castings*) nos quais os acompanhantes adultos permaneceram na própria calçada, na via pública, enquanto suas crianças adentraram um local estranho com pessoas estranhas e uma porta fechada entre eles. Ou seja, esta presença não tem qualquer validade, estão todos descumprindo a lei!

Os entrevistados identificaram riscos à saúde física e mental decorrentes da participação artística, dentre os quais: quedas, problemas musculares, estresse, problemas com autoestima, abusos, cansaço, contato precoce com assuntos adultos. Os relatos indicaram que os abusos cometidos contra a saúde e segurança do artista mirim são maiores no segmento publicitário do que nas produções teatrais e televisivas, a começar pela inexistência de alvarás judiciais, fato descrito como corriqueiro quando se trata de fotos e vídeos para comerciais. Também foram apontados longos períodos de espera, falta de cuidados com a criança e falta de estrutura para comportar crianças e acompanhantes nos testes.

A grande maioria das mães classificou a atividade do filho artista como trabalho com repercussões iguais a de qualquer outro. As crianças e algumas mães rotularam a participação artística como um "trabalho divertido" que ensina. Entre os profissionais do segmento, todos afirmaram se tratar de trabalho e que por isso era exigido profissionalismo, seriedade e compromisso, das crianças e adolescentes e também das mães acompanhantes. Afinal, aqueles artistas mirins estavam atuando em conjunto com um grupo de profissionais que precisavam do produto final, resultado daquele trabalho em equipe, para sustentar as suas famílias; aliás, esta seria a única diferença entre as crianças e os adultos daqueles bastidores, segundo trabalhadores deste segmento. Ou seja, os artistas mirins não teriam ainda uma família para sustentar. Todavia, a maior parte dos adultos ouvidos mencionou conhecer artistas mirins que ganham o maior salário da família.

De qualquer modo, o foco nesses locais não é a criança. Embora algumas iniciativas pessoais tenham dedicado mais sensibilidade e cuidado no trato com os artistas mirins, aquele grupo de adultos está sendo remunerado para criar um produto, com qualidade, e cada participante vai agregar mais valor. A participação infantojuvenil é, pois, de mais um profissional que faz parte da equipe, cujo objetivo é criar um produto que precisa recuperar o investimento inicialmente feito, afinal "é muito dinheiro em jogo numa novela", conforme afirmou um preparador de elenco durante a observação dos bastidores.

Mas as expectativas iniciais das famílias e crianças é diversa, porque só conhecem o lado público desta experiência, que na verdade é o resultado final do trabalho conjunto; quando se deparam com o esforço necessário e as cobranças do mundo profissional, comparado a "entrar para o exército", ocorre o choque:

> [...] dei este conselho para um monte de mães que vieram me perguntar: se a sua filha tem vontade, coloque numa agência [...] depois que fizer o primeiro trabalho vai entender o que é o bastidor de uma simples foto, não é uma coisa fácil, você tem que estar disponível, não tem hora marcada, é assim: amanhã tem um teste, então você vai ter que remanejar tudo, você vai ter que acompanhar em todos os sentidos... você vai expor a criança semana inteira fazendo teste? não, você tem que dosar, mas não é uma coisa fácil, subir e agora eu sou estrela... de jeito nenhum, eles são exigidos, as pessoas não esmorecem só porque elas são crianças, tratam com respeito e educação, mas é como se estivesse no exército, tem normas, regras, tem que seguir senão tem uma fila lá fora querendo entrar!" (mãe H)
>
> [...] A criança tem que ter esta vivência... porque a criança acha que tudo é autógrafo, vou sair na televisão e vou dar autógrafo, é só esta percepção que a criança tem... mas não é, tem todo este trabalho, então alguém tem que abrir os olhos, um professor de teatro, alguém do meio artístico... mostrar olha você vai ter que ficar tantas horas parada lá embaixo do sol, repetir dez vezes a mesma coisa, dar risada 500 vezes, você vai ouvir do diretor 'ta ruim, faz de novo, ta ruim faz de novo', não é uma brincadeira.. a mãe tem que passar isso para criança e levar para um teste pesado, para sentir isso, ficar o dia todo naquele calor, e de cada 100 testes passa em um, a criança tem que entender isso, saber isso. Acha que como está na mídia "ah, que legal...", mas tem muito trabalho atrás disso, tem que abrir mão de muita coisa, então eu acho que a mãe tem que mostrar pro filho (mãe I). (CAVALCANTE, 2012, p. 130)

Neste ambiente, as famílias se veem totalmente submetidas à vontade das agências e produtoras, porque a concorrência é grande e temem que, se questionarem ou reclamarem, prejudicarão as chances do filho conseguir novos convites. Chama a atenção o desconhecimento dos adultos responsáveis e a falta de informação prestada pelas empresas contratantes. As mães vão entendendo como funciona no dia a dia, as conclusões vão sendo tiradas e fica por isso mesmo, sem muito questionamento porque temem atrapalhar a carreira do filho se forem consideradas mães "chatas".

Esta falta de informação se revela como desrespeito com as famílias e principalmente com os artistas mirins, pois muita expectativa e decepção poderiam ser evitadas com um pouco de cautela no trato com essas pessoas. Afinal, a ausência da ligação comunicando a reprovação no teste prolonga a espera do artista pela notícia positiva. Ciente de que essas ligações chegam em cima da hora, na véspera ou antevéspera do trabalho, eles não querem assumir compromissos familiares, sociais e escolares porque há chance de terem de cancelá-los por conta da aprovação no teste. Ao mesmo tempo, como a chance de uma resposta negativa é grande, o artista realiza muitos testes para aumentar a chance de aprovação, o que aumenta a angústia e o estresse, já que a sua expectativa é ainda maior.

Encantadas com a oportunidade conquistada num mundo de concorrência e glamour, as famílias relevam os riscos e se submetem aos comandos das agências e produtoras sem questionamentos. A ignorância dos seus direitos e de como cobrá-los torna esses pais e crianças cordeirinhos sob o comando das produções. Sequer informações essenciais eram conhecidas pelas mães entrevistadas, como o conteúdo do alvará judicial que provavelmente contém limitações à jornada de trabalho do filho artista. Abaixo segue a transcrição da fala da mãe sobre o trabalho feito pela filha de 10 anos durante a madrugada, com referência elogiosa à produção, que estaria respeitando "direitinho" a duração diária de 6 horas:

> [...] No filme aconteceu de ter que trabalhar num horário não adequado para a criança, mas não ultrapassava a duração de trabalho dela. Ela ficava dormindo depois acordava e gravava de madrugada uma externa... porque a cena do filme tinha que ser de madrugada... mas respeitaram direitinho as seis horas de duração (mãe B). (CAVALCANTE, 2012, p. 134)

Ocorre que a duração máxima da jornada de trabalho do artista (adulto) é de 6 horas (art. 21 da Lei n. 6.533/1978) e o alvará, que teria de ser de conhecimento de todos e principalmente dos pais, deve estabelecer a jornada máxima daquela criança, que será, provavelmente, menor do que as 6 horas dos artistas adultos. Quanto ao trabalho noturno, ele é proibido antes dos 18 anos!

Conforme muitos relatos, como o transcrito acima, os artistas mirins têm realizado atividades artísticas no período da noite e madrugada, a maior parte das vezes sem alvará judicial, mas em outras situações a autorização existe e não veda expressamente o trabalho noturno. Como se não bastasse a proibição legal, essa atividade não deveria de forma alguma ser exercida por pessoas em fase de desenvolvimento, em razão dos malefícios causados à saúde. A atividade laboral realizada no horário noturno ocasiona diversas repercussões negativas na saúde do trabalhador, dentre elas maior fadiga, prejuízo escolar e distúrbios de sono (BARROS, 2005; TEIXEIRA *et al.*, 2007; FISHER *et al.*, 2008).

Ao serem questionados sobre os riscos existentes em suas profissões, os artistas mirins citaram a preocupação com o cenário, que desce no escuro, bater neles, de tropeçar e cair, de quebrar uma perna, ou de cair do cabo de aço. Já as mães mencionaram riscos físicos, psicológicos e morais, preocupações estas resumidas na fala abaixo transcrita:

> Sim, existe na saúde física e saúde mental: as físicas, tenho a preocupação de que primeiro é muito cansativo e a gente sabe que *stress* e cansaço acabam levando a problema físico, facilidade de pegar doença como depressão etc. Emocional mais ainda, de vários ângulos, emocional do *bullying*, da exposição, da experiência de sucesso com 13 anos de idade, que veio muito cedo e pode não acontecer de novo no futuro como está acontecendo agora, dessa forma. Tenho que ficar muito atenta, porque é muito sucesso para uma pessoa que não lutou nada para conseguir e que veio fácil e a gente sabe que a vida não é assim, né... eu acho que é uma ilusão que depois pode dar uma queda muito grande. [a vida de artista] é uma ilusão... e até, sei lá, um risco de entrar precocemente na sexualidade, riscos como contato com drogas, é uma exposição de alguém muito imatura (mãe C). (CAVALCANTE, 2012, p. 135-136)

Quanto aos efeitos benéficos do trabalho infantil artístico, as mães entrevistadas apontaram como mudanças observadas nos filhos: amadurecimento, melhora na autoestima, aumento do interesse pela dança, aprendizado de coisas novas que pode usar na vida, como apresentar palestras, mais segurança e autoconfiança, aumentou frequência de ida a teatros para assistir apresentações de conhecidos. Já as mudanças negativas lembradas pelas mesmas mães foram: ficou muito autocrítica e baixou a autoestima, piora na alimentação, virou motivo de gozação de pré-adolescentes (por causa de comerciais de produtos infantis), tem falta de ar por causa do clima de competição nos bastidores, não quer se dedicar ao colégio porque vê outras que não se dedicam irem melhor do que ela nos testes, o *bullying* que já sofria piorou quando todos souberam que ele dançava.

Para os artistas mirins, os aspectos positivos trazidos pela experiência profissional artística foram: conhecer pessoas novas, aprender a sapatear e a cantar, se sentir orgulhosa dela mesma, receber aplausos, ouvir elogios, reconhecimento, ajudar a amadurecer, ficar mais centrado, melhorar a desenvoltura em público, parar de ter vergonha em público, melhorar na nota da escola porque ficou com medo de ir mal e passou a estudar mais e ser mais bem tratado socialmente. Já as consequências negativas citadas foram: as vezes que querem ir a um lugar e não podem (porque têm compromisso), acharem que está mentindo porque é ator, dificultar a convivência com a família, atrapalhar na relação de amizade:

> De ruim aconteceu que as pessoas começaram a zoar comigo, tipo todo mundo ficou com ciúmes e eu ficava mal, sentindo dentro de mim, tentava me controlar, me sentia culpada de ter feito uma coisa que elas [as amigas] não fizeram, eu saia antes da aula para ensaiar, eles falavam que eu perdi a melhor parte da aula, maior pressão, professores dando muita lição porque eu faltava... notas mudaram para pior porque eu não tinha tempo de estudar, notas hoje não são muito boas, sempre tem D no fim do ano [...] cansa falar sobre isso [falar sobre como é fazer comerciais e musicais], tem que repetir para família várias vezes, onde passa, "ah, foi legal", só fala este assunto! (criança H). (CAVALCANTE, 2012, p. 159)

Nesse último depoimento fica claro que as repercussões no rendimento escolar podem se estender muito tempo após o encerramento da temporada teatral. E que há sim repercussões na escola em decorrência do trabalho artístico, se não para todos os envolvidos, para parte do grupo observado, o que pode ser explicado por características individuais (maior facilidade/dificuldade) ou contextuais (escola de pior qualidade, terceiro fazendo a lição de casa, escola conivente). Ou seja, esse fenômeno se comporta tal qual já foi observado em vários estudos sobre a perda de rendimento escolar dos estudantes em decorrência da vida laboral (FISCHER *et al.*, 2003; BEZERRA, 2006; GALLI, 2001).

Os entrevistados admitiram distúrbios na saúde cuja maior parte pode ser considerada também consequências do trabalho infantil artístico para aquele grupo de artistas mirins. São eles: queda de cabelo e enxaqueca, ansiedade (estresse), insônia, alimentação inadequada, quedas, músculos machucados, calo nas cordas vocais, rinite alérgica manifestada sob o ar condicionado dos estúdios e queda da autoestima.

Outros indicativos acerca das repercussões negativas da atividade apareceram na fala dos profissionais da área, ouvidos diretamente ou por meio dos comentários dos entrevistados:

Tenho alguns amigos atores que falam: não deixa ele atuar agora, deixa ele ser feliz, deixa ele ser criança, depois ele vai e faz ECA [Escola de Comunicação e Artes da USP] e aí vai ser feliz [no teatro] (mãe C).

> Eu sou contra o trabalho infantil artístico, por isso não agencio crianças. O problema não é só o trabalho. A criança fica famosa e: ou fica muito popular ou fica segregada; cria uma criança apontada e o quanto isso é bom? Ser apontada sem ter personalidade formada, não sabe ainda quem é, e querer pertencer

> a um grupo... e ganhar uma falsa personalidade, porque as pessoas julgam e acreditam que sabem quem ela é: isso acontece com os [artistas] adultos. (agente de atores) (CAVALCANTE, 2012, p. 160)

Considerações finais

A participação artística de crianças na indústria do entretenimento, moda e publicidade é trabalho que, como outros, pode trazer aprendizado e realização pessoal. Porém, a fase de vida dos artistas mirins inspira cuidados especiais e somente com muitas restrições e limites, como a obrigação de jornadas pequenas e em situações de risco mínimo, é que as consequências negativas do trabalho precoce serão evitadas. E a definição de tais condições não pode ficar a critério das emissoras e produções, nem pode ser livremente negociada pelos pais e empresários. O desconhecimento dos direitos, riscos e reais necessidades dos filhos levam famílias a expor a saúde e comprometer a boa formação de suas crianças e jovens, o que significa afetar negativamente os adultos que estas pessoas serão.

A falta de preparação dos artistas mirins para os efeitos advindos de sua exposição pública, bem como a inexistência do acompanhamento efetivo e cuidadoso de um adulto que verifique se para aquele indivíduo a dose daquela experiência está sendo benéfica ou prejudicial, por si só, constituem riscos do trabalho infantojuvenil artístico e indicam uma necessidade urgente de o Estado intervir com fiscalização, políticas públicas e regulamentação.

Campanhas educativas precisam informar a sociedade, especialmente autoridades, empresários e famílias, acerca dos cuidados necessários e as situações perigosas em tais atividades. Além disso, é imprescindível garantir que os responsáveis e os artistas mirins conheçam o teor dos alvarás judiciais, para que tenham condições de fiscalizar e cobrar seu cumprimento. Também é importante garantir que cada etapa da atividade artística, inclusive testes e ensaios, se dê na presença do adulto responsável, diferentemente do que costuma acontecer atualmente.

Necessário, pois, definir regras claras, orientar produções, famílias e sindicatos, assim como criar instrumentos para denúncias de abusos, de tal forma que as produções se adaptem para atender aos limites biopsíquicos das crianças e adolescentes. A escola também precisa ser envolvida nesta rede de proteção, principalmente porque ela poderá identificar e notificar as autoridades sobre eventuais excessos cometidos pelos pais em razão do acúmulo de atividades artísticas isoladas.

Os desafios são grandes, mas avanços já podem ser observados, como a efetivação da mudança de competência para a Justiça do Trabalho, que começa a acontecer em alguns estados. Cabe destaque para a inédita recomendação conjunta (n. 1/2014) assinada pelas Justiças e Ministérios Públicos de São Paulo, estaduais e trabalhistas, que se uniram para confirmar a competência da Justiça do Trabalho nos casos de pedido de autorização para o trabalho de crianças e adolescentes, o artístico inclusive. A partir de então, disseminou-se pelas varas paulistas da Infância e da Juventude a orientação de que tais pleitos devem ser ajuizados na Justiça do Trabalho (TRT 2ª ou 15ª Região).

No caso do TRT-2, levantamento realizado em 13.5.2015 no Juízo Auxiliar da Infância e Juventude dava conta de 219 processos ajuizados, com a média de 10 por semana. Além da obrigatoriedade de criação de conta poupança no nome da criança, da remessa dos autos para a manifestação do Ministério Público do Trabalho e da exigência de termo de compromisso dos pais constando que acompanharão pessoalmente a atividade de trabalho da criança ou adolescente, o provimento GP/CR n. 7/2014 institui outros parâmetros para a concessão de autorização do trabalho infantil no âmbito do TRT da 2ª Região, e a maior parte até então não era observadas pelos juízes estaduais.

Essas mudanças já causaram impactos significativos e, se por um lado temos motivos para comemorar, já que despontam exemplos de efetiva proteção integral aos direitos da criança e do adolescente envolvendo o trabalho infantil artístico, é preciso nacionalizar as mudanças e fazer ajustes:

— aplausos para a orientação disseminada de que é preciso alvará mesmo em caso de atividade de curta duração e com a presença do responsável legal. Há notícias de varas estaduais que informavam erroneamente não ser preciso alvará judicial em fotos/vídeos publicitários se crianças ou adolescentes estivessem acompanhadas dos responsáveis. Este caso ilustra o fato de a ausência de regras claras ser ruim para todos, pois sem orientação adequada até mesmo as produções zelosas incorrem em desrespeito à lei;

— excelente exemplo ao mercado com a retirada de circulação de grande campanha publicitária feita por marca famosa, contudo sem autorização judicial e com imagem erotizada de modelos infantis;

— antes casos raros, agora há jurisprudência de negativa de autorização de atividades artísticas nas quais se tenha observado riscos à saúde infantojuvenil, tanto na 1ª quanto na 2ª instâncias;

— por conta do maior prazo e cuidados exigidos na Justiça do Trabalho, há produções se deslocando do eixo Rio-São Paulo, para solicitar alvarás em outros estados. A vara estadual do Paraná, por exemplo, cuja média de pedidos para trabalho infantil artístico era de um por semestre, com a mudança em São Paulo passou para 3 a 4 por dia, já que "a autorização aqui sai em até 10 dias, e em São Paulo está demorando de 2 a 3 meses, segundo os advogados"[4]. Portanto, é preciso nacionalizar a mudança, de tal forma que as Justiças estaduais e do trabalho atuem em conjunto, como já ocorreu em São Paulo, deixando os casos envolvendo as autorizações excepcionais para o trabalho infantil por conta da Justiça do Trabalho;

— o conteúdo do alvará (ou sentença com força de alvará) que autoriza o trabalho infantil artístico deve ser de conhecimento público, para que toda a sociedade possa fiscalizar o seu cumprimento e denunciar eventuais abusos. Nos casos das limitações e restrições impostas à atividade para preservar a saúde e segurança do artista mirim, o segredo de justiça não protege a criança ou adolescente, mas sim os interesses da produção. Cabe, pois, repensar formas de orientar o mercado quando incluir o artista mirim em uma produção, com a devida proteção da obra artística e de todos os direitos dela decorrentes, mas de tal forma que eventuais abusos ou exploração, bem como desrespeito das condições impostas pelo juiz, possam ser denunciadas por meio de instrumentos de participação social, a serem criados ou já existentes mas que precisam de divulgação em campanhas para orientação das famílias, escolas, profissionais da área e a sociedade como um todo.

O catavento colorido é o símbolo mundial de enfrentamento do trabalho infantil. Criado no Brasil[5], ele foi adotado pela OIT no mundo todo e simboliza o respeito à criança e à diversidade de raça e gênero, com suas cinco pontas representando todos os continentes. Ao girar elas inspiram a mobilização capaz de mudar a situação de milhões de crianças exploradas como mão de obra em todo o mundo. Que mais uma vez o Brasil possa servir de exemplo ao

(4) Informações gentilmente cedidas por servidora da Vara de Infrações Penais contra Crianças, Adolescentes e Idosos e Infância e Juventude do TJPR, que em razaõ da reorganização interna daquele tribunal recebeu a competência em set. 2013. Quanto ao prazo em São Paulo, servidor do Juízo Auxiliar do TRT-2 informou que a antecedência mínima do evento artístico, solicitada aos requerentes para ajuizar esses pedidos, é de 30 dias. Ambas consultas foram realizadas por telefone e *email* em maio de 2015.

(5) Disponível em: <http://www.oit.org.br/content/catavento-e-cartao-vermelho-no-dia-mundial-de-combate-ao-trabalho-infantil>. Acesso em: 11.7.2015.

mundo, na construção de um sistema efetivo de proteção aos artistas mirins, para que a arte possa ser exercida sem pôr em risco a infância e a adolescência desses encantadores meninos e meninas.

Referências bibliográficas

ALBORNOZ, S. *O que é trabalho*. 6. ed. São Paulo: Brasiliense, 2008.

ACA, Artes; CARVALHO, M. P. O trabalho como fator determinante da defasagem escolar dos meninos no Brasil: mito ou realidade? *Cad. Pagu,* periódico na internet, p. 41-74, jun. 2010. Disponível em http://www.scielo.br/scielo.php?script=sci_arttext&pid=S0104-83332010000100004&lng=pt&nrm=iso>. Acesso em: 15.4.2015.

CIRF, Asmus; BARKER, S. L.; RUZANY, M. H.; MEIRELLES, Z. V. Riscos ocupacionais na infância e na adolescência: uma revisão. *Jornal Pediatria,* 72(4): p. 203-208, 1996.

BAHIA, S.; JANEIRO, I.; DUARTE, R. Personal and contextual factors in the construction of acting careers. *Electronic Journal of Research in Educational Psychology,* 5(1): p. 57-74, 2007.

BAHIA, S.; PEREIRA, I.; MONTEIRO, P. Participação em espectáculos, moda e publicidade: Fama enganadora. In: CADETE, J. (org.). *PETI:* 10 anos de combate à exploração do trabalho infantil. Lisboa: MTSS/PETI — Fundo Social Europeu, 2008. Disponível em: <http://repositorio.ul.pt/handle/10451/2708>. Acesso em: 15.4.2015.

BARROS, A. M. de. *Curso de direito do trabalho.* São Paulo: LTr, 2005.

______. *As relações de trabalho no espetáculo.* São Paulo: LTr, 2003.

BEZERRA, M. E. G. *O trabalho infantil afeta o desempenho escolar no Brasil?* [dissertação de mestrado]. Piracicaba: Esalq/USP, 2006.

BOURDIEU, P. *Contrafogos 2:* por um movimento social europeu. Rio de Janeiro: Zahar, 2001.

CAVALCANTE, S. R. *Trabalho infantil artístico:* do deslumbramento à ilegalidade. São Paulo: LTr, 2011.

______. *Trabalho artístico na infância:* estudo qualitativo em saúde do trabalhador. Dissertação de Mestrado. São Paulo: Faculdade de Saúde Pública/USP, 2012. Disponível em: <http://www.teses.usp.br/teses/disponiveis/6/6134/tde-25052012-141746/pt-br.php> Acesso em: 10.3.2015.

CAVALCANTE, S. R.; VILELA, R. A. V. Children and teenagers working in artistic labor: brazilian situation and international examples. *Work Journal,* 41(2012), p. 933-940, 2011.

COLI, J. *O que é arte.* 15. ed. São Paulo: Brasiliense, 2006.

COSTA, K. R.; LEME, L. R.; CUSTÓDIO, A. V. O trabalho infantil em atividades artísticas: violação de normas internacionais. *Revista Ceciliana,* 2(2), p. 38-40, dez. 2010.

FARIA, C. Não é brincadeira. *Revista Cláudia,* 48(7), p. 124-125, jul. 2009.

FISCHER, F. M.; RADOSEVIC-VIDACEK, B.; KOSCEC, A.; TEIXEIRA, L. R.; MORENO, C. R. C. Lowden A. Internal and external time conflicts in adolescents: sleep characteristics and interventions. *Mind Brain Education,* 2, p. 17-23, 2008.

FISHER, F. M.; OLIVEIRA, D. C.; TEIXEIRA, L. R.; TEIXEIRA, M. C.; AMARAL, M. A. Efeitos do trabalho sobre a saúde de adolescentes. *Ciência e Saúde Coletiva,* 8(4), p. 973-984, 2003.

FISCHER, F. M.; MARTINS, I. S.; OLIVEIRA, D. C. *Relatório final do projeto: saúde, educação e trabalho nos municípios de Monteiro Lobato e Santo Antônio do Pinhal-SP.* São Paulo: Faculdade de Saúde Pública da USP, 2000. v. III.

GALLI, R. The economic impact of child labour [discussion paper *on line*]. Genebra: ILO Decent Work Research Programme, 2001. Disponível em: <http://www.ilo.org/inst/publication/discussion-papers/WCMS_193680/lang—en/index.htm>. Acesso em: 31.5.2015.

GUÈRIN, F.; LAVILLE, A.; DANIELLOU, F.; DURAFFOURG, J.; KERGUELEN, A. *Compreender o trabalho para transformá-lo. A prática da ergonomia.* Tradução de L. Sznelwar. São Paulo: Edgard Blucher, 2001.

LACOMBE, R. *A infância dos bastidores e os bastidores da infância:* uma experiência com crianças que trabalham em televisão. Dissertação de Mestrado. Rio de Janeiro: Faculdade de Psicologia da PUC/RJ, 2006.

MARQUES, R. D. Trabalho infantil artístico: proibições, possibilidades e limites. *Revista do Ministério Público do Trabalho,* São Paulo: LTr, 19(38), p. 13-53, 2009.

MELRO, A. L. R. *Actividades de crianças e jovens no espectáculo e no desporto:* a infância na indústria do entretenimento na contemporaneidade. Dissertação de mestrado. Portugal: Instituto de Estudos da Criança da Universidade do Minho, 2007.

MENGER, P. *O retrato do artista enquanto trabalhador:* metamorfoses do capitalismo. Lisboa: Roma, 2005.

MINHARRO, Ers. *A criança e o adolescente no direito do trabalho.* São Paulo: LTr, 2003.

NASCIMENTO, A. M. *Curso de direito do trabalho.* 22. ed. São Paulo: Saraiva, 2007.

NIOSH. National Institute for Occupational Safety and Health. Special hazards review — Child Labor Research Needs. Recommendations from the NIOSH child labor work team [on line]. Atlanta: CDC, 1997. Disponível em: <http://www.cdc.gov/niosh/docs/97-143/>. Acesso em: 10.3.2015.

OLIVA, J. R. D. O trabalho infantojuvenil artístico e a idade mínima: sobre a necessidade de regulamentação e a competência para sua autorização. *Revista da Associação dos Magistrados da Justiça do Trabalho da 15ª Região — AMATRA XV.* São Paulo: LTr, 3, p. 130-152, 2010.

OLIVEIRA, D. C.; SÁ, C. P.; FISCHER, F. M.; MARTINS, I. S.; TEIXEIRA, L. R. Futuro e liberdade: o trabalho e a instituição escolar nas representações sociais de adolescentes. *Estud. Psicol,* periódico na internet, Natal, 6 (2), p. 245-258, 2001. Disponível em: <http://www.scielo.br/scielo.php?script=sci_arttext&pid=S1413-294X2001000200012&lng=en&nrm=iso>. Acesso em: 15.4.2015.

OLIVEIRA, O. *Trabalho infantil artístico.* Rio de Janeiro, 2007. Disponível em: <http://www.fnpeti.org.br/arquivos//biblioteca/954a0a66dd4af30f92918068ab293d25.pdf>. Acesso em: 15.4.2015.

PALMEIRA SOBRINHO, Z. O trabalho infantil: um balanço em transição. In: NOCCHI, A. S. P.; VELLOSO, G. N.; FAVA, M. N. (org.). *Criança, adolescente, trabalho.* São Paulo: LTr, 2010.

PEIXOTO, F. *O que é teatro.* 14. ed. São Paulo: Brasiliense, 2007.

ROBORTELA, L. C. A.; PERES, A. G. Trabalho artístico da criança e do adolescente: valores constitucionais e normas de proteção. *Revista LTr,* São Paulo, 69(2), p. 148-157, 2005.

SANTOS, E. A. A naturalização do trabalho infantil. *Revista do Tribunal Superior do Trabalho,* periódico na internet, 72(3), p. 105-122, 2006. Disponível em: <http://www.fnpeti.org.br/arquivos//biblioteca/9355510a57a8bab6914cf81e9a0b4666.pdf>. Acesso em: 15.4.2015.

SANTOS, T. C. Fazer arte não é trabalho infantil: consequências psicológicas e cognitivas do trabalho precoce. *Cartas de Psicanálise,* ano 3, p. 84-87, 2008.

SEGNINI, L. Criação rima com precarização: análise do mercado de trabalho artístico no Brasil. *XIII Congresso Brasileiro de Sociologia,* Campinas: Unicamp, 2007. Disponível em: <http://idanca.net/wp-content/uploads/2008/02/liliana.pdf>. Acesso em: 10.3.2015.

______. Acordes dissonantes. In: ANTUNES, Ricardo. *Riqueza e miséria do trabalho no Brasil.* São Paulo: Boitempo, 2006.

TORRES, F. Humanas e exatas. *Folha de S. Paulo,* Ilustrada E14, 25 nov. 2011.

TEIXEIRA, L. R.; LOWDEN, A.; MORENO, C. C.; TURTE, S. L.; NAGAI, R.; LATORRE, M. R. D. O.; VALENTE, D.; FISCHER, F. M. Work and excessive sleepiness among brazilian evening school students. Effects on days-off. *International Journal of Occupational and Environmental Health,* 16, p. 172-177, 2010.

TEIXEIRA, L. R.; LOWDEN, A.; TURTE, S. L.; NAGAI, R.; MORENO, C. R. C.; LATORRE, M. R. D. O.; FISCHER, F. M. Sleep and sleepiness among working and non-working high school evening students. *Chronobiol Int.,* 24, p. 99-113, 2007.

Época de Resistência e de Renovação das Lutas em Favor da Infância e da Adolescência

Maria do Rosário Nunes(*)

Com a Constituição de 1988, o Brasil iniciou uma trajetória de inegáveis avanços na garantia dos direitos das crianças e adolescentes, aprofundadas nos últimos doze anos. O Estatuto da Criança e do Adolescente (ECA) é um marco em nossa história, pois, além de mudar a concepção do atendimento e instituir um sistema nacional de atenção à infância e adolescência, instituiu mecanismos de proteção nas áreas de educação, saúde, trabalho e assistência social.

Importante medida para a efetivação dos direitos, a criação dos conselhos de direito nas três esferas da Federação (União, Estados e Municípios) e dos conselhos tutelares em todo o País, aliado a um sistema de justiça que integra o judiciário, Ministério Público e as Forças de Segurança, é fruto da luta histórica de diversos setores da sociedade civil que seguem construindo avanços e impedindo retrocessos que continuamente reaparecem.

Ao longo dos mais de três anos em que tive a honra de chefiar a Secretaria de Direitos Humanos da Presidência da República, tive entre as minhas principais frentes de atuação a promoção, defesa e proteção dos direitos da criança e do adolescente. Das muitas ações, destaco os esforços para o fortalecimento de conselhos tutelares e conselhos de direitos, a estruturação do Sistema Nacional de Atendimento Socioeducativo, o enfrentamento à violência sexual contra crianças e adolescentes, as iniciativas de promoção do direito à convivência familiar e comunitária e o desenvolvimento de ferramentas de informação na área da infância e juventude.

Considero que a promulgação da Lei n. 12.594/2012, que institui formalmente o Sistema Nacional de Atendimento Socioeducativo (Sinase), representou significativa conquista no campo normativo, introduzindo a obrigatoriedade de formulação de Planos de Atendimento Socioeducativo nos três níveis de governo, assim como planos individuais de atendimento para cada adolescente. FEBEMs e albergues começam a ser substituídas por unidades que buscam possibilitar o desenvolvimento de uma ação socioeducativa sustentada nos princípios dos direitos humanos, promovendo alinhamentos conceituais, estratégicos e operacionais, estruturados em bases éticas e pedagógicas.

(*) Deputada Federal (2015/2019), pedagoga pela Universidade Federal do Rio Grande do Sul (UFRGS), Porto Alegre, RS e especialista em violência doméstica no Laboratório de Estudos da Criança da Universidade de São Paulo — USP.

De maneira mais ampla, o incremento em 232% dos investimentos federais em ações e serviços de saúde, a instituição de medidas de prevenção e atenção à saúde nas escolas, o aumento em mais de dez vezes do valor real aportado anualmente em saneamento básico, conjugados com as políticas de transferência de renda, permitiram que o Brasil pudesse se orgulhar de estar entre os países que mais reduziu a mortalidade infantil no mundo, garantindo o direito à vida e o desenvolvimento saudável das nossas crianças.

Por meio do programa Bolsa-Família, principal política de transferência de renda do governo, milhões de famílias tiveram sua renda complementada, possibilitando que o Brasil retirasse o maior contingente populacional da miséria da história, no mais curto espaço de tempo. O impacto na vida das crianças e adolescentes foi ainda mais acentuado em virtude do estabelecimento de condicionantes para a manutenção do Bolsa-Família. A obrigatoriedade de frequência escolar e de o calendário de vacinação dos filhos dos beneficiários estar em dia construíram a base do processo de rompimento do ciclo intergeracional de pobreza.

A partir do acesso à alimentação, à saúde e à educação, foram garantidas as prerrogativas indispensáveis para que as crianças pudessem se desenvolver adequadamente e acessar, quando jovens, as novas oportunidades educacionais e laborais possibilitadas pelo aumento real de 223% no investimento em todos os níveis educacionais. Além disso, ressalta-se o legado do ciclo econômico virtuoso que, em meio à crise mundial, permitiu que os empregos não deixassem de ser gerados e a inflação se mantivesse controlada. A superação da pobreza extrema, aliada à constante fiscalização, são fatores que contribuíram para a redução do trabalho infantil.

Agregado a estas ações, outro conjunto de programas e projetos foi fundamental para construir um caminho de oportunidades para os filhos e filhas da classe trabalhadora. Cito aqui o Programa Nacional de Acesso ao Ensino Técnico e Emprego (PRONATEC), o Programa Nacional de Reestruturação e Aquisição de Equipamentos para a Rede Escolar Pública de Educação Infantil (Proinfância), voltado à construção de creches e pré-escolas e a aquisição de equipamentos para a rede física escolar desse nível educacional, o Programa Universidade para Todos (PROUNI), a ampliação do escopo e do total de atendimentos da Ouvidoria Nacional de Direitos Humanos e, em nível Municipal, programas como o NASF — Núcleo de Apoio Sociofamiliar e o SASE — Serviço de Apoio Socioeducativo — em meio aberto, atualizado pelo SUAS como serviço de convivência e fortalecimento de vínculos.

Mais recentemente foi aprovado o Plano Nacional de Educação, com vinte metas claras e objetivas para os próximos dez anos que, aliado à aprovação da destinação de 75% dos *royalties* do petróleo e 50% do Fundo Social do Pré-Sal para a educação, garantirá o aprofundamento dos avanços e a superação de inúmeros desafios que ainda temos. Muito ainda temos por fazer e violações continuam a atentar diariamente contra a infância brasileira. Exemplos disso pude verificar na Comissão Parlamentar Mista de Inquérito que investigava a exploração sexual de crianças e adolescentes, da qual fui relatora, na CPI do Trabalho Escravo, bem como nos inúmeros casos que acompanhei enquanto ministra.

Todos esses avanços obtidos, porém, atualmente vêm sofrendo ameaças de retrocessos no âmbito legislativo. Setores conservadores se articulam com força para inviabilizar projetos que garantam um país de respeito e a consolidação de uma cultura de direitos.

No campo dos retrocessos, foi aprovada recentemente na Comissão de Constituição e Justiça da Câmara a admissibilidade da Proposta de Emenda à Constituição que reduz a idade penal. Integro a Comissão Especial responsável por analisar as propostas em tramitação sobre o tema e formatar uma proposição para votação em plenário do Congresso. Busco que esta instância supere a lógica açodada em que a matéria foi tratada nesta legislatura e que realize um amplo debate público.

Não há justificativa racional para a redução da idade penal. Segundo o Fundo das Nações Unidas para a Infância (UNICEF), os atos infracionais graves cometidos pelos adolescentes brasileiros somam percentual menor que 1%, e, diferente do que é propagado pelos defensores da redução, o ECA já prevê que a partir dos 12 anos adolescentes infratores cumpram medidas socioeducativas que têm como objetivo promover a cidadania e evitar a reincidência. A sociedade precisa saber que hoje o adolescente pode cumprir medidas socioeducativas por até nove anos, sendo três anos interno, três em semiliberdade e três em liberdade assistida, e que em determinados casos o Estatuto pode ser mais severo do que o Código Penal — como, por exemplo, na privação provisória da liberdade (art. 108), à qual o adolescente se submete por até 45 dias (enquanto o adulto por, no máximo, 10 dias). Não defendemos a impunidade, e sim a justiça e a busca por soluções concretas para a superação da escalada da violência no Brasil.

É preciso que enfrentemos qualquer medida que busque retroceder em direitos conquistados na área da infância. As manifestações contra a redução da maioridade penal vindas dos conselhos tutelares e de direito, de especialistas e instituições reconhecidas na sociedade, assim como a própria manifestação da presidenta Dilma, reforçam nossa luta. Da mesma forma, reforça-se a necessidade de, com a força da mobilização social e do diálogo com a sociedade, avançarmos ainda mais e superarmos as ameaças de retrocesso. É época de resistência e renovação das lutas em prol da infância e adolescência.

Trabalho Infantil, Direitos Humanos e Cadeias Econômicas: a Responsabilização Empresarial nos Cenários Transnacional e Nacional

Rafael Dias Marques(*)

1. Intróito

O trabalho precoce de crianças e adolescentes, abaixo da idade mínima estabelecida por Lei, representa uma das mais perversas violações de direitos humanos e verdadeiro assalto ao conteúdo do paradigma jurídico do trabalho decente.

Realmente, o trabalho infantil significa a negação de um tipo especial de direito previsto na Ordem Jurídica, um direito humano, o direito fundamental ao não trabalho, que retira sua dignidade qualificada, enquanto direito, de normas internacionais de direitos humanos, tais como a Convenção das Nações Unidas sobre os Direitos da Criança e as Convenções ns. 138 e 182, ambas da Organização Internacional do Trabalho. A fundamentalidade desse direito também deflui da Constituição Federal de 1988, que, em seu art. 7º, XXXIII, elenca o não trabalho antes da idade mínima lá fixada como direito social, espécie, portanto, de um direito fundamental.

Tal compostura jurídica irradia uma série de corolários de direito, dentre os quais a projeção positiva, isto é, trata-se de um direito para cuja satisfação não é suficiente o não fazer, a vedação da conduta, sendo igualmente necessária uma ação, um agir combinado, que se exige do Estado, da família e da sociedade (art. 227 da Constituição Federal).

Portanto, é um direito que, para ser preenchido, exige uma conduta negativa, atinente a não tomar o trabalho de crianças e adolescentes, antes da idade mínima, ao lado de uma conduta positiva, isto é, ações que garantam as condições materiais necessárias para que se frua o direito a não trabalhar antes da idade mínima.

Ademais, na forma estabelecida pela Constituição Federal (art. 227) e pelo Estatuto da Criança e do Adolescente (art. 4º), a responsabilidade pelo preenchimento de referido Direito Fundamental repousa sobre uma tríade, em cujos pés se distribuem vários deveres de

(*) Procurador do Trabalho e Coordenador Nacional de Combate à Exploração do Trabalho de Crianças e Adolescentes, do Ministério Público do Trabalho. Ex-Juiz do Trabalho e Ex-Procurador do Banco Central do Brasil.

condutas comissivas e omissivas. Desta tríade fazem parte o Estado, a família e a sociedade.

Todavia, diante dos lindes de investigação do presente estudo, faz-se necessário realizar um corte de observação em relação ao segmento sociedade, especialmente no que se refere às empresas, como um dos atores responsáveis pelo adimplemento do direito fundamental ao não trabalho antes da idade mínima.

Com efeito, quando se fala em sociedade, está-se a referir um grande gênero, de que fazem parte várias espécies, todas entrelaçadas em propósitos, gostos, preocupações e costumes, interagindo entre si. Dentre estas espécies, estão as empresas, como pessoas jurídicas de direito privado, as quais, por certo, estão também abrangidas pelo dever de cumprir o direito fundamental ao não trabalho.

Assim, no que diz respeito ao objeto deste escrito, interessa perquirir o papel das empresas frente aos direitos humanos de crianças e adolescentes, sob o viés do direito fundamental ao não trabalho antes da idade mínima, com destaque especial para o problema do trabalho infantil nas cadeias de suprimentos de grandes corporações econômicas e os limites da responsabilização.

2. *O TRABALHO INFANTIL E O PARADIGMA DOS DIREITOS HUMANOS*

A história dos Direitos Humanos no mundo, em especial após a Segunda Guerra Mundial, é a história de reação aos absurdos. Realmente, os absurdos, no campo da violação dos direitos, é que lançaram, no seio da consciência jurídica mundial, o desejo e a necessidade de se ampliar o objeto do que, até então, conhecia-se como direitos humanos, isto tudo atrelado a um sistema protetor e garantidor da fruição de tais direitos: vem a Organização das Nações Unidas e suas agências, multiplicam-se as Declarações de Direitos, as Convenções e Tratados de Direitos Humanos, moldam-se novas gerações/dimensões de direitos, a exigir cada vez mais do Estado e dos grupos sociais.

Sob essa revolução de compostura, no campo do Direito, é que se define, então, com mais clareza e solidez teórica, um novel paradigma jurídico para enxergar certas realidades de violação: definem-se, pois, os mínimos, para se garantir a dignidade da vida do ser humano no Planeta Terra, abaixo do que nada se pode permitir ou transigir.

Destarte, sob este signo, os mínimos, uma vez violados por ações humanas, são aptos a gerar, portanto, as mais gravosas reprimendas da Ordem Jurídica, pois tais transgressões representam, em si, ataques aos pilares mais basilares do Direito, capazes, inclusive — tal é seu grau de nocividade — de gerar um sistema transnacional de proteção e garantia, a partir da mitigação da soberania dos Estados e da prevalência da Ordem Externa sobre a Interna, sob certos aspectos.

Assim, os Direitos Humanos passam a ser concebidos, com clareza, como elementos indispensáveis à garantia da vivência digna, do desenvolvimento e da continuidade existencial dos seres humanos e da humanidade.

No campo do Trabalho — e considerando-se todos os absurdos cometidos nos campos de concentração nazistas — houve, por igual, um vigoroso movimento, sob os auspícios da doutrina internacional dos direitos humanos. Definiu-se, com maior robusteza, o paradigma do trabalho decente e do trabalho digno, moldando-se mínimos indispensáveis, sem os quais não se poderia falar em dignidade do homem trabalhador.

Destarte, nesse processo histórico, em especial por conta do fortalecimento da Organização Internacional do Trabalho, de suas normas e de sua Declaração de Princípios Fundamentais de 1998, cria-se um sistema internacional de Direitos Humanos do Homem Trabalhador, o qual erige o paradigma do trabalho decente como valor fundante das relações laborais, paradigma este que não pode transigir com o núcleo rígido dos mínimos, fincados em quatro grandes fundamentos: não discriminação, vedação do trabalho em condições análogas à de escravo, liberdade sindical e vedação do trabalho infantil.

Aqui, então, abre-se o ponto de intercessão entre o trabalho infantil e o sistema internacional de direitos humanos, de modo que aquela prática passa a ser considerada como ofensa grave à Ordem Jurídica, passível das mais gravosas reprimendas do Direito.

Essa abertura é protagonizada, basicamente, pela Declaração dos Direitos da Criança de 1989 e, fundamentalmente, pelas Convenções ns. 138 (sobre a idade mínima de admissão a qualquer trabalho e emprego) e 182 (sobre as piores formas de trabalho infantil), estas últimas da Organização Internacional do Trabalho, as quais, em nível global, traduzem, pois, o conteúdo do trabalho decente e digno, sob o signo da não exploração do trabalho infantil. Todas essas normas foram ratificadas pelo Estado Brasileiro.

Corporifica-se, aqui, o direito humano ao não trabalho antes de certa idade, como mínimo a ser observado e perseguido, cujo objetivo é salvaguardar as crianças e os adolescentes de situações de trabalho prejudiciais ao pleno desenvolvimento de sua pessoa humana, garantindo-lhes, assim, condições dignas para sua plena conformação física, moral, intelectual e psicológica.

No Brasil, esse defluir de coisas da Ordem Internacional foi plenamente absorvido pela Ordem Interna. Com efeito, confirmando a compostura de fundamentalidade daquele direito, a Constituição Federal de 1988, no título dos Direitos e Garantias Fundamentais, no capítulo relativo aos Direitos Sociais, em seu art. 7º, XXXIII, proíbe qualquer trabalho para menores de 16 anos, salvo na condição de aprendiz a partir dos 14. Proíbe, ainda, qualquer trabalho para menores de 18 anos, nas atividades insalubres, perigosas ou prejudiciais ao seu desenvolvimento moral. É, pois, um dos marcos constitucionais do princípio da proteção integral e prioridade absoluta de crianças e adolescentes no Direito Pátrio, expressamente enunciado, em toda sua plenitude, no art. 227 da Carta de 1988.

Trata-se, pois, de uma faixa etária em que, por opção constitucional, reconhece-se um tempo de não trabalho, a fim de que crianças e adolescentes, pessoas especiais que são, possam dedicar-se aos processos formativos de seu desenvolvimento biopsicossocial, característico de tal fase da vida humana.

Disto decorre, então, que, no âmbito do Direito Pátrio, seja por conta dos influxos da Ordem Jurídica Transnacional, seja por mandamento de porte constitucional, o paradigma de análise da realidade de trabalho de crianças e adolescentes deve ser, sempre, o olhar dos Direitos Humanos, vale dizer, o direito ao não trabalho antes da idade mínima é direito qualificado e especial, posto no Ordenamento Jurídico, de onde retira seu fundamento de validade.

Por força desse caráter de direitos humanos, o direito ao não trabalho antes da idade mínima se conforma de um conjunto de atributos que lhe reforçam o caráter de direito especial.

Dentre esses atributos, interessam destacar, particularmente, os seguintes, como pressupostos de análise do papel das empresas no cenário dos direitos humanos.

2.1. Fundamentalidade

Ora, os direitos fundamentais[1] constituem a base (axiológica e lógica) sobre a qual se assenta um ordenamento jurídico. Esta fundamentalidade pode ser apreendida por meio de dois vieses: i) a partir do conteúdo do direito com referência aos valores supremos do ser humano e da dignidade da pessoa humana; ii) a partir de sua topologia normativa, alocada na Constituição, como norma-ápice. Concorrem, portanto, ambos os critérios (material e formal) para definir a fundamentalidade de um direito. É justamente essa fundamentalidade que impõe observância a um conteúdo básico e mínimo, atrelado a direitos determinados, aquém do qual não se toleram contenções.

Assim, por força disso, pode-se dizer que o direito ao não trabalho antes da idade mínima, como direito humano, é dotado de fundamen-

(1) Neste trabalho, as expressões direitos humanos e direitos fundamentais serão tomadas como sinônimas.

talidade, seja porque integra a compostura jurídica do princípio da dignidade da pessoa humana, no campo das relações de labor, sendo atributo indispensável para a conformação do valor do trabalho decente e digno, seja porque a Constituição Federal de 1988 assim o declarou no título dos Direitos e Garantias Fundamentais, no capítulo relativo aos Direitos Sociais, em art. 7º, XXXIII.

2.2. Projeção positiva

Segundo o processo histórico de criação e afirmação dos direitos humanos, estes nascem como anteposto necessário ao Estado soberano, que tudo podia sobre seus súditos. Surgem, assim, no vácuo da resistência e da defesa, de modo a preservar a liberdade individual da ingerência desmedida do Estado.

Todavia, se, nos primórdios, os direitos humanos encerravam uma prática abstencionista do Estado, de modo a se preservar a seara de liberdade individual das pessoas, fartas do Estado absoluto, que ignorava a vida privada e íntima de seus tutelados, aqueles, no curso do processo de consolidação do sistema, passaram a ter uma projeção positiva, isto é, passaram a veicular um dever de fazer, imposto ao Estado, sem o que a fruição do direito fundamental restaria comprometida.

No campo do direito humano ao não trabalho antes da idade mínima, este caráter de projeção positiva aparece portentoso. E assim o é, pois, para manter uma sociedade livre de trabalho infantil, em especial naquelas marcadas por exclusões socioeconômicas, não é suficiente uma expressão normativa de não fazer, isto é, de não explorar o trabalho de crianças; em suma, é absolutamente necessária a materialização de condutas de fazer.

2.3. Aplicabilidade imediata

A Constituição Federal de 1988 dispõe expressamente no art. 5º, § 1º: "As normas definidoras dos direitos e garantias fundamentais têm aplicação imediata". Assim, independentemente de sua expressão normativa, os direitos fundamentais devem produzir efeitos desde logo, seja para seus titulares (acepção subjetiva), seja para aqueles em relação aos quais erige um dever de respeitar e de fazer (acepção objetiva). Desse modo, o intérprete deve buscar, no sistema jurídico, instrumentos que garantam essa aplicabilidade imediata, bem como valer-se de mecanismos de garantia, para que o direito fundamental possa ser efetivamente fruído.

Aliás, de nada vale a previsão de direitos fundamentais, no próprio texto constitucional, se este não disciplinar os meios assecuratórios adequados, cujas normas de previsão também devem possuir aplicabilidade imediata. Há casos, porém, em que esta previsão assecuratória específica não está explícita no sistema, ou mesmo inexiste. Nestas hipóteses, deverá o operador do Direito valer-se dos meios assecuratórios genéricos postos no sistema. O que não se pode é obstar a fruição do direito, pela ausência de meios assecuratórios correlatos.

Nesse campo, a Constituição Federal de 1988 estabeleceu meios judiciais destinados a combater a indevida omissão na aplicação de direitos fundamentais, seja no plano abstrato — *v. g.* a ação direta de inconstitucionalidade por omissão, prevista no art. 103, § 2º — seja no plano concreto — *v. g.* o mandado de injunção, previsto no art. 5º, LXXI.

Assim, subsumindo este apanágio ao direito fundamental ao não trabalho antes da idade mínima, observa-se a aplicabilidade imediata daquele direito, frente a todos aqueles que estão obrigados a extravasar condutas comissivas e omissivas, necessárias ao cumprimento do direito referido.

2.4. Eficácia horizontal ou privada

Os direitos humanos produzem efeitos não somente diante do Poder Público, mas também em relação aos particulares. Fala-se, pois, em eficácia horizontal ou privada, que impõe o cumprimento dos direitos fundamentais também nas relações entre particulares. Corolário disso, pode-se exigir dos particulares que não violem os direitos fundamentais. É possível também exigir deles atividades complementares para a implementação destes mesmos direitos.

Tal eficácia horizontal ou privada é bastante típica quando se está frente aos direitos fundamentais de crianças e adolescentes, dentre os quais o direito fundamental ao não trabalho antes da idade mínima. É que, na forma do art. 227 da Constituição Federal, a responsabilidade pelo cumprimento de tais espécies de direitos pertence não somente ao Estado, mas também à família e à sociedade como um todo. Vê-se, pois, no ponto, que o próprio texto constitucional faz sobressair a eficácia horizontal, fazendo o particular também responsável pela fruição dos direitos fundamentais de crianças e adolescentes.

Assim, não pode a família estimular, ou mesmo permitir e/ou aceitar situações de trabalho para seus filhos menores de 16 anos, pois ela também possui o dever de garantir o respeito ao direito fundamental ao não trabalho antes da idade mínima. Por igual, a sociedade em geral é incumbida deste mesmo dever, pela eficácia horizontal deste direito, de modo que há de ter uma postura ativa no enfrentamento a situações de lesão, seja não oferecendo trabalho para crianças e adolescentes abaixo dos 16 anos, seja denunciando realidades de exploração proibida do labor, seja não comprando produtos derivados do trabalho precoce proibido.

Assim, por força de todos esses atributos que compõem o sistema de direitos humanos, gênero do qual é espécie o direito ao não trabalho antes da idade mínima, necessário dizer que não é digno nem decente permitir que crianças e adolescentes possam trabalhar antes dos 16 anos de idade, de maneira a se situarem, num segundo plano, os aspectos formativos de seu desenvolvimento biopsicossocial, tão marcante em tal fase da vida humana, sob pena de, em assim se permitindo, colorir-se, novamente, o quadro perverso da exploração do trabalho precoce dos primórdios da Revolução Industrial.

É preciso reconhecer, portanto, que o marco civilizatório, centrado nos direitos humanos, a que a comunidade internacional conduziu sob o forte e sangrento embate dos fatos sociais, não pode se compadecer com o trabalho infantil, pois significaria retroceder na formação de seu conteúdo, moldado que foi pelo fenômeno da expansão da amplitude do princípio da dignidade da pessoa, entendido este, em última análise, como um conjunto de potencialidades inerentes à pessoa humana e sem as quais não se lhe pode permitir uma vida digna.

O Direito, assim, deve olhar a exploração do trabalho de crianças e adolescentes sob a perspectiva da violação dos direitos humanos, reconhecendo o direito ao não trabalho antes da idade mínima como direito fundamental, com todos os seus apanágios acima destacados, o qual, uma vez atingido, deve ser prontamente reparado, em toda a extensão do dano.

Todavia, o Direito não enxerga, por si só, a realidade e nela influi e transforma. Ele é, sob um ponto de vista de análise, obra cultural e, assim, precisa de agentes, pessoas incumbidas da aplicação das normas, pela organização do Estado, vale dizer, os operadores do Direito em sentido amplo.

Assim, há de se questionar como está olhando o segmento empresarial, o direito fundamental ao não trabalho e o trabalho infantil?

Infelizmente, e via de regra, tem visto com olhos impregnados de permissibilidade, de suavidade e de aceitação, especialmente quando a violação do direito fundamental ao não trabalho ocorre fora dos seus muros, porém dentro da cadeia de suprimentos que se formou para atender a suas necessidades de produção/comercialização.

Com efeito, o fenômeno do trabalho infantil, na atualidade, não mais viceja com todo vigor, no interior organizacional das empresas que, em virtude de um longo processo histórico, centrado na responsabilização, estão mais cientes do seu dever de não tomar, diretamente, mão de obra de crianças e adolescentes.

Realmente, o trabalho infantil espraiado pela cadeia econômica, jacente em pequenos negócios desorganizados, em empreendimentos rudimentares, em organizações familiares ou mesmo em sistemas integrados de produção, tem sido uma das áreas de mais difícil combate, na luta pela prevenção e erradicação do trabalho precoce.

É que, acompanhando o processo de desconcentração da produção e da comercialização, a partir dos influxos das terceirizações e quarteirizações, típicos do capitalismo globalizante, o trabalho infantil emigrou do interior das empresas e passou a se diluir ao longo da cadeia econômica ou de suprimentos das corporações, formadas a partir das necessidades econômicas das empresas.

E, então, frente aos atributos da fundamentalidade, projeção positiva, aplicabilidade imediata e eficácia horizontal, há de se questionar qual deve ser o papel das empresas e do próprio sistema de Justiça do Trabalho, quando o trabalho infantil viceja na cadeia econômica ou de suprimentos. Disto se cuidará nas próximas porções do presente estudo.

3. Direitos humanos, empresas e cadeias econômicas

Uma vez fixadas as notas que definem o direito ao não trabalho como direito humano e seus principais atributos, é necessário indagar qual o papel das empresas em garantir esta espécie de direito fundamental, quando a violação ocorre na sua cadeia econômica ou de suprimentos ou, ainda, dentro de sua própria estrutura — ainda que esta segunda hipótese seja bem rara nos dias atuais.

Isto porque as últimas pesquisas realizadas em nosso país pelo Instituto Brasileiro de Geografia e Estatística (IBGE) e pela Organização Internacional do Trabalho (OIT), demonstram que grande parte das mais de 3 milhões de crianças e adolescentes em situação de labor, estão no trabalho informal, na agricultura familiar e no trabalho doméstico. Tais áreas representam uma espécie de núcleo duro, cuja dissolução tem se mostrado um desafio para a rede de proteção dos direitos de crianças e adolescentes, mesmo porque suas causas estão ligadas às desigualdades regionais e socioeconômicas, tão evidentes no Brasil.

Este trabalho informal, não raro, está diluído em cadeias econômicas ou cadeias de suprimentos, que se entrelaçam para dar suporte produtivo ou de comercialização a grandes corporações econômicas.

A partir da consolidação da globalização, acentuou-se, no mundo inteiro, o fenômeno da internacionalização da produção e da mobilização do grande capital, o que levou as empresas a migrarem para países em desenvolvimento, em busca das chamadas vantagens comparativas, isto é, em busca de melhores condições para produzir, o que significa dizer, em busca de condições mais baratas para produzir, tais como mão de obra, matéria-prima, legislações socioambientais mais brandas etc.

Nesse contexto, além de migrarem para espaços onde possam encontrar tais vantagens comparativas, tais empresas também optaram por modificar seus processos produtivos em busca de diminuir seus custos. Passaram, então, a intensificar técnicas de desconcentração da produção, a partir de terceirizações, deslocando setores da produção/comercialização para terceiros. Estes, por sua vez, em busca de redução de custos, também passaram a deslocar setores de sua produção para outros. Assim, pequeníssimas empresas ou mesmos núcleos familiares começaram a ingressar nessa nova arrumação produtiva.

Em tais processos de desconcentração, os terceiros e quartos do esquema produtivo também começaram a se empenhar no intento de reduzir custos, sob pena de não sobreviverem num mercado cada vez mais selvagem, onde ganha a preferência de grandes empresas, quem vende os suprimentos por menos. E desse modo, firmou-se uma cruel realidade de barateamento da mão de obra e de precarização das condições de trabalho dos obreiros: baixos salários, meio ambiente de trabalho degradado, ausência de organização sindical, longas jornadas de trabalho, exploração do trabalho de crianças e adolescentes, trabalho em condições análogas à de escravo, processos artesanais de produção, baixas tecnologias. Isto tudo passou a ser as faces dessa novel realidade socioeconômica, a qual tem mirado para a perversa prática do *dumping* social.

É assim que famílias inteiras se integram nesse perverso sistema, passando a compor a cadeia de suprimentos de uma dada empresa, que está na outra ponta, beneficiando-se do trabalho barato da ponta de baixo. Nisto, crianças e adolescentes são considerados forças de trabalho indispensáveis para a produção e aumento de ganhos, por meio da redução de custos.

Tal arranjo produtivo pode ser visto, facilmente, no caso da indústria têxtil e calçadista no Estado de São Paulo, onde, na ponta de cima, empresas conhecidas do grande público deslocam setores inteiros de sua produção para outras empresas, menores, que, por sua vez, deslocam para outras tantas, menores ainda e, não raro, para núcleos familiares. Assim, os sapatos ou roupas que são vendidos por preços vultosos nos *shoppings* chiques da cidade de São Paulo, acabam tendo grande parte deles ou mesmo eles inteiros produzidos em oficinas de fundo de quintal, com condições degradantes de trabalho e exploração do trabalho de crianças e adolescentes.

Este mesmo esquema se repete em tantos outros segmentos, como na produção do fumo, na região sul do Brasil, atrelada a seu perverso sistema de integração. Neste, pequenos produtores rurais assinam contratos de venda de fumo em folha com grandes corporações fumageiras, por meio do qual se obrigam a comprar de empresas previamente indicadas no instrumento, os denominados "pacotes tecnológicos" (agrotóxicos, fertilizantes, assistência técnica, EPIs, sementes, seguro agrícola), o que gera um crescente endividamento, posto que o fumo por eles produzido e vendido, por dever contratual, integral e exclusivamente àquelas corporações, é pago sob valores baixos, de modo que a renda do pequeno produtor achata-se cada vez mais, avolumando, de outra banda, o endividamento. E disso sobrevém a exploração do trabalho de crianças e adolescentes, filhos dos pequenos produtores, para aumento da produção, miséria, servidão, doenças, suicídios, desagregação social e familiar e degradação da natureza; mais que meros componentes indesejados do sistema a serem sanados, constituem-se nos indispensáveis pilares sobre os quais se edifica, atualmente ,no Brasil e no mundo a produção do fumo potencializada pelos sistemas de integração implementados por empresas transnacionais que, assim, auferem lucros exorbitantes.

E não é só. Semelhante situação se verifica na produção do carvão vegetal para alimentar grandes siderúrgicas, no norte e sudeste do país; no beneficiamento da castanha de caju, na produção do óleo do coco babaçu, para atender aos interesses de grandes e poderosas empresas de cosméticos, dentre muitos outros casos.

Nesse cenário e frente à compostura jurídica do direito fundamental ao não trabalho antes da idade mínima, um direito humano por excelência, somado a seus corolários, é absolutamente necessário ativar instrumentos de responsabilização das empresas frente à garantia de fruição dos direitos humanos, especialmente no campo do trabalho decente, seja quando a violação ocorre dentro de suas próprias estruturas, seja quando a infração ocorre na cadeia de suprimentos que se teceu em função de sua zona de influência, entendida tal cadeia como uma conjunto de etapas consecutivas, ao longo das quais os diversos insumos sofrem algum tipo de transformação, até a constituição de um produto final (bem ou serviço) e sua colocação no mercado.

Esse reconhecimento do impacto negativo que, não raro, as atividades de grandes corporações econômicas são susceptíveis de produzir na garantia de fruição de direitos humanos, bem como o arrimo de sua responsabilização nesta ordem de coisas, já pode ser buscado tanto em nível transnacional, quanto no âmbito nacional, senão vejamos.

3.1. Empresas, direitos humanos e cenário transnacional

A afirmação internacional dos direitos humanos, conforme referido acima, está intimamente ligada às enormes violações de direitos perpetradas pelo Estado nazifascista, na época da Segunda Guerra Mundial. Durante muito tempo, o Estado foi considerado o único algoz da infringência dos direitos mais caros da raça humana, dentre os quais, a vida e a liberdade.

Todavia, a consciência jurídica transnacional passou a divisar outros atores de violações no cenário das atrocidades da Segunda Guerra Mundial, de modo que as empresas também começaram a ser vistas — e responsabilizadas — por estas mesmas barbáries.

Nesse passar, vale frisar interessante passagem da *Revista Superinteressante*:

> Nessa época [década de trinta], a corporação mais poderosa de lá [Alemanha] atendia pelo nome *Interessengemeinshaft Farben*. Ou IG Farben, *Associação de Interesses Comuns*. Era um cartel formado por Basf, Bayer, Hoescht e outras empresas químicas e farmacêuticas alemãs. Além de poderosa, a IG Farben se metia bastante na política. Foi a maior apoiadora da campanha que pôs Hitler no poder, ao doar 400 mil marcos (US$ 15 milhões em valores atuais). O apoio não veio de graça. Em um encontro logo após as eleições, o futuro chanceler prometeu a Heinrich Buetefisch, chefão de uma das fábricas da IG Farben, que garantiria a expansão dela e o investimento em uma tecnologia estratégica. Como a Alemanha não tinha reservas de petróleo, a IG Farben desenvolveu um combustível sintético derivado do carvão, que seria essencial para as Forças Armadas do país na guerra. Foi o começo de uma parceria e tanto, que garantiu negócios com o governo até 1944. Mas o maior projeto dessa união surgiu somente em 1941, com o objetivo de formar a maior indústria química do Leste europeu. Instalada nas áreas polonesas anexadas pelos nazistas, seu nome era IG Auschwitz. Funcionava com mão de obra especializada alemã e escravos de toda a Europa, especialmente prisioneiros do campo de concentração vizinho. O negócio começou tão bem que em 1942 já ganhou uma ampliação, com um campo próprio da fábrica, para produzir borracha sintética, combustíveis de alta *performance* (gasolina de aviação e óleo combustível para uso naval), vários tipos de plásticos e fibras sintéticas, entre outros. O produto mais notório — e sinistro — a sair de lá foi o Zyklon-B, o gás usado nas câmaras de extermínio. Além disso, de acordo com o livro IG Farben — From Anilin to Forced Labor ('IG Farben — Da anilina ao trabalho forçado', inédito no Brasil), de Jörg Hunger e Paul Sander, a fábrica também fazia os trabalhadores forçados de cobaias para testar novos medicamentos e vacinas. (LIMA, Cláudia de Castro. Os aliados ocultos de Hitler. *Revista Superinteressante*, jul. 2014)

Nesse contexto, o Grupo Krupp valeu-se dos trabalhos forçados de cerca de 100 mil pessoas, incluindo prisioneiros de guerra e de campos de concentração e civis de lugares ocupados. A Siemens usou mão de obra dos campos de concentração de Auschwitz e Ravensbrück para produzir diversos equipamentos, dentre os quais câmaras de gás. Algumas pessoas ligadas a essas e outras empresas foram julgadas pelo Tribunal de Nuremberg, sendo condenadas por extermínio em massa, uso de trabalho forçado e outros crimes contra a humanidade. Promoveu-se, portanto, a responsabilização de pessoas físicas associadas a essas corporações, mas nenhuma sanção foi imposta às pessoas jurídicas que colaboraram com o nazismo.

Todavia, essa espécie de "irresponsabilidade" das empresas, enquanto pessoas jurídicas, principiou a ser desconstruída nos idos de 1960.

Com efeito, no mundo desenvolvido, a consolidação do Estado do Bem-Estar Social, a partir do qual este deveria assumir uma posição para além do mero respeito às liberdades públicas, mas, fundamentalmente, adotar uma conduta de fazer, voltada à promoção do bem-estar dos cidadãos, acrescido às novas ondas de descolonização das colônias da África e da Ásia, que substituiu a figura do Estado por grandes corporações econômicas, como vetor de assimetria, no mundo subdesenvolvido, provocaram mudanças no tabuleiro internacional do poder, bem como agravaram o impacto negativo da atuação empresarial sobre os direitos humanos, em especial no mundo subdesenvolvido, onde o controle estatal sobre questões sociais, trabalhistas e ambientais restou diluído pelo poderio econômico das empresas, cada vez mais transnacionais.

Acrescente-se a isso a internacionalização da economia, com o incremento da globalização, fortalecendo o papel geopolítico dos grandes conglomerados econômicos, que passaram a exercer enorme influência sobre o jogo político nos Estados então emergentes da descolonização. Realmente, muitas empresas aumentaram seu faturamento a tal ponto que superaram o PIB de muitos países. Dados do Banco Mundial e da Revista Fortune, com referência no ano de 2010, dão conta de que a rede de supermercados Walmart teve receita equivalente ao PIB da Noruega em 2010 (408 bilhões de dólares para a companhia, contra 414 bilhões para o país escandinavo). A General Eletric teve receita maior que o Peru (157 bilhões de dólares contra 154 bilhões).

Ora, estes novos fatores políticos e econômicos provocaram inúmeras tensões na Ordem Internacional, em especial o impacto negativo cada vez maior da atividade empresarial sobre os direitos humanos, no campo social, trabalhista e ambiental, despertando fortes reações de organizações não governamentais e movimentos sociais, em prol da responsabilização das empresas por violações de direitos humanos.

Exemplo dessa crescente mobilização é que, seis décadas depois dos julgamentos de Nuremberg, algumas das empresas que tiveram funcionários e executivos condenados, passaram a reconhecer sua responsabilidade direta pelos horrores da Segunda Guerra: a Siemens pagou indenizações às famílias de seus operários sujeitos a trabalhos forçados. A Nestlé, que também usou mão de obra escrava, pagou 14,5 milhões de dólares para um fundo de vítimas do trabalho escravo.

Tal tensão na ordem de coisas foi ecoar na Organização das Nações Unidas, a partir de um crescente de fatos que podem assim ser resumidos:

a) Criação da Comissão das Nações Unidas para Corporações Internacionais, como uma espécie de fórum intergovernamental permanente para discussão do papel das empresas na garantia de cumprimento dos direitos humanos.

b) Iniciativas no âmbito da Organização para a Cooperação e Desenvolvimento Econômico, em 1976, o que culminou com a publicação do documento "Diretrizes para Empresas Multinacionais", com recomendações sobre temas como direitos trabalhistas, segurança laboral, meio ambiente, saúde e questões tributárias, entre outros. O documento é voltado sobretudo para empresas multinacionais que operam nos territórios dos países-membros da organização ou dos países que tenham aderido às Diretrizes. Em 2011, na sua quinta reforma, foi incluído capítulo sobre recomendações em matéria de direitos humanos.

c) Iniciativas da Organização Internacional do Trabalho, a partir da Declaração Tripartite de Princípios Relativos a Empresas Multinacionais e Política Social, que oferece parâmetros sobre condições de trabalho, capacitação e direitos laborais em geral.

d) Lançamento do Pacto Global no ano 2000. Trata-se de documento, aberto à adesão empresarial, contendo dez princípios (originalmente eram nove, mas, em 2004, foi incorporado um décimo princípio sobre o combate à corrupção), com compromissos a serem assumidos por empresas na área de direitos humanos, trabalho e meio ambiente.

Todavia, no cenário internacional, o mais vigoroso avanço no reconhecimento da responsabilidade das empresas por violações de direitos humanos, ainda que verificadas em cadeias econômicas ou de suprimentos criadas para dar suporte a seu funcionamento, foi a publicação dos Princípios Orientadores das Nações Unidas sobre Empresas e Direitos Humanos, os denominados Princípios de Ruggie.

Tais princípios foram baseados nos estudos do Professor de Harvard, John Gerard Ruggie, representante do Secretário-Geral da ONU sobre Direitos Humanos e Empresas Transnacionais. Contêm diretrizes para Estados e empresas com vistas a garantir o respeito aos direitos humanos e estão sustentados nos seguintes pilares: (i) dever do Estado de oferecer proteção contra abusos de direitos humanos cometidos por terceiros, incluindo empresas, por meio de políticas, regulação e atribuição de responsabilidades (*adjucation*); (ii) a responsabilidade corporativa de respeitar direitos humanos, atuando com a devida diligência (*due diligence*) para evitar infringir direitos e lidar com impactos adversos que possam advir de sua atuação; (iii) o acesso das vítimas à reparação efetiva, por meio de mecanismos judiciais e não judiciais.

Os princípios de Ruggie foram aprovados pela Comissão de Direitos Humanos da ONU, por meio da Resolução n. 17/4, e seu conteúdo pode ser dividido em três grandes seções. Na primeira seção, que contempla os princípios 1 a 10, dá-se luz ao dever do Estado em prover proteção contra violações de direitos humanos cometidas por terceiros, inclusive empresas, em seu território ou jurisdição. Para tanto, deve tomar as medidas adequadas para "prevenir, investigar, punir e reparar" abusos. Aqui, há forte indicativo para o avanço da Legislação, a fim de prever, claramente, a responsabilidade das empresas por violações de direitos humanos, ocorridas na sua própria estrutura organizacional ou na sua cadeia de suprimentos. Há, também, orientações voltadas para a consolidação de uma cultura corporativa de respeito aos direitos humanos, por meio da oferta de assessoria às empresas (acesso à informação e capacitação) e da estipulação de cláusulas relativas ao respeito a direitos humanos, inclusive com possibilidade de auditoria, em transações comerciais realizadas pelo Poder Público com o setor privado.

Na segunda seção, que compreende os princípios de 11 a 24, traz-se, propriamente, o contorno da responsabilidade das empresas frente aos direitos humanos, com especial destaque para a responsabilidade quanto às violações ocorridas em suas cadeias de suprimento. Tal seção apresenta como fundamentos a Declaração Universal dos Direitos Humanos da ONU, o Pacto Internacional sobre Direitos Civis e Políticos da ONU, o Pacto Internacional sobre Direitos Econômicos, Sociais e Culturais da ONU, bem como as Convenções Fundamentais do OIT (Convenções ns. 138 e 182). Como núcleos de comando, merecem destaque:

a) Abstenção: As empresas devem adotar condutas de não fazer, isto é, absterem-se de violar direitos humanos, dentre os quais o direito fundamental ao não trabalho antes da idade mínima.

b) Enfrentamento: As empresas devem prevenir ou mitigar impactos negativos em eventos e processos em relação aos quais tenha algum envolvimento, como sói acontecer na exploração do trabalho de crianças e adolescentes no contexto das cadeias econômicas. Aqui merece destaque o paradigma das denominadas Zonas ou Esferas de Influência, entendidas como espaços para onde as empresas projetam seus elementos de produção e comercialização. Tais zonas dão o limite da responsabilidade dos conglomerados e situam o dever de diligência que estes devem ter nos espaços de projeção.

c) *Due Diligence* (dever de diligência): as empresas, dentro de suas zonas ou esferas de influência, vale dizer, em suas cadeias econômicas ou de insumos, devem adotar práticas de auditoria e aferição de riscos decorrentes dos impactos dos elementos de suas zonas de influência sobre os direitos humanos. Para tanto, tais práticas devem incluir consultas a especialistas e grupos potencial ou efetivamente afetados ou partes interessadas, tudo com vistas a evitar a cumplicidade, ou negligência, da empresa com violações. Assim, por exemplo, as empresas devem estar atentas a seus processos de desconcentração produtiva, a fim de que estes não se materializem em espaços onde vicejem condições degradantes de trabalho ou trabalho infantil, não derivem em contratações com unidades onde tais tipos de violações ocorram e, acaso incidam, levem ao rompimento das contratações então efetuadas. Pode-se, ainda, promover melhorias da tecnologia da produção ou das condições de trabalho dos obreiros, em ordem a arrimar um ambiente livre de degradância e trabalho infantil.

d) Política de Compromisso: As empresas devem adotar uma política de compromisso e respeito aos direitos humanos, a qual deve ser aprovada por suas altas instâncias decisórias e difundida, interna e externamente. Isto incute na empresa a cultura corporativa que faz introjetar, na consciência coletiva empresarial, a responsabilidade pela fruição de direitos humanos, em si e/ou em suas cadeias produtivas.

e) Política de Monitoramento: As empresas devem adotar uma conduta de monitoramento a partir da análise de indicadores predefinidos que possibilite a medida de contenção dos impactos negativos da atividade empresarial na fruição de direitos humanos, isto é, que permita uma análise da extensão dos efeitos de sua atividade na fruição do direito fundamental ao não trabalho e bem como avaliar se sua conduta corporativa está tendo eficácia no enfrentamento de tal violação.

f) Dever de Reparação: as empresas devem incorporar, em sua política, o dever de reparar ou mesmo contribuir para reparar os impactos decorrentes de sua atividade sobre os direitos humanos, assumindo, por exemplo, o dever de indenizar os danos individuais ou coletivos, patrimoniais ou morais, causados a crianças, adolescentes e/ou comunidades atingidas pela exploração do trabalho infantil, fruto da negligência de seu dever de diligência sobre espaços de produção albergados em suas esferas de influência.

E, finalmente, na terceira e última sessão dos Princípios, contida entre os Enunciados ns. 25 a 31, preveem-se mecanismos judiciais e não judiciais de reparação, que devem ser colocados pelo Estado à disposição das vítimas. Dentre estes mecanismos de reparação, no campo juslaboralista, pode ser inserido e melhor ativado, na experiência brasileira, o sistema de justiça do trabalho, como mais bem será detalhado no tópico seguinte.

Por tudo isto, no cenário transnacional, tem-se afirmado, cada vez mais, a responsabilidade das empresas pela garantia dos direitos humanos, reconhecendo-se que também elas podem ser demandadas a fim de que adotem condutas que garantam o respeito aos direitos humanos, seja em sua estrutura organizacional, seja em sua esfera de influência (cadeias produtivas), ou ainda, ocupem o polo passivo em sistemas de monitoramento de tratados de direitos humanos ou outros sistemas a serem criados com a finalidade precípua de apurar a responsabilidade de empresas por violações de direitos humanos.

E mais: tais influxos podem ser utilizados no ambiente nacional. Confira-se.

3.2. Empresas, direitos humanos e cenário nacional: responsabilização e sistema de justiça do trabalho

Se, no cenário transnacional, conforme se viu no tópico anterior, há elementos políticos e jurídicos que fundamentam o reconhecimento e a própria responsabilidade das empresas em caso de violação de direitos humanos, também no cenário nacional é possível prospectar fundamentos similares, para ativar a responsabilidade empresarial no cumprimento dos direitos humanos, em especial, na seara dos direitos fundamentais sociais, como, por exemplo, do direito fundamental ao não trabalho antes da idade mínima. Descortina-se, assim, um novel papel para o sistema de Justiça do Trabalho, que precisa ser incorporado por seus principais pilares institucionais, vale dizer, Ministério Público do Trabalho e Justiça do Trabalho, vocacionados constitucionalmente para a tutela da dignidade da pessoa humana, no viés do trabalho digno, o qual não se compadece com qualquer resquício de exploração do trabalho de crianças e adolescentes.

3.2.1. *Responsabilidade da cadeia produtiva e fundamentação*

Nesse sentido e, de início, é necessário demarcar, no campo nacional, os fundamentos desse movimento de ampliação da responsabilidade das empresas para além de seus muros, a atingir todos os seus espaços de influência, em especial suas cadeias econômicas ou de suprimentos. Tais fundamentos abeberam-se das seguintes fontes normativas: a) Constituição Federal: arts. 6º, 7º, XXXIII, 170, 184, 186 e 227; b) Convenções ns. 138 e 182 da OIT; c) Código Civil 2002: arts. 927 e 942; d) Código de Defesa do Consumidor e Sistema de Tutela Coletiva: arts. 12 e 17 do CDC.

Tais fontes normativas permitem a extração de um punhado de consequências jurídicas que, na ordem jurídica pátria, dão o tom da responsabilidade das empresas em relação às violações de direitos fundamentais sociais vicejantes em suas cadeias econômicas. Tais consequências jurídicas gravitam em torno dos seguintes eixos: a) Tríplice Responsabilidade; b) Função Social da Propriedade e normas de proteção ao trabalho; c) Ordem Econômica e Valorização do Trabalho Humano; e d) Ordem Civil e Consumerista. Em seguida, traçar-se-ão alguns comentários de modo a esclarecer o fundamento da responsabilização da cadeia produtiva, senão vejamos.

Em matéria de trabalho infantil, antítese gravosa do Direito Fundamental ao Não Trabalho, desperta-se, por força do disposto no art. 227 da Constituição Federal, uma tríplice, não hierarquizada e solidária responsabilidade, entre família, sociedade e Estado, a quem se comete o dever de zelar pelo desenvolvimento saudável de crianças e adolescentes, solapado todas as vezes em que surgem hipóteses de trabalho infantil. Na categoria "sociedade", encontram-se as empresas, a quem, por via de corolário, também se comina a responsabilidade pelo preenchimento do direito fundamental ao não trabalho, por meio de atos e não atos.

Ademais, sob os mandamentos normativos da Constituição Federal, o Estado brasileiro assentou-se nos princípios da liberdade econômica, da livre iniciativa e da livre concorrência. Todavia, a fórmula adotada não deriva para o capitalismo selvagem, pois a liberdade econômica não é absoluta, na medida em que está temperada pela responsabilidade social dos grupos empresariais. Com efeito, a ordem econômica deve estar fundada também em valores sociais. É o que se observa do texto do art. 170 de nossa Constituição:

> Art. 170. A ordem econômica, fundada na valorização do trabalho humano e na livre iniciativa, tem por fim assegurar a todos existência digna, conforme os ditames da justiça social, observados os seguintes princípios: [...]
>
> III — função social da propriedade;
>
> VIII — busca do pleno emprego;

Daí que o exercício da liberdade econômica somente é válido, sob pena de descambar para ilicitudes, se for compatível com a "valorização do trabalho humano", com a "existência digna" a todas as pessoas, com a "justiça social" e com a "busca do pleno emprego".

Em outras palavras, a atividade econômica será ilícita se, por si ou por seus impactos em suas esferas de influência, contribuir para a existência indigna das pessoas, se não valorizar — direta ou indiretamente — o trabalho humano e, por assim dizer, se atentar contra os direitos fundamentais sociais. Desse modo, pratica ato ilícito toda empresa que, desconcentrando parte de sua produção e, em muitos casos, toda sua produção, para terceiros e, faltando com seu dever de diligência, cria condições para a exploração do trabalho de crianças e adolescentes, atentando, pois, contra direitos fundamentais do homem e atingindo as balizas da liberdade econômica, clausulada pelos influxos da responsabilidade social. Fazê-lo é o mesmo que estimular — e legitimar — o próprio trabalho infantil.

Há de se dizer ainda que as relações empresariais, entre fornecedor e cliente, assentam-se num liame de confiança, baseada na comunhão de propósitos. Quando, por exemplo, uma indústria calçadista transfere para outrem a produção de solados de calçados, ou ainda, a montagem destes, estabelece-se entre eles uma comunhão de interesses, uma sinergia econômica, uma confiança mútua. Portanto, admitir que um ente empresarial adquira produtos gerados em uma situação de ilicitude, a partir da exploração do trabalho humano, é estabelecer que aquele compactue com esta mesma ilicitude. Neste caso, a empresa passa a se aproveitar dos benefícios da exploração do trabalho, vez que os produtos, gerados na cadeia criada por ela, por suas necessidades econômicas, detêm custos menores, favorecendo-lhe, ao permitir ocupar nichos de mercado a menores custos, em situação de vantagem frente às demais corporações do setor.

Destarte, a ordem econômica tem, entre seus fundamentos, a responsabilidade social, cuja inobservância macula o direito de liberdade econômica das empresas, disto gerando-se ilicitudes e danos, que precisam ser estancados, por meio de provimentos de inibição e reparação, extrajudiciais ou judiciais. Assim, sendo o direito ao não trabalho antes da idade mínima, um direito humano, um direito fundamental, um direito especial, por força dos arts. 7º, XXXIII e 227 da CF/88, bem como das Convenções OIT ns. 138 e 182, a atividade empresarial que, ao desconcentrar produção, permite o trabalho infantil, por falhar no seu dever de diligência sobre sua esfera de influência, acaba por atingir os próprios fundamentos da ordem econômica, não podendo passar incólume pelos olhos do Direito.

Mas não é só.

A responsabilidade das empresas em relação às violações de direitos humanos também decorre da função social da propriedade.

Sabe-se que, durante muito tempo, na época em que o mundo jurídico somente conhecia os chamados direitos humanos de primeira geração ou dimensão, o direito de propriedade ganhou ares de direito absoluto, especialmente para repudiar, a todo custo, a marcha do Estado sobre a esfera jurídica dos cidadãos, outrora súditos no Estado absolutista. Desse modo, o direito de propriedade se justificava para satisfazer, tão somente, o interesse privado de seu titular.

Com o evoluir do pensamento jurídico e a partir da afirmação, difusão e incremento dos direitos humanos ao longo do século XX, o direito de propriedade foi esfacelando-se em sua força absoluta, temperado pelo princípio da função social da propriedade. Vale dizer, o direito de propriedade, agora, somente justificava seu exercício se não conspurcasse outros direitos igualmente tão caros. Desse modo, a propriedade deixava de ser protegida apenas para a satisfação de interesses individuais. Em vez disso, passou a ser tutelada em razão da relevância social condizente a seu exercício: a propriedade deixava de ser protegida em função somente do indivíduo, passando a ser resguardada em razão também da sociedade. Por via de corolário, a fruição do direito de propriedade deveria ser pautada pela compatibilização do interesse individual com o interesse social.

Sob a égide da Constituição de 1988, os arts. 5º, XXIII, 170, III, 184 e 186 informam a compostura do princípio da função social da propriedade. Assim, na atual ordem constitucional brasileira, a propriedade é bem jurídico fundamental protegido e direito fundamental, temperado, internamente, por sua função social, para também garantir o bem-estar material da comunidade. Passa-se a proteger a propriedade não apenas para satisfazer a felicidade de seu próprio titular, ou seus caprichos, mas também para atender aos interesses da sociedade, bem com aos objetivos da República, concretizados no art. 3º da CF/88. Essas duas esferas de fundamento, ou estas duas funções, a econômico-individual e a social têm, pois, de se coordenar entre si, convivendo harmonicamente dentro do mesmo direito.

Por via de corolário, a Carta Constitucional determina que a propriedade, aí incluída a empresarial, deve ser explorada de acordo com sua função social, devendo ser respeitadas as disposições que regulam as relações de trabalho e as condições justas de labor, ainda mais quando veiculam direitos fundamentais, como é o caso do direito ao não trabalho antes da idade mínima. Dessa forma, a propriedade não pode ser explorada de modo a causar danos ou riscos de danos às relações de trabalho, à dignidade do homem trabalhador, frontalmente vilipendiada por situações de exploração do trabalho precoce. Dessa forma, qualquer exploração de trabalho infantil, inclusive na cadeia econômica, gerada em razão das dinâmicas da propriedade produtiva, torna ilícito o produto econômico gerado pelo desrespeito das condições mínimas laborais.

Há de se destacar: se a propriedade não é explorada de modo compatível com sua função social, em razão do desrespeito de disposições trabalhistas fundamentais, o produto derivado dessa exploração passa a ser incompatível com as normas constitucionais e espraia sua ilicitude por toda a cadeia econômica que do produto se vale e que, em última análise, foi sua própria geradora. Assim, a uma empresa não é lícito beneficiar-se de tal desrespeito a normas constitucionais adquirindo produtos gerados por meio da exploração do trabalho de crianças e adolescentes. Mais ainda: deve a empresa, fundada no seu dever de diligência sobre sua esfera de influência, adotar as medidas de cuidado a fim de garantir que não está adquirindo produtos oriundos do desrespeito à função social da propriedade.

Nesta mesma linha de raciocínio, também o Código Civil de 2002 e o Código de Defesa do Consumidor — este, ao conformar, juntamente com a Lei da Ação Civil Pública, os pilares do sistema de tutela coletiva — permitem impor às empresas a responsabilidade pela violação de direitos humanos, ainda que esta se dê em sua cadeia econômica ou de suprimentos.

Sendo a dignidade da pessoa humana o fundamento máximo da ordem constitucional (art. 1º III, CRFB), tem-se que, na órbita juslaboralista, o respeito à dignidade absoluta de todo ser humano demanda condições dignas para o exercício do trabalho, as quais são frontalmente violadas quando se explora o trabalho de crianças e adolescentes, pois se atinge um direito muito caro à Ordem Jurídica, vale dizer, um direito fundamental, como visto em outras partes deste estudo.

Na esfera civil, é vedado a qualquer empresário beneficiar-se economicamente da exploração do trabalho de crianças e adolescentes, como também é defeso a qualquer empresa estimular esta violação a direito humano, auferindo vantagens econômicas a partir de cadeias de suprimento, criadas para satisfazer suas necessidades de produção, por meio de parcerias comerciais com terceiros que confeccionam seus produtos a partir da exploração do trabalho precoce. As vantagens, em tal esquema produtivo, são claras, pois os terceiros — e quartos, e quintos etc., a depender do grau de desconcentração produtiva — por meio da exploração da mão de obra infantil e da precarização das condições de trabalho, barateiam o custo da produção do suprimento que vai satisfazer a necessidade da empresa que desconcentrou sua produção, e, ao final, à grande empresa da ponta, permitir-se-á colocar os produtos finais no mercado, a custos menores, vencendo a concorrência. Típica hipótese de *dumping* social.

Desse modo, se uma empresa tem relações estáveis com um terceiro que explora crianças e adolescentes no trabalho, entregando-lhe produtos mais baratos, está esse agente econômico se beneficiando da exploração do trabalho humano. Assim, beneficiando-se economicamente da atividade ilícita anterior, a empresa deve ser responsabilizada civilmente, na forma do art. 927, parágrafo único, do Código Civil:

> Art. 927. Aquele que, por ato ilícito (arts. 186 e 187), causar dano a outrem, fica obrigado a repará-lo.
>
> Parágrafo único. Haverá obrigação de reparar o dano, independentemente de culpa, nos casos especificados em lei, ou quando a atividade normalmente desenvolvida pelo autor do dano implicar, por sua natureza, risco para os direitos de outrem.

Com efeito, extrai-se da norma acima transcrita que é responsável civilmente por qualquer dano toda pessoa que desenvolva atividade que possa "implicar, por sua natureza, risco para os direitos de outrem". Ora, se a atividade empresarial de compra de produtos gerados por meio da exploração do trabalho de crianças e adolescentes, na lógica da redução de custos, típica do processo de desconcentração econômica por meio da cadeia de insumos, proporciona lucros ao ente empresarial — o adquirente de produtos —, deve este também ser responsabilizado pois, por meio dessa relação, está se beneficiando de práticas ilícitas e, em última análise, gerando estas mesmas práticas, pela lógica produtiva da desconcentração.

Finamente, é preciso assinalar que outros ramos do direito avançaram em matéria de responsabilização solidária da cadeia econômica, além da responsabilidade objetiva e proteção ao hipossuficiente, o que acaba por influenciar o Direito do Trabalho, vez que este se fundamenta no aspecto protetivo e social. Não é à toa que dispõe o *caput* do art. 12 do Código de Defesa do Consumidor:

> Art. 12. O fabricante, o produtor, o construtor, nacional ou estrangeiro, e o importador respondem, independentemente da existência de culpa, pela reparação dos danos causados aos consumidores por defeitos decorrentes de projeto, fabricação, construção, montagem, fórmulas, manipulação, apresentação ou acondicionamento de seus produtos, bem como por informações insuficientes ou inadequadas sobre sua utilização e riscos.

Esse dispositivo legal comina a solidariedade entre TODOS os componentes da cadeia produtiva pelos ilícitos e danos causados ao consumidor. Desse modo, se o consumidor é beneficiário de tal tutela especial, diante de sua condição de hipossuficiência, por analogia e com mais razão, o trabalhador deve também desfrutá-la, já que, via de regra, é ainda mais vulnerável que o consumidor. Assim, onde há a mesma razão, deve prevalecer a mesma solução.

Ademais, na ordem jurídica pátria, a tutela dos direitos coletivos, em sentido lato, aí incluídos os trabalhistas, dá-se por meio da conjugação de várias leis, dentre elas a Lei n. 8.078/90 (Código de Defesa do Consumidor) e a Lei n. 7.347/85 (Lei da Ação Civil Pública).

É dentro dessa ideia de sistema coletivo, que se podem espancar todas as dúvidas de que o art. 12 do CDC é aplicável ao Direito do Trabalho, posto que o art. 17 do diploma consumerista estabelece que são equiparados a consumidor todos os que sejam vítimas de danos decorrentes da cadeia produtiva.

Daí que as empresas, em torno das quais se teceu a cadeia produtiva e no bojo da qual conseguem auferir vantagens econômicas, pelo barateamento da produção em virtude da precarização das condições de trabalho, de algum modo se beneficiando desse esquema, devem arcar com os ônus correspondentes, especialmente em matéria de proteção dos direitos humanos e fundamentais.

A regra também tem previsão no Código Civil:

> Art. 942. Os bens do responsável pela ofensa ou violação do direito de outrem ficam sujeitos à reparação do dano causado; e, **se a ofensa tiver mais de um autor, todos responderão solidariamente pela reparação**. (grifo nosso)
>
> Parágrafo único. São solidariamente responsáveis com os autores os coautores e as pessoas designadas no art. 932.

Se a responsabilidade da cadeia econômica se impõe, num primeiro momento, para a tutela inibitória de proteção dos direitos humanos e fundamentais, ela também se aplica à reparação dos danos já causados, seja os de natureza difusa, seja os ocasionados aos trabalhadores precoces (crianças e adolescentes) individualmente prejudicados.

Ademais e a fim de que melhor se possa esclarecer de que forma o Direito do Consumidor pode ser utilizado como instrumento para fundamentar a responsabilidade da cadeia produtiva, por violação de direitos humanos, é necessário recorrer a algumas lições doutrinárias consumeristas. Com efeito, costuma-se classificar os fornecedores sujeitos a participar do polo passivo da relação jurídica de responsabilidade civil, nas seguintes categorias: a) **Fornecedor real**, envolvendo o *fabricante*, o *produtor* e o *construtor*; b) **Fornecedor aparente**, que compreende o detentor do nome, marca ou signo aposto no produto final; e c) **Fornecedor presumido**, abrangendo o *importador* de produto industrializado ou *in natura* e o comerciante de produto anônimo.

Tais conceitos devem se aplicar também ao Direito do Trabalho, pois como visto, tanto um como o outro fundam-se na mesma *ratio*, a saber, a proteção da parte mais vulnerável na relação jurídica.

Daí o porquê de referidos sistemas se comunicarem, perfazendo o que a doutrina costuma chamar de " diálogo das fontes", em prol da materialização de um sistema protetivo.

Não fosse isso, campeiam, na seara juslaboralista, os princípios da proteção e da norma mais favorável, os quais autorizam a conclusão de que a cadeia econômica é responsável solidária para fins trabalhistas (coletivos e individuais).

3.2.2. Formas de responsabilização

Nesse esquema de ampla responsabilização, autorizado que está por toda a fundamentação jurídica lançada no tópico anterior, é preciso distinguir duas formas de responsabilização das empresas por violação de direitos humanos, dentre os quais o direito fundamental ao não trabalho antes da idade mínima.

Uma das formas ocorre quando a violação surge dentro da estrutura produtiva da empresa, isto é, quando ela, diretamente, toma o serviço de crianças e adolescentes, antes da idade mínima permitida na ordem jurídica. Tal forma de violação e responsabilização direta foi muito comum há algumas décadas. Hoje, tal tipo de violação é residual, considerando o longo histórico de repressão e punição ativado pelos órgãos de fiscalização, tais como o Ministério Público do Trabalho e o Ministério do Trabalho, cada um no âmbito de suas respectivas atribuições. Com efeito, o trabalho infantil não mais está no chão de fábrica de grandes empresas.

Paralelamente, há outra forma de responsabilização, dita indireta, quando a violação de direito ocorre ao longo da cadeia produtiva ou na esfera de influência da empresa, ou seja, a violação surge fora dos muros de uma dada corporação econômica. Tal responsabilização da empresa autora da tessitura da cadeia, ainda que indireta, por fato ocorrido na cadeia, não pode ser desprezada. Ao contrário, o Ministério Público do Trabalho e a Justiça do Trabalho devem estar atentos à ativação de tal forma.

Neste passar, é importante, para bem se fixar a responsabilização indireta, delimitar o alcance da cadeia para fins de responsabilidade. Isto porque os diversos elementos sociais, tecnológicos, geográficos e econômicos atuarão fortemente para se graduar a participação e o nível de responsabilidade social de uma dada corporação econômica.

Com efeito, podem ser divisados casos nos quais a empresa que comercializa o produto fabricado com utilização de mão de obra de crianças e adolescentes, pode ser por isso responsabilizada, como a hipótese daquelas que vendem roupas produzidas por oficinas que exploram trabalho infantil, sendo muitas vezes a proprietária da marca. O domínio do fato pela empresa e a falha no seu dever de diligência, consubstanciada na omissão na fiscalização da prestação de serviços, são facilmente constatados, ensejando sua responsabilização.

De outra banda, em determinados casos, o domínio do fato e a prática de ato omissivo ou comissivo não será constatado. É o caso da revendedora de produto que utiliza, para sua fabricação, o ferro-gusa. Constatado o trabalho de crianças e adolescentes na produção do carvão vegetal, que alimenta os fornos para a produção do ferro-gusa, deve-se proceder a um corte na cadeia produtiva, sugerindo-se a responsabilização apenas até a indústria siderúrgica, haja vista o distanciamento da participação da revendedora na utilização da matéria-prima carvão vegetal.

Assim é que, por conta da amplitude do conceito de cadeia produtiva, e para fins de responsabilização indireta, o aplicador da Lei deve fazer um corte metodológico, delimitando a atuação, pelo menos, para as fases de fornecimento de matéria-prima (ênfase na extração), industrialização e distribuição do produto final.

Tal necessidade de corte na responsabilização remete, também, à necessidade de se mapear a cadeia econômica, isto é, identificar as empresas, bem como estabelecer a função e a importância de cada uma delas na própria cadeia produtiva, especialmente quando esta se ramifica a tal ponto que passa a atingir unidade de regime familiar de produção e comunidades inteiras que se organizam para atendê-la.

Para tanto e com base em Manual de Atuação Frente às Cadeias Produtivas, elaborado pela Coordenadoria Nacional de Combate à Exploração do Trabalho de Crianças e Adolescentes, sugerem-se os seguintes passos: I) identificar as categorias de bens ou serviços da empresa; II) identificar o potencial produtivo de determinada região; III) identificar a produção de insumos e serviços com níveis de acordo com a potencial utilização de mão de obra de crianças e adolescentes (muito alto, alto, moderado e baixo). Para fins de classificação, sugere-se a utilização dos seguintes critérios: a) predominância, ou não, de atividades que não exijam mão de obra qualificada; b) existência de atividades produtivas realizadas em regime de economia familiar (urbano e rural), em comunidades tradicionais, na informalidade e no sistema de produção integrada; c) existência de limitação temporal da vinculação com a empresa adquirente ou tomadora (vínculo temporário ou permanente); d) vulnerabilidade ou existência de fatores sociais críticos, tais como a área geográfica, condições sociais, econômicas e culturais etc.; e) propensão à existência de agentes de ameaça, tais como a existência de metas de produtividade e fiscalização do processo extrativo/produtivo.

3.2.3. *Conteúdo da responsabilização*

O presente tópico procurará responder à seguinte indagação: qual o conteúdo da responsabilização das empresas que violam direitos fundamentais de não trabalhar antes da idade mínima, seja direta, seja indiretamente, em sua cadeia produtiva?

Ora, considerando que a responsabilização deve ser a mais ampla possível, visando sempre à restauração da incolumidade da situação violada, ela pode admitir a responsabilidade no campo administrativo, penal e civil/trabalhista, independentes e complementares entre si, com composturas jurídicas próprias. Todavia, em virtude dos lindes temáticos deste estudo, focar-se-á no âmbito da responsabilidade civil/trabalhista, pois é aquela que, na atual conformação político-constitucional, pode ser aplicada pelo Ministério Público do Trabalho e pela Justiça do Trabalho, posto que a responsabilidade penal interessa a outros sistemas de justiça, bem como a responsabilidade administrativa importa ao Poder de Polícia do Ministério do Trabalho.

Desse modo, no campo da responsabilidade civil/trabalhista, é possível destacar dois conteúdos básicos, quais sejam, a inibição e a reparação.

A tutela inibitória está intimamente ligada ao princípio da prevenção e se fundamenta no art. 5º, XXXV, da Constituição Federal.

Tal forma de tutela assume uma posição de relevo, já que, quando se analisam direitos fundamentais, a prevenção da violação, e por via de corolário, do dano, deve ser perseguida a todo custo, por meio de provimentos que inibam o ilícito, e/ou cessem-no e/ou evitem sua repetição, justamente o conteúdo, por excelência, de uma tutela de inibição. Isto porque, via de regra, os danos advindos da violação são irreversíveis, devendo-se, pois, evitá-la a todo custo. Com efeito, dados do Ministério da Saúde apontam que crianças e adolescentes se acidentam e morrem no trabalho, em termos relativos, três vezes mais que adultos em uma mesma situação de labor.

A tutela de inibição, seja por meio de uma atuação extrajudicial, seja por meio de um comando judicial, impõe um fazer ou um não fazer, conforme a conduta ilícita temida seja de natureza comissiva ou omissiva. Nos tópicos seguintes, dar-se-ão exemplos de comandos típicos de inibição, no campo de violação do direito fundamental ao não trabalho antes da idade mínima, em especial na cadeia produtiva.

Neste passar, cumpre transcrever excertos da obra do professor Luiz Guilherme Marinoni[2], que averba com maestria:

> A tutela inibitória, configurando-se como tutela preventiva, visa a prevenir o ilícito, culminando por apresentar-se, assim, como uma tutela anterior à sua prática, e não como uma tutela voltada para o passado, como a tradicional tutela ressarcitória.
>
> Quando se pensa em tutela inibitória, imagina-se uma tutela que tem por fim impedir a prática, a continuação ou a repetição do ilícito, e não uma tutela dirigida à reparação do dano. Portanto, o problema da tutela inibitória é a prevenção da prática, da continuação ou da repetição do ilícito, enquanto o da tutela ressarcitória é saber quem deve suportar o custo do dano, independentemente do fato de o dano ressarcível ter sido produzido ou não com culpa. (p. 36)
>
> [...] É melhor prevenir do que ressarcir, o que equivale a dizer que no confronto entre a tutela preventiva e a tutela ressarcitória deve-se dar preferência à primeira. (p. 38)
>
> **A tutela inibitória é caracterizada por ser voltada para o futuro, independentemente de estar sendo dirigida a impedir a prática, a continuação ou a repetição do ilícito. Note-se, com efeito, que a inibitória, ainda que empenhada apenas em fazer cessar o ilícito ou impedir a sua repetição, não perde a sua natureza preventiva, pois não tem por fim reintegrar ou reparar o direito violado**. (p. 38-39)
>
> **A inibitória funciona, basicamente, através de uma decisão ou sentença que impõe um não fazer ou um fazer, conforme a conduta ilícita temida seja de natureza comissiva ou omissiva. Este fazer ou não fazer deve ser imposto sob pena de multa, o que permite identificar o fundamento normativo-processual desta tutela nos arts. 461 do CPC e 84 do CDC.** (p. 39)
>
> Aliás, o fundamento maior da inibitória, ou seja, a base de uma tutela preventiva geral, encontra-se — como será melhor explicado mais tarde — na própria Constituição da República, precisamente no art. 5º, XXXV, que estabelece que "a lei não excluirá de apreciação do Poder Judiciário lesão ou ameaça a direito". (p. 39)
>
> [...] Note-se, porém, que **se o dano é uma consequência meramente eventual e não necessária do ilícito, a tutela inibitória não deve ser compreendida como uma tutela contra a probabilidade do dano, mas sim como uma tutela contra o perigo da prática, da continuação ou da repetição do ilícito, compreendido como ato contrário ao direito que prescinde da configuração do dano.** (p. 45) (grifos nossos)

Mas não é só. A responsabilização civil trabalhista também deve se preocupar com a reparação dos danos causados.

Tais danos podem atingir a órbita individual das próprias crianças ou adolescentes trabalhadores, como também podem conspurcar a órbita coletiva, da comunidade e/ou sociedade, atingida pela violação de um direito especial, fundamental da ordem jurídica. Ademais, esses mesmos danos, em um e outro caso, podem atingir a esfera patrimonial e/ou moral das crianças e adolescentes vítimas do labor proibido, ou, ainda, a esfera patrimonial e/ou moral da sociedade e comunidade lesada. Desse modo, a reparação deve dar conta de todas essas dimensões de dano.

(2) MARINONI, Luiz Guilherme. *Tutela inibitória:* individual e coletiva. 4. ed. São Paulo: Revista dos Tribunais, 2006.

Assim, por exemplo, uma mesma situação de exploração do trabalho de crianças e adolescentes pode dar azo a um dano de ordem individual e patrimonial infligido a uma criança e adolescente, acidentada no trabalho e, por via de corolário, inválida para o labor, a qual deverá ser indenizada por lucros cessantes (uma renda para sobrevivência) e danos emergentes (gastos com tratamento médico decorrente do acidente de trabalho), bem como a uma lesão de ordem individual e moral, submetida que foi a situações vexatórias e de humilhação, decorrentes do trabalho degradante. Aquela mesma situação pode, ainda, dar azo a um dano de ordem coletiva e moral, atingindo o acervo ético de uma dada comunidade e/ou sociedade, conspurcado pela violação de um direito caro e fundamental à ordem jurídica pátria, que compõe o paradigma do trabalho decente e atinge um dos fundamentos da República, qual seja, a dignidade da pessoa humana, em sua dimensão laboral. A tutela reparatória deve, então, propiciar a indenização de todos estes tipos de danos.

Mas é precisamente sobre este último tipo de dano, o dano moral coletivo, a que se vão dedicar as próximas linhas, em síntese apertada, em função dos limites do presente estudo.

Com efeito, dano moral, na linha do que prega a doutrina civilista clássica, é todo dano extrapatrimonial, não econômico. A reparação do dano moral está expressamente prevista no art. 5º, V, da Constituição da República, bem como nos arts. 186 e 942 do Código Civil, por força do que todo dano moral, ainda que exclusivamente moral, deve ser reparado.

O dano moral pode ser individual ou coletivo, em sentido amplo. O dano moral individual é aquele que atinge uma pessoa em particular. O dano moral coletivo, por sua vez, é produzido contra uma coletividade *lato sensu*, isto é, uma comunidade de pessoas ligadas por interesses individuais homogêneos, coletivos ou difusos.

A exploração do trabalho de crianças e adolescentes, nas cadeias econômicas formadas para atender às necessidades produtivas de empresas, constitui-se, como visto, uma grave ofensa a um direito fundamental, que atinge o patrimônio ético da sociedade, atingida nos seus valores e direitos mais essenciais. Tal violação é-lhe capaz, então, de gerar insegurança e indignação, sendo incompatível, portanto, com a consciência coletiva existente na sociedade, que reclama respeito à cidadania, à dignidade da pessoa humana, aos valores sociais do trabalho, consoante impôs a Constituição Federal ao disciplinar o Estado Democrático de Direito.

Daí se concluir que das violações aos direitos fundamentais e ao princípio da dignidade resultam danos morais à coletividade, exigindo, assim, uma indenização, que terá caráter preventivo-pedagógico e punitivo, com fundamento nos arts. 186, 187 e 927, *caput*, do Código Civil Brasileiro.

Tal espécie de responsabilidade implica condenação em dinheiro (Lei n. 7.347/85, art. 3º), levando-se em conta a natureza do ato ilícito, a gravidade e a continuidade da lesão e o comprometimento do bem jurídico violado. Deverá, ainda, ser ampla o bastante, para desestimular condutas futuras, incutindo na empresa a constatação de que não valerá a pena, em termos econômicos, pelo menos, violar a ordem jurídica laboral, em seus fundamentos mais caros, como acontece quando se ofende o direito fundamental ao não trabalho antes da idade mínima.

Finalmente, destaque-se que referida condenação em dinheiro, visando a recompor os danos causados e de acordo com a natureza e extensão destes, pode ser substituída por determinadas medidas compensatórias, tais como: a) reversão de bens para a comunidade lesada (tais como centros de formação profissional de adolescentes); b) equipagem de aparatos públicos integrantes da rede de proteção da infância e da juventude (*v. g.* Conselhos Tutelares, Centros de Referência em Assistência Social — CRAS e Centros de Referência Especializada em Assistência Social — CREAS; c) campanhas publicitárias que visem à sensibilização e conscientização de comunidades e famílias afetadas, acerca dos malefícios do trabalho infantil; d) reforço de serviços públicos deficientes numa dada comunidade, tais como educação, assistência social, trabalho, dentre outros.

3.2.4. Atores, instrumentos e comandos de responsabilização

Na esteira da responsabilização civil/trabalhista, sem prejuízo da ativação de outros tipos de responsabilidade, necessário se faz, ainda que sinteticamente, perquirir quem deve ser, na atual conformação político-constitucional, os atores de aplicação da responsabilização, direta ou indireta, de empresas, por violações do direito fundamental ao não trabalho antes da idade mínima, em sua estrutura organizacional ou, mesmo, em suas cadeias de suprimentos.

Ora, em se tratando de ofensa a um dos pilares que compõem o paradigma do trabalho decente, o não trabalho antes da idade mínima, e sendo o Sistema de Justiça do Trabalho, por força dos ventos ampliativos da competência emanados da Emenda Constitucional n. 45/04, o guardião do valor social do trabalho e da dignidade do homem trabalhador, arrimados naquele paradigma, extreme de dúvidas é que as principais instituições do Sistema de Justiça do Trabalho, vale dizer, Ministério Público do Trabalho e Justiça do Trabalho, são os protagonistas a quem se atribui o dever de aplicar as devidas responsabilizações sobre empresas que violam direitos fundamentais relacionados ao mundo do trabalho.

É, pois, sob essa perspectiva, isto é, sobre a perquirição da função do Ministério Público do Trabalho e da Justiça do Trabalho, na cominação de condenações de tutelas inibitórias e reparatórias, seus instrumentos e principais comandos, de que se vai cuidar nesta porção do estudo.

Como corolário e mesmo justificação da atuação do Ministério Público do Trabalho e da Justiça do Trabalho, é necessário considerar-se que a exploração do trabalho de crianças e adolescentes, em cadeias produtivas tecidas para atender a necessidades econômicas de uma dada empresa, constitui grave ilicitude, pois ofende-se direito fundamental ou humano, contido na centralidade do ordenamento jurídico, embutido que está no paradigma do trabalho decente e do trabalho digno e, em última análise, no *standart* jurídico da dignidade da pessoa humana.

Ora, sendo um direito qualificado, pois, e sendo sua lesão dotada de alta gravidade para o ordenamento jurídico, frente aos valores centrais violados, abre-se via para a necessária correção da ação ou omissão ensejadora da violação, seja no âmbito da tutela de inibição, seja no âmbito da tutela de reparação. Em outras palavras, violado o direito humano ao não trabalho antes da idade mínima, a tutela de proteção dos direitos da infância e da juventude deve ser, de pronto, instituída, seja por meio da cominação de um fazer ou não fazer, seja por meio da reparação dos danos causados.

A persecução dessa tutela de proteção pode ser feita, num primeiro momento, pela só atuação do Ministério Público do Trabalho, mediante dois importantes instrumentos a ele pertinentes, quais sejam:

> a) o Inquérito Civil Público, por meio do qual o Procurador do Trabalho lançará mão de todos os atos instrutórios — inspeção, requisição de documentos, oitiva de testemunhas etc. — para a comprovação da violação do direito fundamental ao não trabalho antes da idade mínima, em uma dada cadeia produtiva, criada para atender a certa empresa ou conglomerado econômico e, via de consequência, a própria comprovação da ilicitude, a desafiar a devida correção;
>
> b) o Termo de Compromisso de Ajustamento de Conduta, por meio do qual a empresa violadora reconhece a ilicitude perpetrada, já identificada no Inquérito Civil Público, e compromete-se, num dado prazo fixado, a adotar determinadas condutas e/ou abster-se de praticar certos comportamentos, sob pena de aplicação de multa, por descumprimento da obrigação assumida, no modo, tempo e lugar, contidos no Termo. Pode, ainda, ser previsto o pagamento de uma

indenização por danos causados, em especial, dano moral coletivo, dirigida ao Fundo da Infância e da Adolescência, ou mesmo revertida na forma de bens e serviços para a própria comunidade lesada.

No entanto, não raro, a solução extrajudicial não se revela possível, frente à resistência da empresa em assumir as formas de tutelas propostas pelo Ministério Público do Trabalho, de modo que, frente àquela lesão — grave, diga-se, vez que lesão a direito fundamental ao não trabalho — há que se buscar sua correção por meio da Justiça do Trabalho, mediante a imposição de provimento judicial de fazer ou não fazer — tutela inibitória do ilícito — e/ou de reparar o dano causado — tutela reparatória.

Assim, diante do princípio da inércia da jurisdição, o sistema atribui ao Ministério Público do Trabalho o ajuizamento de Ação Civil Pública, que venha a veicular aquela ilicitude, bem como o pedido de tutela inibitória e/ou reparatória, em ordem a promover a defesa, em juízo, dos interesses difusos e coletivos de todas as crianças e adolescentes em situação de trabalho infantil, bem como da própria sociedade, lesada em seu patrimônio ético-moral, diante de tão vil forma de exploração dos direitos da infância e da adolescência.

Aqui, então, descortina-se o verdadeiro sentido da competência da Justiça do Trabalho, alargada que foi pela edição da Emenda Constitucional n. 45/04, qual seja, o papel de tutora maior do valor do trabalho decente e digno e do fundamento da dignidade do homem trabalhador, o qual não se compadece, como visto nos tópicos anteriores, com a exploração do trabalho infantil, de sorte que a tutela judicial então requerida deve vir a repudiar toda forma de trabalho que ofenda aquele *standard*, a exemplo do trabalho precoce.

Portanto, por força da ampliação de competência proporcionada por referida Emenda, o Sistema de Justiça do Trabalho é o competente para aplicar tutelas de inibição ou reparação contra empresas que violam direitos fundamentais de não trabalhar antes da idade mínima, já que a tal sistema compete tutelar as relações de trabalho *lato sensu*, inclusive quando estas são atingidas por violações graves, como o trabalho infantil, em ordem a fazer cessar situações de trabalho proibidas ou mesmo aplicar reparações de danos causados por tais situações.

Nesse contexto e por força de tal competência, o Ministério Público do Trabalho vem cominando às empresas, seja extrajudicialmente, seja por meio de provimento judicial, quando constatadas violações ao direito fundamental ao não trabalho antes da idade mínima, nas cadeias econômicas, os seguintes comandos de conduta, sem prejuízo de imposição de tutelas reparatórias:

a) Não contratar, manter ou permitir que menores de 16 anos desenvolvam qualquer atividade em qualquer das etapas ao longo das quais os diversos insumos serão utilizados pela empresa para a constituição do produto final (bem ou serviço) e sua colocação no mercado.

b) Não contratar, manter ou permitir que menores de 18 (dezoito) anos desenvolvam atividades insalubres, perigosas, prejudiciais à saúde, à segurança e à moral, em qualquer das etapas ao longo das quais os diversos insumos serão utilizados pela empresa para a constituição do produto final (bem ou serviço) e sua colocação no mercado.

c) Incluir nos contratos celebrados com os fornecedores dos insumos, empresas que promovem a transformação e distribuidores dos produtos finais, cláusulas sociais de não utilização de trabalho infantil.

d) Promover a estruturação de um mecanismo de controle, definindo a periodicidade, as etapas da relação em que haverá a verificação (na contratação, no curso da relação contratual), o responsável pelo processo, e os procedimentos a serem adotados, diante da constatação de um caso de trabalho infantil na cadeia de fornecimento de bens ou serviços necessários para a produção.

e) Implementar ações de conscientização dos clientes, empregados e da comunidade, sobre os prejuízos do trabalho infantil, mediante a publicação de informações em embalagens de produtos, comprovantes de pagamentos etc.

f) Aprimorar o controle da regularidade das condições de trabalho que ocorrem ao longo de sua cadeia, por meio de: a) visita às instalações; b) realização de entrevistas com funcionários; c) revisão de documentos; d) elaboração de um plano de ação corretivo; e e) comunicação de resultados, entre outros.

g) Em alguns casos, reconhecer relação de emprego, especialmente no caso do sistema de integração na indústria do fumo, diante da presença dos requisitos da relação de emprego e do princípio da primazia da realidade.

h) Cadastrar todas as crianças e adolescentes, filhos de pequenos produtores, e acompanhar a frequência e aproveitamento escolar, bem como, ainda, inclusão em programas sociais.

i) Repassar recursos ao Fundo da Infância e da Adolescência, para custeio de projetos de assistência e promoção do desenvolvimento biopsicossocial de crianças e adolescentes.

3.2.5 *Outras estratégias para além da responsabilização típica*

Além das tutelas inibitórias e reparatórias referidas no tópico anterior, é possível a adoção de outras estratégias, que estimulam as empresas a se responsabilizar pelo respeito aos direitos humanos, toda vez que as lesões ou ameaças de lesões decorrem de sua atividade e se aplicam em seus espaços de influência.

Dentre estas, pode ser apontado um modelo bastante difundido no Reino Unido, na Holanda e na Espanha, baseado na certificação de empresas que respeitam os direitos humanos, como estratégia de responsabilidade social e fidelização de mercados consumidores cada vez mais conscientes.

Outra hipótese, também bem comum em países desenvolvidos, como Reino Unido, Holanda e Espanha, diz respeito à estipulação de critérios de contratação com o Poder Público e obtenção de financiamento público. No Brasil, já há proibição da concessão ou renovação de quaisquer empréstimos ou financiamentos pelo BNDES, às empresas cujos dirigentes sejam condenados por exploração da mão de obra de crianças e adolescentes, conforme previsto no art. 4º da Lei n. 11.948, de 16 de junho de 2009. Isto reflete, cada vez mais, o poder de coercitividade das sanções econômicas, em mercados cada vez mais conscientes.

Nesse exato sentido, outro avanço legislativo recente, que apenas reforça a responsabilidade solidária da cadeia econômica violadora dos direitos humanos e fundamentais, veio com a promulgação da Lei Paulista n. 14.946, de 28 de janeiro de 2013, sobre cassação da inscrição no ICMS, de qualquer empresa que se utilize, direta ou indiretamente, de trabalho escravo ou em condições análogas.

Ademais, o próprio Município pode impor sanções administrativas às empresas em que constatada a utilização de mão de obra de crianças e adolescentes em qualquer fase do seu processo produtivo, especialmente em suas piores formas. Com efeito, a Municipalidade, com base em seu poder de polícia, pode condicionar a concessão da permissão, licença ou autorização de exploração de serviços e bens públicos ou de serviços de interesse público, à expressa assunção de um termo de compromisso de combate ao trabalho infantil, em sua própria estrutura organizacional e/ou na cadeia de suprimentos.

Outra estratégia importante e que também aposta na força das sanções econômicas de um mercado consciente, é a criação de Cadastros ou Listas Sujas, contendo o nome de empresas que se valem da exploração do trabalho de crianças e adolescentes, em sua própria estrutura e/ou na cadeia produtiva. Com efeito, grandes empresas, em torno das quais se tecem extensas cadeias produtivas, prezam por sua imagem empresarial e não almejam ver essa imagem associada à violação de direitos humanos, de modo que a existência de tais listas incute nelas um temor e uma pressão psicológica, que as torna mais vigilantes em seus processos de desconcentração de produção, quanto ao respeito aos direitos humanos sociais. Há, pois, um forte poder de inibição, em razão do mercado consumidor cada vez mais consciente. Esta, inclusive, foi uma das providências recomendadas ao Poder Público, pela Comissão Parlamentar de Inquérito, criada no Congresso Nacional, para investigar o trabalho infantil no Brasil, em 2014.

Finalmente, pode ainda ser aventada a criação de um selo social pelo Município, difundindo boas práticas empresariais de certificação de cadeias produtivas, utilizando-se, dentre outros, os seguintes critérios para a certificação: a) Não utilização de mão de obra infantil em qualquer das fases do processo produtivo; b) Alertar os fornecedores contratados que denúncia comprovada de trabalho infantil causará rompimento da relação comercial; c) Realizar ações de conscientização dos clientes, fornecedores e comunidade sobre os prejuízos do trabalho infantil; d) Desenvolver ações sociais em benefício de crianças e adolescentes.

Conclusão

Diante de tudo isto, pode-se afirmar, à guisa de conclusão, que não há mais espaço, seja no cenário transnacional, seja no cenário nacional, para a irresponsabilidade de corporações econômicas, em relação às ameaças de lesão ou violação de direitos humanos, em sua própria estrutura organizacional e/ou na cadeia de suprimentos/esferas de influência, que se formam para atender a suas necessidades econômicas e a seus processos de desconcentração da produção.

Sendo assim e considerando que a exploração do trabalho de crianças e adolescentes constitui grave violação de direitos humanos sociais, ao atingir o direito fundamental ao não trabalho, há que se arrimar ampla responsabilização àquelas empresas que, descurando de seu dever de diligência, adotam postura permissiva em relação aos impactos negativos de sua atividade econômica, em sua esfera de influência, em especial o impacto da precarização das condições de trabalho, estampadas no trabalho precoce, que tem, lamentavelmente, acompanhado o processo de desconcentração da produção.

Essa ampla responsabilização pressupõe, além da cominação de tutelas de inibição do ilícito e de reparação do dano, forte engajamento dos principais atores do Sistema de Justiça do Trabalho, quais sejam, o Ministério Público do Trabalho e a Justiça do Trabalho, a fim de que, cônscios dos instrumentos e fundamentos jurídicos, postos na Ordem Jurídica externa e interna, possam materializar aquela ampla responsabilização.

Desse modo, o desafio que se põe é, pois, transmutar os olhares para a perspectiva dos direitos humanos, com todos os atributos que lhes são inerentes, e tornar concretas novas formas de tutelas extrajudiciais ou judiciais, mais eficazes, segundo o esquema dos direitos humanos, em especial nos casos de violação de direitos fundamentais sociais, perpetrados ao longo da cadeia econômica, campo onde, atualmente, o trabalho infantil tem vicejado a torto e a direito.

Tais ferramentas estão postas a serviço do Sistema de Justiça do Trabalho, as quais permitirão, se usadas e bem usadas, pelos operadores do direito, um novo alento no histórico de combate ao trabalho precoce no Brasil.

Assim, com base neste paradigma de ampla responsabilização, membros do Poder Judiciário Trabalhista e do Ministério Público do Trabalho poderão promover e preencher, com efetividade e mais amplamente, o conteúdo dos direitos fundamentais, em especial, do direito social ao não trabalho antes da idade mínima, cobrando políticas, impondo sanções, avançando na tutela coletiva dos direitos de crianças e adolescentes.

Nesse atuar do Sistema de Justiça de Trabalho, devem figurar sólidas as perspectivas dos direitos humanos e da fundamentalidade do direito ao não trabalho antes da idade permitida, como mínimo existencial necessário para consecução do trabalho digno e decente, apanágio inarredável da dignidade da pessoa, centralidade máxima da ordem jurídica.

Essas novas perspectivas devem arrimar a superação dos remédios jurídicos ortodoxos de tutela de direitos, de modo que se consolidem, mais e mais, as ações civis públicas, veículos dos pedidos de inibição do ilícito, bem como a responsabilização das empresas por violações de direitos fundamentais sociais em suas cadeias de suprimentos, reforçando-se o processo coletivo e todas as suas potencialidades.

Por tudo isso, vê-se que a realidade está sempre a influir sobre a inteligência do Direito, reinventando seu arcabouço de direitos e formas de garantia da fruição dos bens da vida que lhe são correlatos. As novas fronteiras estão aí postas: o alargamento da competência do Sistema de Justiça Trabalhista, a ação civil pública e o processo coletivo, as tutelas inibitórias e reparatórias coletivas, via dano social genérico ou dano moral coletivo, dentre outros, todos a apontar novas formas de atuar para enfrentamento de uma das mais perversas formas de violação dos direitos humanos de crianças e adolescentes: a exploração do trabalho precoce.

O tom está dado: ampla responsabilização. A comunidade jurídica nacional e internacional já o percebe. Agora, é querer tocar esta nova melodia, cuja letra torne concreta provimentos de inibição e reparação em face das empresas que ameaçam violar ou violam direitos fundamentais sociais em suas cadeias de suprimentos, tornando surda a música pungente e dolorida que destrói milhares de infâncias, esfaceladas que estão, diante da triste realidade do trabalho precoce. A esperança é que essa nova melodia ecoe nas consciências jurídicas e no âmago de toda a sociedade, atingindo, em especial, os operadores do Sistema de Justiça do Trabalho.

Referências bibliográficas

ARAGÃO, Daniel Maurício Cavalcanti. *Responsabilidade como legitimação:* capital transnacional e governança global na organização das nações unidas. Tese de Doutorado. Rio de Janeiro: PUC-Rio, 2010.

ÁVILA, Humberto. *Teoria dos princípios da definição à aplicação dos princípios jurídicos.* 4. ed. São Paulo: Malheiros, 2004.

BONAVIDES, Paulo. *Curso de direito constitucional.* São Paulo: Malheiros, 1997.

DALLARI, Dalmo de Abreu. Comentários ao art. 4º do ECA. In: CURY, Munir; SILVA, Antonio Fernando do Amaral; MENDES, Emílio Garcia (coords.). *Estatuto da criança e do adolescente comentado:* comentários jurídicos e sociais. 4. ed. São Paulo: Malheiros, 2002.

GOULART, Marcelo Pedroso. *Trabalho infantil e direitos humanos* — homenagem a Oris de Oliveira. São Paulo: LTr, 2005.

GRAU, Eros Roberto. *A ordem econômica na Constituição de 1988.* São Paulo: Malheiros, 2001.

KANADE, Mihir. The united nations guiding principles on business and human rights: presenting the problem as the solution. In: WESTRA, Laura; VILELA, Mirian (orgs.). *The earth charter, ecological integrity and social movements.* Nova York: Routledge, 2014.

KINLEY, David; TADAKI, Junko. From talk to walk: the emergence of human rights responsibilities for corporations at international law. *Virginia Journal of International Law, HeinOnline,* v. 44, n. 4, p. 931-1023, 2003-2004.

LIBERATI, Wilson Donizeti; DIAS, Fabio Muller Dutra. *Trabalho infantil e direitos humanos.* São Paulo: Malheiros, 2008.

MARINONI, Luiz Guilherme. *Tutela inibitória.* São Paulo: Revista dos Tribunais, 1998.

MEDEIROS NETO, Xisto Tiago de. A proteção trabalhista à criança e ao adolescente: fundamentos e normas constitucionais. *Revista do Ministério Público do Trabalho,* n. 27, mar. 2004.

NEVES, Marcelo. A força simbólica dos direitos humanos. *Revista Eletrônica de Direito do Estado,* n. 4, p. 1-35, out./dez. 2005.

OLIVEIRA, Oris. *Trabalho e profissionalização do adolescente.* São Paulo: LTr, 2009.

OLIVA, José Roberto Dantas. *O princípio da proteção integral e o trabalho da criança e do adolescente no Brasil.* São Paulo: LTr, 2006.

PEREZ, Viviane Matos Gonzalez. *Regulação do trabalho adolescente* — uma abordagem a partir dos direitos fundamentais. Curitiba: Juruá, 2008.

POLANYI, Karl. *A grande transformação:* as origens da nossa época. 6. ed. Rio de Janeiro: Campus, 2000.

REINISCH, August. In: ALSTON, Philip (ed.). *Non-state actors and human rights.* Oxford: Oxford Academy, 2005.

REGIL, Álvaro J. de. Business and human rights: upholding the market's social darwinism. human rights and sustainable human development. *Jus Semper Global Alliance*, p. 5-20, out. 2008.

RODRIGUEZ, Júlio César Cossio. Chacal ou cordeiro? O Brasil frente aos desafios e oportunidades do sistema internacional. *Revista Brasileira de Política Internacional*, 55 (2), p. 70-89, 2012.

ROTHENBURG, Walter Claudius. Direitos fundamentais e suas características. *Revista dos Tribunais*, Cadernos de Direito Tributário e Finanças Públicas, n. 29, out./dez. 1999.

RUGGIE, John G. International regimes, transactions, and change: embedded liberalism in the postwar economic order. *International Organization*, v. 36, n. 2, p. 379-415, prim. 1982.

______ . Business and human rights: the evolving international agenda. *The American Journal of International Law*, v. 101, n. 4, p. 819-840, out. 2007.

______ . Treaty road not travelled. *Ethical corporation*, p. 42-43, maio de 2008.

SARLET, Ingo Wolfgang. *Dignidade da pessoa humana e direitos fundamentais na Constituição Federal de 1988.* Porto Alegre: Livraria do Advogado, 2001.

SIMONS, Penelope. International law's invisible hand and the future of corporate accountability for violations of human rights. *Journal of Human Rights and the Environment,* v. 3, n. 1, p. 5-43, mar. 2012.

SOUZA, Clóvis Henrique Leite de. A que vieram as conferências nacionais? Uma análise dos objetivos dos processos realizados entre 2003 e 2010. *Texto para Discussão 1718,* Rio de Janeiro: IPEA, 2012.

STEPHAN, Claudia Coutinho. *Trabalhador adolescente:* em face das alterações da Emenda Constitucional n. 20/98. São Paulo: LTr, 2002.

TRINKUNAS, Harold. *Brazil's rise:* seeking influence on global governance. Washington: Brookings, 2014.

ZUBIZARRETA, Juan Hernández; GONZÁLEZ, Erika; RAMIRO, Pedro (eds.). *Diccionario crítico de empresas transnacionales:* claves para enfrentar el poder de las grandes corporaciones. Barcelona: Icaria, 2012.

O Juiz do Trabalho e a Competência para Autorizações do Trabalho Artístico de Crianças e de Adolescentes

Lelio Bentes Correa(*)
Kátia Magalhães Arruda(**)
José Roberto Dantas Oliva(***)

1. Introdução

Trata o presente artigo sobre tema complexo, multidisciplinar e de extrema importância para os operadores do direito que atuam com os temas relacionados ao trabalho e à proteção da criança e do adolescente no Brasil: o trabalho infantojuvenil artístico, implicações e consequências, e a competência para julgar suas questões controvertidas, em especial, as autorizações concedidas aos que ainda não completaram 16 anos. Para tanto, faz-se necessária interpretação harmônica dos textos da Constituição Federal e da Convenção n. 138 da Organização Internacional do Trabalho (OIT).

A verdade é que ainda persistem dúvidas sobre a configuração desse trabalho. Quando se trata de **artista adulto**, ninguém duvida: **é um trabalhador**! Mas, como analisar a atuação de crianças e adolescentes quando inseridas em um mercado?

A Lei n. 6.533/78 dispõe sobre a regulamentação das **profissões** de Artistas e de Técnico em Espetáculos de Diversões e, no art. 2º, prescreve (sem destaque no original):

> Art. 2º Para os efeitos desta lei, é considerado:
>
> I — **Artista, o profissional** que cria, interpreta ou executa obra de caráter cultural de qualquer natureza, para efeito de exibição ou divulgação pública, através de meios de comunicação de massa ou em locais onde se realizam espetáculos de diversão pública.

Antes, cuidava a Consolidação das Leis do Trabalho de disciplinar a matéria. O art. 35 da

(*) Ministro do Tribunal Superior do Trabalho, Mestre em Relações Internacionais, membro da Comissão de Erradicação do Trabalho Infantil da Justiça do Trabalho (CSJT-TST) e do comitê gestor do Programa de Combate ao Trabalho Infantil da Justiça do Trabalho (CSJT-TST).

(**) Ministra do Tribunal Superior do Trabalho, doutora em Políticas Públicas, membro da Comissão de Erradicação do Trabalho Infantil da Justiça do Trabalho (CSJT-TST) e do comitê gestor do Programa de Combate ao Trabalho Infantil da Justiça do Trabalho (CSJT-TST).

(**) Juiz Diretor do Fórum Trabalhista e Titular da 1ª Vara do Trabalho de Presidente Prudente-SP (TRT 15), mestre em Direito das Relações Sociais pela PUC-SP, membro da Comissão de Erradicação do Trabalho Infantil da Justiça do Trabalho (CSJT-TST) e do comitê gestor do Programa de Combate ao Trabalho Infantil da Justiça do Trabalho (CSJT-TST).

CLT tratava do direito de **bailarinas**, **músicos** e **artistas** de teatros, circos e variedades, à "**carteira profissional**". O § 2º do art. 480 chegou a dispor sobre as exigências para artistas de teatros e congêneres, que fossem **empregados**, romperem contratos por prazo determinado. O parágrafo único do art. 507 dispunha sobre a inaplicabilidade ao **trabalho de artistas** das disposições relativas à prorrogação ou renovação de contratos por prazo determinado, ao passo que o art. 509 versava sobre despesas de viagem e transportes dos empregados das companhias ou empresas teatrais. Havia, ainda, a Lei n. 101/47, que subordinava ao Ministério do Trabalho, Indústria e Comércio (denominação de então), os contratos entre os **trabalhadores** de teatro, cinema, rádio e circo (artistas) e os respectivos empregadores. Por fim, a Lei n. 301/48 tratava da matrícula, nas escolas "primárias", para os filhos de artistas de circo.

Todos os dispositivos legais referidos foram revogados pela Lei n. 6.533/78, que regulamenta atualmente a profissão de artista.

A lei em questão trata desde a exigência de registro prévio no Ministério do Trabalho e Emprego até sobre a possibilidade de penhor legal de equipamento e de todo o material de propriedade do empregador quando de obrigações inadimplidas para com os profissionais a que visa proteger. Estabelece conteúdo obrigatório do contrato, regula cláusula de exclusividade, trata de contratos por prazo determinado e indeterminado, utilização de nota contratual, responsabilidade pelo tomador de serviços quando a contratação se der por intermédio de agência de locação de mão de obra, efeitos do rompimento antecipado do contrato, estabelece jornada especial, adicional por acúmulo de função, contratação de figurante e aborda outros direitos.

No art. 12 há disposição, inclusive, acerca da prestação de serviço caracteristicamente eventual, como tal considerado aquele que não ultrapassar 7 (sete) dias consecutivos, vedada a utilização desse mesmo profissional, nos 60 (sessenta) dias subsequentes, por essa forma, pelo mesmo contratante.

O Decreto n. 82.385, de 5 de outubro de 1978, que regulamenta a referida lei, possui quadro a ele anexo, intitulando e descrevendo as funções em que se desdobram as atividades de artistas e técnicos em espetáculos e diversões.

O art. 35 da Lei n. 6.533/78 também estabelece que a legislação do trabalho em geral aplica-se aos Artistas e Técnicos em Espetáculos e Diversões, exceto naquilo que for regulado de forma diferente na lei especial.

Para dirimir qualquer litígio que decorra de uma relação entre artista e contratante, derivado da inobservância desta lei ou da legislação trabalhista em geral, mesmo em situação de pré-contratação, ninguém duvida ou questiona a competência da Justiça do Trabalho. Por que é diferente em relação à criança e ao adolescente?

A questão, portanto, merece reflexão aprofundada, que procuraremos fazer nos tópicos seguintes.

2. *Trabalho infantojuvenil artístico não é brincadeira e pode causar danos*

O trabalho infantojuvenil artístico não é jogo do "faz de conta". Pode ser tão — e até mais — árduo e pernicioso que muitos outros em relação aos quais nem se cogita da criação de exceções à regra da idade mínima de 16 anos para ingresso no mercado de trabalho (salvo para aprendizes, a partir dos 14).

Alguns minutos em cena, por exemplo, podem representar o resultado de horas de memorização de texto e ensaios, que causam não apenas estafa física, mas também mental.

Por esta só possibilidade, há quem sustente que não poderia mesmo haver trabalho artístico antes da idade mínima legalmente instituída, uma vez que isto subtrairia, da criança e do adolescente, o direito de brincar, estudar, de não trabalhar e de desenvolvimento físico e psicossocial completo.

A carreira artística não traduz somente glamour. Implica, também, exaurimento de forças e, às vezes, prejuízos de ordens diversas.

O trabalho artístico infantil pode resultar em possíveis — e às vezes irreversíveis — prejuízos à integridade física, psicológica, moral etc., dos pequenos. A transição da fama à obscuridade, quando a celebridade infantil se transforma em adulto desconhecido, pode ter efeitos altamente danosos.

Além disto, nem todos têm a necessária percepção de que criança não pode ser vista e tratada como adulto miniaturizado, como chega a ocorrer, exemplificativamente, nos bastidores e sets de filmagens.

Há relatos de casos preocupantes e que chocam.

Haim Grunspun (2000, p. 68), reportando histórias de Hollywood, retrata a vida de Robert Blake, que começou a dançar e cantar no palco desde os dois anos de idade. Atuou em diversas comédias e ganhou até o Emmy pela série de TV "Bareta". Sobre sua infância, no entanto, teria dito:

> Eu não era um astro infantil. Eu era um trabalhador infantil. De manhã, minha mãe me entregava para o estúdio da MGM como um cachorrinho em confiança [...] eu era como a maioria dos artistas mirins. Eu interpretava porque me mandavam. Eu não gostava. Não era um modo de se viver.

Outro drama relatado por Grunspun (2000, p. 67-68) foi o de Jackie Coogan, escolhido por Charlie Chaplin para ser o astro mirim do filme "O garoto". Tornou-se celebridade e teria ganhado quatro milhões de dólares quando criança, mas o dinheiro ficou com a mãe e o padrasto. Depois de uma batalha judicial, acabou fazendo um acordo. Morreu em 1984, lutando por uma lei que obrigasse os pais de pequenos artistas a depositar num fundo de reserva parte dos ganhos por eles obtidos.

Como resultado do caso Coogan, segundo Grunspun, o Estado da Califórnia aprovou a "Lei do Artista Infantil". Referida lei "prevê que pelo menos 50% do que o artista ganha deve ser depositado numa poupança indicada por um juiz, até a criança alcançar 18 anos de idade".

Haim Grunspun (2000, p. 68) considera referida lei frágil "porque ela só cobre contratos a longo prazo de filmes, ou longas séries na televisão e não intervalados". E conclui: "Forçar um garoto para ser um artista é uma das piores coisas que podem acontecer a uma criança. Obriga-as a serem adultos quando ainda são crianças".

Ainda no cenário internacional, há outras histórias emblemáticas.

Macaulay Carson Culkin, do filme "Esqueceram de mim", tem registro de brigas familiares e envolvimento com drogas[(1)].

Pedro Javier Viveros, que viveu Cirilo na novela mexicana "Carrossel" (sucesso desde os anos 90 na televisão brasileira), hoje com 34 anos de idade, associa a esquizofrenia ao fato de, do nada, deixar de ser famoso para enfrentar a vida real. O ex-ator vive na Cidade do México, em casa humilde, com a mãe. Decepou o dedo mínimo durante uma crise da doença, diagnosticada quando tinha 23 anos[(2)].

Justin Drew Bieber, cantor e compositor canadense, também tem histórico de drogas, prisão e, recentemente, anunciou que se aposentaria, apesar de ainda muito jovem, o que, depois, foi desmentido[(3)].

Há registros também de exposições em busca da fama.

No *reality show* "Meu Filho é uma Estrela", nos EUA, dez crianças e seus responsáveis (normalmente as mães) ficam numa casa durante oito semanas realizando testes. É uma espécie de "Big Brother" mirim, com eliminações de todas

(1) Disponível em: <http://g1.globo.com/pop-arte/cinema/noticia/2012/08/macaulay-culkin-gasta-r-12-mil-de-por-mes-em-medicamentos-diz-site.html>. Acesso em: 4.6.2015.

(2) Disponível em: <http://ego.globo.com/famosos/noticia/2014/10/esquizofrenico-ator-que-viveu-cirilo-em-carrossel-decepou-o-dedo.html>. Acesso em: 4.6.2015.

(3) Disponível em: <http://g1.globo.com/musica/noticia/2013/12/assessora-de-bieber-diz-que-anuncio-de-aposentadoria-era-brincadeira.html>. Acesso em: 4.6.2015.

as formas. O prêmio, para o vencedor, é de US 50 mil, além do contrato de um ano com agente de Hollywood. As pressões, pelos próprios pais, são intensas, a ponto de uma mãe ter dito para um garoto de 12 (doze) anos que, ou ele seria famoso, ou deixaria de ser sua mãe(4).

No Brasil, temos também casos dramáticos.

Exemplifique-se com o de Fernando Ramos da Silva, que interpretou o personagem que deu nome ao filme "Pixote, a Lei do Mais Fraco", de 1981, dirigido por Hector Babenco.

Depois do êxito do filme, regressou à miséria de antes e, sem obter sucesso na carreira de ator, Pixote enveredou pelo mundo do crime e acabou morto a tiros, aos 19 anos de idade, por policiais militares, em 25 de agosto de 1987, numa favela de Diadema(5).

No filme "Cidade de Deus", dirigido por Fernando Meireles, indicado ao Oscar, uma criança, com arma na mão, deu um tiro no pé de outro menino, de apenas seis anos de idade. Como conseguiu o menino-artista chorar tão realisticamente? O ator, professor, carnavalesco e escritor Pato Papaterra (PAPATERRA *in* NOCCHI *et al.*, 2010, p. 192), desvendou o mistério: disseram-lhe que a mãe, que o garoto adorava, havia morrido. Ele não estava, pois, representando, mas chorando a morte da mãe amada. Violência extrema!!!

A televisão brasileira também tem propiciado exemplo de trabalho precoce no mundo artístico. Quem não admirou a graça e a vivacidade de Rafaela, na novela "Viver a Vida", da Rede Globo, interpretada pela atriz infantil Klara Castanho, de apenas 8 anos de idade?

Notícias dão conta que o autor Manoel Carlos teria mudado os rumos da personagem, que inicialmente seria uma vilã, em razão de notificação recomendatória do Ministério Público do Trabalho(6).

Também a menina Maísa Silva, do SBT, começou a virar estrela aos 3 (três) anos de idade (CAVALCANTE, 2011, p. 51-52). Chegou a ter crises de choro no ar, em pelo menos duas ocasiões. Assustou-se, bateu a cabeça em uma câmera (acidente do trabalho!) e foi até mesmo colocada em uma mala, tendo sido, por ordem judicial, afastada do programa dominical.

Inteligência e talento não faltam às duas artistas infantis destacadas. A questão que se põe é se o trabalho e a fama precoces podem afetar o desenvolvimento de pessoas que, como elas, trabalham desde crianças.

A Revista *IstoÉ*, conforme Sandra Regina Cavalcante (2011, p. 52), chegou a comparar a vida deslumbrante atual da nova estrela Maísa com a "[...] vivida pela atriz Narjara Turetta, que aos 4 anos esbanjou talento em comerciais e à frente de um programa da Record, aos 12 encantou o País no seriado Malu Mulher, na Rede Globo e hoje, aos 40, vende água de coco numa esquina de Copabacana".

Em texto escrito para ser apresentado no Seminário sobre trabalho infantil artístico promovido pela Procuradoria Regional do Trabalho da 1ª Região, Tânia Coelho dos Santos faz algumas reflexões importantes (SANTOS, 2008, p. 84-87, g. n.):

> [...] Acredito que nos interessa discutir se devemos permitir que crianças participem de produções artísticas e da indústria do entretenimento organizadas por empresários adultos. Espero ter deixado claro que a manifestação criativa espontânea da criança não visa à comunicação e nem quer despertar emoções estéticas ou reflexões de qualquer tipo. Ela visa a reparar seus sofrimentos e confortá-la. Quem faz do objeto da arte um meio de despertar a emoção estética, uma forma de crítica social, de reflexão

---

(4) Disponível em: <http://colunas.revistaepoca.globo.com/mulher7por7/2010/02/21/meu-filho-e-uma-estrela-e-minha-mae-e-louca/>. Acesso em: 4.6.2015.

(5) Disponível em: <http://g1.globo.com/Noticias/SaoPaulo/0,,MUL93382-5605,00.html>. Acesso em: 4.6.2015.

(6) A Globo Comunicação e Participações S/A assinou, com o Ministério Público do Trabalho do Rio de Janeiro (PRT 1), o Termo de Compromisso de Ajustamento de Conduta n. 494/10, em 29.9.2010, disciplinando a contratação de artistas infantojuvenis.

filosófica, ou, simplesmente, um meio de divertir os outros, são os adultos. Por essa atividade, em nossa sociedade, algumas pessoas pagam ou recebem dinheiro. **O trabalho artístico faz parte do mercado de trabalho.** Quem o desenvolve **compra ou vende trabalho.**

Eu perguntaria, da maneira mais ingênua possível: o objeto que a criança cria espontaneamente tem mercado, se presta a ser comprado ou vendido? Se a resposta é sim, eu pergunto: quem está autorizado a negociar seu preço? Devemos autorizar os pais a venderem o produto ou a força de trabalho do seu filho no mercado artístico? Novamente, se a resposta é sim: como proteger essas crianças da exploração por parte de seus pais?

> Na minha experiência clínica, muitas vezes, recebi mulheres jovens que se tornaram, prematuramente, modelos no mercado da moda, por instigação de seus pais. Nunca recebi um único caso proveniente de uma família abastada. Elas provinham de famílias pobres que esperavam que o sucesso da filha bonita trouxesse benefícios para seus pais e irmãos. Por essa razão, foram entregues às agências de modelos que as enviaram para o exterior com 14 anos de idade ou mais. Essas meninas sofrem muito com a separação precoce e muitas desenvolvem sintomas psicológicos graves. Nesses casos, o laço entre o trabalho artístico da jovem e a ambição familiar é especialmente claro. [...]

É da mesma autora, que é psicanalista, a afirmação de que "somente com o usufruto do direito incondicional à irresponsabilidade infantil, uma criança chegará a ser um jovem e depois um adulto saudável, capaz de amar e trabalhar, contribuindo para a ciência, a arte e a civilização".

Defende, ainda, com razão, que criança e adolescente não podem ser transformados em previdência privada dos pais.

A também psicanalista Cecília Faria, no entanto, atesta que, felizmente, ser um astro na infância não implica, necessariamente, sofrimento pessoal e perturbações na adolescência e na vida adulta.

Depois de reportar-se a uma lista que, segundo ela, é longa e amarga para com as crianças que conseguiram alcançar o sucesso, atesta que (FARIA, 2009, p. 124-125):

> [...] Há casos diferentes desses, de pessoas que, quando crianças, fizeram sucesso como atores e se tornaram adultos bem-sucedidos dentro e fora dos palcos. São histórias como a de Maria Adelaide Amaral, que atuou em vários programas infantis de televisão e é hoje uma escritora conhecida e consagrada. O que faz a diferença?
>
> Não há resposta única. As crianças diferem de uma época para outra, além de não existirem duas crianças iguais. Mas o depoimento da psicóloga Lídia Aratangy talvez ilumine algumas facetas da questão. Lidia interpretou a personagem Narizinho na primeira versão televisiva do *Sítio do Pica-pau Amarelo*, exibida pela então Televisão Tupi, na década de 1930. O *Sítio* teve inúmeras versões posteriores, mas nenhuma com o sucesso da primeira, dirigida por Júlio Gouveia, com adaptação de Tatiana Belinky. Conta Lídia: "Do meu Narizinho, guardo acima de tudo o cuidado extremo do Júlio Gouveia para com todos nós, principalmente com as crianças. Ele era psiquiatra e sabia do valor do bom teatro infantil para o desenvolvimento emocional (não importa que fosse pela TV: era teatro, e dos bons!). Os textos e as falas não tinham só a função de serem bons para a cena. Tinham também uma função educativa para seu público infantil (e também para nós, os atores): dar vazão e expressão a sentimentos e emoções difíceis de expressar, nem sempre louváveis, mas que existem em todas as crianças. [...] Muito mais tarde, conversando com ele, eu soube que a escolha das outras personagens que ele me atribuía tinha a ver com a preocu-

> pação de que eu não me confundisse com a menina boazinha e alegrinha que era a Narizinho. [...] Meu diretor jamais esquecia que eu era criança e que, por mais desenvolta e competente que me mostrasse em cena, tinha a estrutura emocional da minha idade cronológica — e devia ser protegida.

É preciso haver uma equipe de profissionais capaz de reconhecer que criança não é miniatura de adulto. Além disso, o ator mirim precisa contar com uma família que não o considere um empreendimento ou uma aplicação para render dinheiro. Precisa de uma família que não seja gananciosa nem excessivamente vaidosa, que o defenda dos efeitos nocivos da fama, mantendo sua privacidade e organizando uma vida longe de holofotes, fotos, assédio e comentários da mídia. Precisa de pais que tenham discernimento para recusar uma carga excessiva de trabalho, de modo a preservar um mínimo de regularidade na sua rotina de criança e estudante.

Não há dúvida que há exemplos de artistas infantis que se tornaram adultos bem resolvidos e sucedidos, saindo do seu círculo original de pobreza.

O que raramente percebemos, porém, é que o ocorrido é tão excepcional que se trata de uma vitória individual, raríssima e que não estará ao alcance da esmagadora maioria que ficou para trás e que continuará pobre, subjugada e oprimida (ARRUDA, 2015, p. 115).

A ênfase para os casos trazidos a lume tem o propósito, apenas, de enfatizar o cuidado e a preocupação que se deve ter quando da análise de um pedido de autorização judicial para trabalho.

Ora, conciliar a inocência e as despreocupações próprias da tenra idade com a árdua responsabilidade do trabalho, ainda que no desempenho de atividade artística, não é tarefa simples (OLIVA, 2006, p. 209).

De fato, como penetrar no âmago da alma de seres que, não raras vezes, nem sequer possuem o entendimento necessário para expressar a sua vontade? Existe caminho seguro para se descobrir as futuras consequências trazidas, por exemplo, em virtude da troca dos brinquedos pela interpretação, sempre precedida de horas de estudo, concentração e — sabe-se bem! — cansaço mental?

Por outro lado, como se proibir o desenvolvimento e — por que não? — o aprimoramento de um dom por Deus concedido? Como limitar, pela idade, a expressão de um talento inato?

Por mais que se tente encontrar, em análise cuidadosa e casuística, o real sentido da Proteção Integral — pela vedação do trabalho aos que não completaram dezesseis anos ou concessão de alvará, preservando-se-lhes a liberdade artística — certo é que sempre haverá margem grande de erro, do qual a principal vítima será justamente aquela a que se tanto visa proteger (OLIVA, 2006, p. 210).

3. O TRABALHO INFANTOJUVENIL ARTÍSTICO E A EXCEÇÃO À IDADE MÍNIMA

Queiramos ou não, tenhamos ou não consciência, sob olhar complacente ou de indiferença, indignação ou — como é comum — indisfarçável, irrefletida e pura admiração pelo estrelato prematuro, assistimos, diariamente, o trabalho infantil artístico invadir, sem permissão, os nossos lares.

Nem esforço é necessário para que isto ocorra, bastando acionar o controle remoto do televisor.

Assim, quando alguém se propõe a debater seriamente a questão da idade mínima para ingresso no mundo artístico, mesmo pelo prisma estritamente jurídico, não pode ignorar essa insofismável realidade.

Afinal, conforme advertência que se tornou célebre e é por todos tributada ao jurista francês Georges Ripert, quando o direito ignora a realidade, a realidade se vinga, ignorando o direito.

A Constituição Federal, no art. 7º, XXXIII, proíbe qualquer trabalho aos que ainda não completaram dezesseis anos, exceto na condição de aprendiz, a partir dos catorze. No plano infraconstitucional, temos a reprodução da vedação no art. 403 da CLT, que também estipula que a proibição alcança qualquer trabalho.

A questão da idade mínima para ingresso no mercado de trabalho recebe tratamento idêntico no Estatuto da Criança e do Adolescente (ECA, Lei n. 8.069/90), que, na Parte Geral (Livro I), ao dispor sobre Direitos Fundamentais (Título II), no Capítulo V — Do Direito à Profissionalização e à Proteção no Trabalho, prescreve, no art. 60, ser proibido qualquer trabalho a quem ainda não completou catorze (a leitura correta é dezesseis)(7) anos de idade, exceto na condição de aprendiz.

A expressão "qualquer trabalho", utilizada pelo legislador constituinte e ordinário, parece não comportar exceções, como já se advertiu (OLIVA, 2006, p. 202-203):

> [...] a leitura sistemática interna do art. 406 da CLT [...] conduz à convicção de que a possibilidade de concessão da autorização judicial ali mencionada, para trabalho de "menores" em teatros, cinemas, boates, estabelecimentos similares ou empresas circenses, não é genérica. Contempla, na verdade, apenas adolescentes com idade igual ou superior a 14 anos.

Tal conclusão deriva do fato de que "menor", para a CLT, é o trabalhador de catorze a dezoito anos (art. 402). E ambos os artigos — 402 e 406 — citados estão subordinados à seção I do Capítulo IV do Título III da Consolidação, que cuida das disposições gerais de proteção especial ao trabalho do adolescente.

Assim, em primeira e apressada análise, interpretação conjugada e literal dos textos constitucional e consolidado levaria às seguintes conclusões: a) como a CF não abriu exceção, o juiz só poderia autorizar trabalho artístico para quem tivesse idade igual ou superior a 16 anos; e b) excepcionalmente, desde que respeitados os requisitos da aprendizagem (no campo específico), poderia ser autorizado o trabalho artístico para adolescentes com idade igual ou superior a catorze anos.

Sem dúvida alguma, a previsão na legislação ordinária reforça a vedação contida no texto (art. 7º, XXXIII) constitucional.

Entretanto, devemos averiguar se, no campo artístico, aquele sobre o qual aqui nos debruçamos, à luz da doutrina constitucional moderna, que enxerga nos princípios força normativa, seria possível compatibilizar tal vedação com outros princípios de igual envergadura constitucional, que sinalizem em sentido contrário, bem como se há previsão de, excepcionalmente, conceder autorização para os que ainda não completaram a idade mínima para o trabalho no Brasil, atuarem no mundo das artes.

A resposta é positiva.

Ao mesmo tempo em que a Constituição Federal veda qualquer trabalho antes dos dezesseis anos (art. 7º, XXXIII), exceto na condição de aprendiz, o art. 5º, da mesma Carta, no inciso IX, assegura a liberdade de expressão — ao lado da atividade intelectual, científica e de comunicação — artística, independentemente de censura e licença e o seu § 5º garante os direitos previstos nos tratados internacionais, nos quais se insere a Convenção n. 138 da OIT.

São normas constitucionais que, em casos como o do trabalho infantojuvenil artístico, podem entrar em rota de colisão.

Em situações tais haverá a necessidade de o intérprete conferir supremacia a uma delas, pelo critério de ponderação, aplicando o princípio da proporcionalidade, ou, pelas mesmas e boas

(7) Infelizmente há ainda desavisados que não se deram conta da necessidade de adequar o texto do ECA ao inciso XXXIII do art. 7º da CRFB/88. Tal se deve, em boa parte, ao descuido do próprio legislador, que ao fazer modificações no texto da Constituição ou de leis, nem sempre atenta para a necessidade de alterações no conjunto normativo que disciplina a matéria alterada. Exemplo claro disto está na própria Constituição Federal: conquanto a EC n. 19/98 tenha aumentado de 14 para 16 anos a idade mínima para admissão ao trabalho, o art. 227, § 3º, I, da Carta, mantém o texto original, que estipula ser 14 (catorze) anos referida idade. No ECA não é diferente, como se viu do tratamento que continua a dispensar à idade mínima para o trabalho, dando margem para equívocos.

vias, procurar harmonizá-las, não olvidando uma ou outra. É assim que nos parece possível, excepcionalmente e de forma individualizada, autorizar o trabalho do artista que ainda não completou dezesseis anos de idade[8].

Por outro lado, o dever do Estado com a educação será efetivado, segundo o art. 208, *caput* e inciso V, mediante a garantia de "acesso aos níveis mais elevados do ensino, da pesquisa e da criação artística, segundo a capacidade de cada um". Assim, sem perder de vista que a regra geral é de que ninguém pode começar a trabalhar antes dos dezesseis anos de idade (exceto o aprendiz, a partir dos catorze), o juiz pode, excepcionalmente — repita-se à exaustão! —, autorizar o trabalho infantil artístico.

Neste caso, em razão da peculiar condição da criança ou adolescente destinatária, a autorização (ou licença) judicial é imprescindível.

Alguns poderiam questionar: será possível falar em liberdade de expressão, quando se trata de uma criança ou adolescente?

A resposta é afirmativa, na medida em que a autorização, na hipótese, pode ser assecuratória aos pequenos artistas do próprio direito de desenvolvimento dos seus talentos inatos.

Em 28 de junho de 2002, após ter o Presidente da República baixado o Decreto n. 4.134, de 15 de fevereiro do mesmo ano, entrou em vigor a Convenção n. 138 da Organização Internacional do Trabalho (OIT). Referida Convenção, adotada em junho de 1973, em Genebra, com vigência internacional a partir de 1976, só foi aprovada pelo Congresso Nacional brasileiro pelo Decreto-Legislativo n. 179, promulgado em 14 de dezembro de 1999. Trata o diploma legal da idade mínima de admissão ao emprego.

O Decreto presidencial, no seu art. 2º, prescreveu, para adequação às normas do País, que "para os efeitos do art. 2º, item 1, da Convenção, fica estabelecido que a idade mínima para admissão a emprego ou trabalho é de dezesseis anos". Não obstante, no art. 8º, diverso, portanto, do apontado (o que indica que não estaria abrangido pela idade estabelecida, que tem endereçamento certo), a Convenção n. 138 preceitua (g. n.):

> 1. A autoridade competente, após **consulta com as organizações de empregadores e de trabalhadores** concernentes, se as houver, poderá, mediante licenças concedidas em casos individuais, **permitir exceções** para a proibição de **emprego ou trabalho** provida no art. 2º desta Convenção, para finalidades como a participação em representações artísticas.
>
> 2. Licenças dessa natureza **limitarão o número de horas de duração do emprego ou trabalho** e estabelecerão as **condições em que é permitido.**[9]

Há, aí, inequívoca autorização normativa para permitir trabalho artístico antes de completados os dezesseis anos de idade, independentemente de contrato de aprendizagem (em relação ao qual a idade mínima é de catorze anos, como já salientado alhures).

Fica claro, no entanto, que isso só se dará mediante licença individual, emitida por autoridade competente, que limitará o número de horas e estabelecerá condições para o desenvolvimento do trabalho.

Em que plano, porém, devemos posicionar a Convenção n. 138 da OIT?

Para ingressar no ordenamento jurídico com hierarquia de Emenda Constitucional, tratados e convenções internacionais que disponham sobre direitos humanos precisam ser aprovados, em cada Casa do Congresso Nacional, em dois turnos, por três quintos dos votos dos respectivos membros, conforme prescreve o art. 5º, § 3º, da CRFB/88 (parágrafo acrescentado pela EC n. 45/04).

Flávia Piovesan (1997, p. 82), no entanto, muito antes da alteração constitucional, defendia que, ao dispor, no § 2º do art. 5º, que os direitos e garantias nela expressos não excluem outros, inclusive decorrentes dos tratados

(8) Cf. a propósito, ROBORTELLA, Luiz Carlos Amorim; PERES, Antonio Galvão. Trabalho artístico da criança e do adolescente — valores constitucionais e normas de proteção. *Revista LTr,* São Paulo: LTr, v. 69, p. 148-157, fev. 2005.

(9) BIBLIOTECA Eletrônica de documentos sobre *Normas Internacionales del Trabajo.* [S.l.]: ILO. ILSE 2004 CD-ROM.

internacionais em que a República Federativa do Brasil seja parte, a Constituição Federal, interpretada *a contrario sensu*, incluiu, "[...] no catálogo dos direitos constitucionalmente protegidos, os direitos enunciados nos tratados internacionais em que o Brasil seja parte".

Segundo referida autora, "este processo de inclusão implica na incorporação pelo texto constitucional destes direitos".

Em obra mais recente, também fazendo alusão ao art. 5º, § 2º, da CRFB, arremata Piovesan (2010, p. 52):

> [...] *a contrario sensu*, a Carta de 1988 está a incluir, no catálogo dos direitos constitucionalmente protegidos, os direitos enunciados nos tratados internacionais em que o Brasil seja parte. Esse processo de inclusão implica a incorporação pelo Texto Constitucional de tais direitos.

Ao efetuar a incorporação, a Carta atribui aos direitos internacionais uma natureza especial e diferenciada, qual seja, a natureza de norma constitucional. Os direitos enunciados nos tratados de direitos humanos de que o Brasil é parte integram, portanto, o elenco dos direitos constitucionalmente consagrados. Essa conclusão advém ainda de interpretação sistemática e teleológica do Texto, especialmente em face da força expansiva dos valores da dignidade humana e dos direitos fundamentais, como parâmetros axiológicos a orientar a compreensão do fenômeno constitucional.

Na mesma linha de raciocínio, Valério de Oliveira Mazzuoli (2001, p. 54), antes também da aludida modificação no texto constitucional tratava do alcance do § 2º do art. 5º da Constituição. Lecionava então:

> [...] no caso brasileiro, somente no que se refere aos tratados de *direitos humanos* é que se aplicará o primado do Direito Internacional frente ao ordenamento interno, pois, como se viu, por disposição expressa da Carta de 1988, os tratados internacionais de proteção dos direitos humanos, à medida que ratificados, "se incluem" no nosso ordenamento com *status* de norma constitucional, e mais que isso, de norma supraconstitucional.

É bastante controvertida a matéria, mas é indubitável que o Supremo Tribunal Federal tem conferido prestígio no mínimo supralegal (abaixo da Constituição, mas acima das leis) aos Tratados e Convenções Internacionais sobre direitos humanos.

Adotada a tese de *status* constitucional, defendida com base no § 2º do art. 5º da Constituição Federal, a Convenção n. 138 da OIT, que inquestionavelmente versa sobre direitos humanos, teria derrogado, em relação especificamente ao trabalho infantojuvenil artístico, a vedação de admissão ao trabalho antes da idade de dezesseis anos.

De qualquer modo, no plano infraconstitucional também há previsão de trabalho infantojuvenil artístico. O art. 406, I e II, da CLT, com redação antiga que clama por atualização e adequação à realidade contemporânea, permite autorização judicial para o "menor"[10] (considerado como tal o trabalhador de catorze a dezoito anos, conforme art. 402 do mesmo diploma) trabalhar em teatros de revista, cinemas, boates, cassinos[11], cabarés, *dancings*, estabelecimentos análogos ou em empresas circenses (em funções de acrobata, saltimbanco, ginasta e outras assemelhadas), desde que: a) a representação tenha fim educativo ou a peça de que participe não seja prejudicial à sua formação moral; e b) que a ocupação seja indispensável à própria subsistência do adolescente ou à de seus pais, avós ou irmãos, desde que não advenha nenhum prejuízo à sua formação moral.

Tem sido sustentado, com razão, que a parte final ("b"), correspondente ao inciso II

(10) Conquanto continue sento utilizado pela CLT, o vocábulo está entre aspas por preferirmos, em casos de identificação de pessoas com até doze anos incompletos, a designação criança, ou, dos doze aos dezoito anos incompletos, adolescente, como faz o ECA, afastando qualquer sentido de menoscabo ou minoração desses seres em peculiar condição de desenvolvimento.

(11) A jogatina é proibida no Brasil, sendo vedada até mesmo para adultos.

do referido artigo, não foi recepcionada pela Constituição Federal de 1988, uma vez que subverte a ordem natural das coisas. O art. 227 da Constituição Federal, que consagrou o princípio da proteção integral de crianças e adolescentes, é claro ao estabelecer como dever da família, da sociedade e do Estado, assegurar-lhes, com absoluta prioridade, o direito à vida, à saúde, à alimentação, à educação, ao lazer, à profissionalização, à cultura, à dignidade, ao respeito, à liberdade e à convivência familiar e comunitária, além de colocá-los a salvo de toda forma de negligência, discriminação, exploração, violência, crueldade e opressão.

Referida proteção abrange também a observância da idade mínima para admissão ao trabalho, garantia de direitos previdenciários e trabalhistas e garantia de acesso do trabalhador adolescente à escola (art. 227, § 3º, I, II e III, da CF/88). Assim, não se justifica exceção a toda essa proteção, notadamente em relação à idade, para tão só transformar o adolescente necessitado em responsável pelo seu próprio sustento ou em arrimo de família.

Afinal, trabalhar só porque é pobre constitui dupla penalização, na medida em que impede o progresso social e econômico daquele que deveria ser protegido. O correto é que, na ausência ou impossibilidade de amparo por um daqueles três (quatro, se contada a comunidade separadamente) que têm o dever de proteger a criança ou adolescente, um dos outros o substitua.

Por fim, o art. 149, II, da Lei n. 8.069/90 — Estatuto da Criança e do Adolescente (ECA) permite que a autoridade judiciária autorize a participação de criança e adolescente (portanto, em idade inferior inclusive a doze anos) em espetáculos públicos e seus ensaios e em certames de beleza. Eis o texto legal, com grifos nossos nas partes reputadas mais relevantes:

> Art. 149. Compete à autoridade judiciária disciplinar, através de portaria, ou autorizar, mediante alvará:
>
> I — [...]
>
> II — a **participação de criança e adolescente** em:
>
> a) **espetáculos públicos e seus ensaios**;
>
> b) **certames de beleza**.
>
> § 1º Para os fins do disposto neste artigo, a autoridade judiciária levará em conta, dentre outros fatores:
>
> a) os princípios desta Lei;
>
> b) as peculiaridades locais;
>
> c) a existência de instalações adequadas;
>
> d) o tipo de frequência habitual ao local;
>
> e) a adequação do ambiente a eventual participação ou frequência de crianças e adolescentes;
>
> f) a natureza do espetáculo.
>
> § 2º As medidas adotadas na conformidade deste artigo deverão ser **fundamentadas, caso a caso, vedadas as determinações de caráter geral**.

Vê-se que o ECA, a exemplo da Convenção n. 138 da OIT, exige que as decisões sejam fundamentadas (como, de resto, todas as judiciais devem ser), vedando licenças generalizadas. Estas, ao contrário, devem ser individuais (caso a caso, conforme prescrito pelo legislador ordinário).

4. Competência da Justiça do Trabalho e sua atuação sobre o trabalho infantil

Com o advento da EC n. 45/04, que ampliou consideravelmente a competência da Justiça do Trabalho, o art. 114 da Constituição Federal passou a ter a seguinte redação:

> Art. 114. Compete à Justiça do Trabalho processar e julgar:
>
> I — as ações oriundas da relação de trabalho, abrangidos os entes de direito público externo e da administração pública direta e indireta da União, dos Estados, do Distrito Federal e dos Municípios;
>
> II — as ações que envolvam exercício do direito de greve;
>
> III — as ações sobre representação sindical, entre sindicatos, entre sindicatos e trabalhadores, e entre sindicatos e empregadores;

IV — os mandados de segurança, *habeas corpus* e *habeas data*, quando o ato questionado envolver matéria sujeita à sua jurisdição;

V — os conflitos de competência entre órgãos com jurisdição trabalhista, ressalvado o disposto no art. 102, I, *o*;

VI — as ações de indenização por dano moral ou patrimonial, decorrentes da relação de trabalho;

VII — as ações relativas às penalidades administrativas impostas aos empregadores pelos órgãos de fiscalização das relações de trabalho;

VIII — a execução, de ofício, das contribuições sociais previstas no art. 195, I, *a*, e II, e seus acréscimos legais, decorrentes das sentenças que proferir;

IX — outras controvérsias decorrentes da relação de trabalho, na forma da lei.

Finalmente o judiciário trabalhista foi alçado à posição de merecido destaque, permitindo o constituinte derivado que deixasse de julgar apenas casos de empregados (desempregados, na absoluta maioria dos casos) e empregadores para transformá-lo, efetivamente, naquele ramo do Poder Judiciário cujos propósitos vêm já anunciados no nome: Justiça do Trabalho (no seu sentido mais amplo).

Sob o pálio desta nova ordem constitucional, desde 2005 se defende que a autorização para trabalho artístico infantojuvenil estaria sob a égide do Juiz do Trabalho, e não mais do Juiz da Infância e Juventude (OLIVA, 2006). Já em 2006, o Congresso Nacional dos Magistrados do Trabalho debateu o tema e propugnou pela competência do juiz do trabalho para a apreciação dos pedidos de autorização para o trabalho artístico e do adolescente nas ruas e praças, tese posteriormente reafirmada pela ANAMATRA no congresso de 2014.

Em *Autorização para o trabalho infantojuvenil artístico e nas ruas e praças — parâmetros e competência exclusiva do Juiz do Trabalho*, ressaltou-se (OLIVA, 2006, *Revista LTr*):

> [...] quanto mais nos debruçamos sobre o assunto, mais convencidos ficamos de que, estando mais familiarizado com questões trabalhistas de toda ordem e níveis e desenvolvendo visão sociojurídica sobre o tema, não só deve ser, mas agora é, definitivamente, do Juiz do Trabalho a competência para dirimir todas as questões oriundas das relações de trabalho, das quais não escapam aquelas que envolvem autorização para trabalho infanto-juvenil, nas situações aqui ventiladas.

O Judiciário Brasileiro tem um papel importante, ao lado de outras instituições e organismos públicos e privados, a cumprir para a consecução dos objetivos traçados. A Justiça do Trabalho está preparada e, definitivamente, se integrou na luta contra o trabalho infantil, que é e deve ser de todos.

O Conselho Superior da Justiça do Trabalho, pelo Ato n. 99/CSJT, de 4 de maio de 2012, criou, na gestão do Ministro João Oreste Dalazen, seu então presidente, a Comissão Nacional sobre Trabalho Infantil, que posteriormente foi transformada em um programa institucional, apoiada incondicionalmente por todas as gestões que se seguiram (Ministro Carlos Alberto Reis de Paula e Antônio José de Barros Levenhagen).

A Justiça do Trabalho considera inadmissível, em pleno século XXI, que o trabalho precoce continue destruindo a infância e fulminando qualquer perspectiva de futuro de crianças e adolescentes, sendo imperativo de dignificação e preservação de direitos humanos fundamentais que o Brasil cumpra o compromisso interno e internacional de erradicar as piores formas dessa chaga social até 2016 e todas as formas até 2020.

Mas não é só. Em 22 de agosto de 2012, em Brasília, realizou-se o Seminário Nacional para a Erradicação do Trabalho Infantil, promoção conjunta do Conselho Nacional do Ministério Público (CNMP) e Conselho Nacional de Justiça (CNJ), do qual participaram Juízes e Promotores da Infância e Juventude de todo o País, membros do Ministério Público do Trabalho, defensores públicos, Ministério do Trabalho e Emprego,

Ministério do Desenvolvimento Social e Combate à Fome, Secretaria de Direitos Humanos da Presidência da República e integrantes da Comissão de Erradicação do Trabalho Infantil do CSJT-TST. Nessa oportunidade, no grupo sob a Coordenação do Juiz Auxiliar do CNJ, Nicolau Lupianhes Neto, foram extraídas duas conclusões (g. n.):

> **I.** Não cabe autorização judicial para o trabalho antes da idade mínima prevista no art. 7º, do inc. XXXIII, da Constituição Federal, salvo na hipótese do art. 8º, in. I, da Convenção n. 138 da OIT.
>
> **II. A competência para a autorização judicial é da Justiça do Trabalho**, e quando indeferida a petição inicial ou indeferido de plano o pedido, **o Juiz do Trabalho observará o disposto no art. 221 do ECA (remetendo peças ao Ministério Público para as providências cabíveis)**.

Pelo que se vê, quando o Juiz do Trabalho não conceder a autorização pretendida, remeterá cópias ao Ministério Público, do Trabalho, Federal ou Estadual ou do Distrito Federal, conforme o caso, podendo-se vislumbrar relação de complementaridade, pois caberá ao juiz competente, após as providências tomadas, determinar as medidas prioritárias e de proteção integral cabíveis na espécie. Tudo isso sem prejuízo de outros comunicados e/ou medidas que podem ser adotadas por toda a rede de proteção.

Em outubro de 2012, o Tribunal Superior do Trabalho (TST) e o Conselho Superior da Justiça do Trabalho (CSJT), realizaram o histórico Seminário "Trabalho Infantil, Aprendizagem e Justiça do Trabalho", no Plenário do TST em Brasília-DF, que contou com cerca de 1.600 inscritos.

O Seminário contou com a presença dos mais consagrados especialistas e do ativista indiano Kailash Satyarthi, prêmio Nobel da Paz de 2014. Fez a conferência de abertura e destacou que é preciso tornar o trabalho infantil fato histórico, ou seja, reminiscência a ser conhecida apenas em livros de história.

O diretor-adjunto do Programa Internacional para Erradicação do Trabalho Infantil (IPEC), da Organização Internacional do Trabalho (OIT), Geir Myrstad identificou uma vantagem brasileira no combate ao trabalho infantil: a existência de Tribunais do Trabalho. Segundo afirmou por ocasião da conferência de encerramento do Seminário, a questão está ligada ao judiciário trabalhista, o que reforça os argumentos aqui expendidos.

Por ocasião do encerramento do Seminário, foi lida a Carta de Brasília, que dentre seus 12 (doze) enunciados, traz um acerca da competência:

> 5. **afirmar** a competência material da Justiça do Trabalho para conhecer e decidir sobre autorização para trabalho de criança e do adolescente, nos termos do art. 114, I, da Constituição Federal, com a redação que lhe deu a Emenda Constitucional n. 45/04, seja ante a natureza da pretensão (labor subordinado em favor de outrem, passível, em tese, de configurar relação de trabalho), seja ante a notória e desejável especialização da matéria.

A Comissão de Erradicação do Trabalho Infantil da Justiça do Trabalho tem atuado intensamente no combate ao trabalho infantil no Brasil. Desenvolveu cartilhas e amplo material educativo e promocional, que podem ser acessados no portal <http://www.tst.jus.br/web/trabalho-infantil/programa>.

A Justiça do Trabalho atuou, como único representante do Judiciário brasileiro, na organização da Conferência Global sobre Trabalho Infantil, realizada de 8 a 10 de outubro de 2013, em Brasília, reunindo países do mundo todo, da qual participaram os integrantes da Comissão.

Hoje, além do Tribunal Superior do Trabalho, todos os 24 Tribunais Regionais do Trabalho do País participam efetivamente do Programa, empreendendo ações articuladas. Além dos integrantes da Comissão de Erradicação do Trabalho Infantil do CSJT-TST, que são gestores nacionais, há Desembargadores e Juízes gestores regionais (*vide* em: <http://www.tst.jus.br/web/trabalho-infantil/gestores-regionais>), que se dedicam ao tema de forma coordenada.

O Programa tem como objetivos gerais:

• Consolidar e ampliar o vínculo institucional da Justiça do Trabalho com o compromisso pela erradicação do trabalho infantil no Brasil.

Coordenar as ações, projetos e medidas a serem desenvolvidas pela Justiça do Trabalho em prol da erradicação do trabalho infantil no Brasil e da adequada profissionalização do adolescente, como instrumento de alcance de trabalho e vida dignos.

Os objetivos específicos são:

• Informar e conscientizar magistrados, servidores, advogados e jurisdicionados sobre a situação do trabalho infantil no país e no mundo, estimulando adoção de práticas cotidianas, nas atuações profissionais e cidadã, que visem à denúncia, ao combate e à eliminação do problema;

• Capacitar magistrados e servidores da Justiça do Trabalho a fim de favorecer a sua atuação, como profissionais e cidadãos, no combate e erradicação do trabalho infantil;

• Acompanhar e contribuir para o aperfeiçoamento da legislação e normativos nacionais e internacionais sobre trabalho infantil;

• Fortalecer parcerias institucionais e com organizações da sociedade civil que possibilitem a capacitação e ações conjuntas para o combate ao trabalho infantil.

Nos Tribunais Regionais existem várias ações visando à atuação da Justiça do Trabalho, a exemplo dos TRTs 2ª, 15ª, 21ª e 22ª, 23ª regiões, que possuem juízes auxiliares especializados no exame de temas relacionados à infância e adolescência, o que não corresponde a novas varas do trabalho. Os juízes responsáveis apenas acumulam atribuições, não havendo aumento de despesa ou qualquer afronta à Constituição da República Federativa do Brasil.

A questão, portanto, não diz respeito apenas ao trabalho infantil artístico.

De qualquer modo, apenas para exemplificar, no Seminário "Justiça do Trabalho e Infância e Juventude", realizado aos 27.2.2014, na Escola Paulista da Magistratura EPM, pelo TJSP e TRT-2, chegou-se à conclusão de que, de fato, a competência é da Justiça do Trabalho para dirimir questões envolvendo relações de trabalho. Fato similar ocorreu em 6.11.2014, na sede do Tribunal de Justiça de Santa Catarina, em evento conjunto com o Tribunal Regional do Trabalho daquele estado (TRT 12).

Os casos relatados são apenas exemplos que demonstram que a Justiça do Trabalho vem atuando para conferir proteção integral e absolutamente prioritária a crianças e adolescentes, em perfeita sintonia e união de esforços com os demais ramos do Poder Judiciário, com o objetivo de assegurar plena efetividade ao art. 227 da Constituição da República Federativa do Brasil.

Mas quais são as razões jurídicas que conduzem à inexorável conclusão de que é o juiz do trabalho o competente para decidir sobre pedidos de autorização para trabalho infantil, inclusive artístico e desportivo?

Não se olvida que a CLT atribui ao "Juiz de Menores" referida competência. Nem que o art. 149 do ECA, embora se refira apenas a "autoridade judiciária" competente, sem especificá-la, estipula, no art. 146, que "a autoridade a que se refere esta Lei é o Juiz da Infância e da Juventude, ou o juiz que exerce essa função, na forma da lei de organização judiciária local".

Note-se, porém, que a partir da Lei Complementar n. 75/93 (art. 83) é possível afirmar que as questões relacionadas ao trabalho, envolvendo crianças e adolescentes, foram atribuídas ao Ministério Público do Trabalho e, por consequência, insitos à competência da Justiça do Trabalho.

A rigor, portanto, considerando que em sua redação original, o art. 114 da CRFB já tinha a previsão de que estariam afetas à Justiça do Trabalho "[...] na forma da lei, outras controvérsias decorrentes da relação de trabalho [...]", as previsões contidas nos incisos III e V da LC n. 83/93, eram constitucionais. Dúvida não há, ainda, que foram recepcionadas pelo vigente (com redação e inclusões da EC n. 45/04) art. 114, que, no inciso IX, também diz competir à Justiça do Trabalho processar e julgar "outras controvérsias decorrentes da relação de trabalho, na forma da lei".

De qualquer modo, o art. 114, I, da CRFB, agora é de clareza solar: tratando-se de relações de trabalho (*lato* e não mais *stricto sensu*), compete à Justiça do Trabalho processar e julgar as ações que delas se originarem. A expressão relação de trabalho deve ser entendida como continente, do qual a relação de emprego é apenas conteúdo, ou seja, gênero que comporta múltiplas espécies, sendo a relação empregatícia só uma delas.

Portanto, qualquer regra infraconstitucional que outorgue ao juiz de direito a competência para permissões de trabalho não terá sido recepcionada pela nova redação do texto constitucional, até porque, se é o juiz do trabalho quem vai julgar as demandas decorrentes das relações de trabalho, não há o que justifique que as autorizações para o trabalho (que as precedem), sejam julgadas por juízes de direito (sem competência em matéria do trabalho).

Como veremos, a matéria referente a trabalho concentra-se na competência da Justiça do Trabalho:

1. Se o pleito for de reconhecimento de vínculo empregatício ou relação de trabalho, é o juiz do trabalho quem solucionará todas as questões daí decorrentes e dirá o direito ao caso concreto.

Caso a criança ou adolescente, no exercício de trabalho autorizado judicialmente, venha a sofrer dano — material ou moral —, derivado da relação de trabalho, a competência é da Justiça do Trabalho a teor do art. 114, VI, da Constituição Federal;

O contratante de pessoa em peculiar condição de desenvolvimento, criança ou adolescente, está sujeito à fiscalização e sanções administrativas por parte do Ministério do Trabalho e Emprego, conforme previsão contida nos arts. 434 e 438 da CLT e as penalidades administrativas impostas são dirimidas pela Justiça do Trabalho, conforme art. 114, VII, da CF/88;

Nos termos do inciso VIII do mesmo art. 114 da CF, a Justiça do Trabalho é competente também para a execução de ofício das contribuições previdenciárias decorrentes das sentenças que proferir, tanto na hipótese de vínculo, como sem vínculo empregatício;

Na hipótese de sofrer a criança ou adolescente acidente no trabalho, bem como suas consequências danosas, tanto materiais como morais, são da competência da Justiça do Trabalho, conforme pacificado, aliás, pela Súmula Vinculante n. 22 do STF.

Ora, se em quaisquer destas hipóteses e até mesmo em outras não divisadas, será o Juiz do Trabalho o competente para instruir e julgar eventual ação ajuizada, não há explicação plausível para que as autorizações de trabalho que originaram tais efeitos tenham sido dadas por quem não poderá apreciá-las, não sendo razoável manter-se a competência do Juiz da Infância e da Juventude.

Por outro lado, não mais persiste dúvida de que ao examinar pedido de autorização para trabalho infantojuvenil, o juiz exerce parcela de jurisdição. Nesse sentido, pronunciaram-se o Conselho Nacional de Justiça e o Conselho Nacional do Ministério Público. Em pedidos de providências formulados pelo Ministério Público do Trabalho contra decisões judiciais e pareceres de Promotores de Justiça que resultaram em milhares de autorizações judiciais para trabalho em idade inferior à mínima constitucionalmente permitida, ambos os Conselhos entenderam que a matéria não era administrativa, mas jurisdicional, não lhes cabendo, por isto, interferir.

De qualquer modo, reconhecendo a relevância da questão, e aderindo à manifestação da Conselheira Morgana Richa, o Conselheiro Jorge Hélio Chaves de Oliveira, Relator do voto condutor da v. decisão no CNJ, negou provimento ao recurso administrativo interposto contra sua decisão monocrática em que não conhecia do pedido de providências, mas recomendou aos Tribunais de Justiça que adotassem medidas voltadas à adequação das diretrizes pertinentes às atuações conjuntas com o Ministério Público do Trabalho, objetivando combater o trabalho infantil.

Deve-se ressaltar que a jurisprudência do STJ, embora atualmente entenda pela competência da justiça comum, vem sendo aos poucos atualizada com foco na nova competência atribuída à Justiça do Trabalho pela Emenda Constitucional n. 45, como mostra o cancelamento das Súmulas ns. 366 e 230. É de se esperar outras evoluções da jurisprudência, reconhecendo a competência da Justiça do Trabalho para temas, inegavelmente de sua alçada, tais como processo eleitoral sindical (4), ação de cumprimento de ACT/CCT (57), contribuição sindical (222) e contribuição sindical rural pela CNA (396).

5. *Recomendações asseguram Proteção Integral e absolutamente prioritária*

Merece destaque a atuação do Tribunal de Justiça do Estado de São Paulo e dos Tribunais Regionais do Trabalho da 2ª (São Paulo-SP) e 15ª (Campinas-SP) Regiões, que nos seus respectivos ramos — comum e especializado trabalhista — são os três maiores do País, que, por suas corregedorias e, o primeiro, também por sua Coordenadoria da Infância e da Juventude, se uniram ao Ministério Público do Estado de São Paulo e ao Ministério Público do Trabalho da 2ª e 15ª Regiões para, num exercício de cooperação jurisdicional sem precedentes conhecidos, editar a Recomendação Conjunta n. 1/14, que trata da competência da Justiça do Trabalho e da Justiça Estadual da Infância e da Juventude para trabalho, inclusive artístico e desportivo, de crianças e adolescentes. Iniciativa da mesma natureza foi adotada no Estado do Mato Grosso.

Antes mesmo da vigência do novo Código de Processo Civil, que traz um capítulo (II — Da Cooperação Nacional), no Título III — Da Competência Interna, do Livro II — Da Função Jurisdicional, os órgãos subscritores das Recomendações Conjuntas n. 1/14 de São Paulo e Mato Grosso (ambas têm a mesma numeração, como já sublinhado) deram autêntico exemplo de cooperação jurisdicional que, ao recomendar definição pela competência da Justiça do Trabalho sem excluir a atuação do Juizado da Infância e da Juventude, soma esforços para a concretização e máxima eficácia do comando constitucional (art. 227) e infraconstitucional (art. 1º e ss. do ECA) de proteção integral e absolutamente prioritária de crianças e adolescentes.

Longe, portanto, de violar o princípio constitucional, as recomendações visam a vivificá-lo no mundo real.

Por outro lado, a ligação do Estatuto da Criança e do Adolescente com a luta contra o trabalho infantil é umbilical. Tanto que Antonio Carlos Gomes da Costa (1994) escreveu "O Estatuto da Criança e do Adolescente e o Trabalho Infantil no Brasil: Trajetória, Situação Atual e Perspectivas".

Já no prefácio do referido livro, Wilson Vieira dos Santos, então Diretor do Escritório da OIT no Brasil, destaca (COSTA, 1994, p. 5-6, g. n.):

> O Estatuto da Criança e do Adolescente, ao promover mudanças de conteúdo, método e gestão no panorama legal e nas políticas públicas que tratam do problema do trabalho infantil, está, de fato, dando uma extraordinária demonstração de criatividade institucional e comunitária, criando, **ao lado da legislação trabalhista e de seu aparato institucional** de implementação, um **novo mecanismo geral de proteção das crianças e adolescentes, em relação ao trabalho**. [...]

A obra toda é dedicada a mostrar que "[...] ao lado dos mecanismos de proteção da criança em relação ao trabalho, algo de novo está surgindo", como esclarece seu autor já na introdução, acrescentando (1994, p. 7, g. n.):

> De fato, ao lado da fiscalização do Ministério do Trabalho e dos sindicatos e ONGS, que atuam no âmbito da promoção e defesa dos direitos da população infantojuvenil, os conselhos de direitos e conselhos tutelares emergem como a grande novidade qualitativa e a grande esperança de o Governo e a sociedade civil criarem um **sistema abrangente e**

capilar de defesa dos direitos da criança e do adolescente no que se refere ao trabalho.

Evidenciado, assim, que a proteção só ocorre verdadeiramente por meio de trabalho em rede, nunca isoladamente.

Não é à toa, aliás, que o ECA, ao tratar, no seu Título II, Dos Direitos Fundamentais, dedica o Capítulo V ao "Direito à Profissionalização e à Proteção no Trabalho", ao lado do direito à vida e à saúde (Capítulo I), à liberdade, ao respeito e à dignidade (Capítulo II), à convivência familiar e comunitária (Capítulo III), à educação, à cultura, ao esporte e ao lazer (Capítulo IV), estabelecendo no art. 61: "A proteção ao trabalho dos adolescentes é regulada por legislação especial [referindo-se, evidentemente, à CLT e outras normas trabalhistas], sem prejuízo do disposto nesta Lei".

Como se vê, atribuir competência *ratione materiae* e *ratione personae* exclusiva aos Juízos da Infância e da Juventude quando se tratar de efetivação do princípio da proteção integral é visão equivocada. É ignorar que, como integrante do Estado, no plano jurisdicional, à Justiça do Trabalho também incumbe tal poder-dever. É até possível vislumbrar uma carga discriminatória, como se o juiz do trabalho, rotineiramente, não se valesse do direito material e processual comuns, como expressamente autorizado pelos arts. 8º e 769 da própria CLT. Está-se a dizer, subliminarmente, que não teria o magistrado trabalhista condições de interpretar a Constituição e o ECA, de molde a assegurar proteção integral aos artistas e trabalhadores infantojuvenis.

A realidade, porém, tem demonstrado o contrário. Em primeiro lugar, sempre que se trata da questão de competência, algumas premissas têm sido assentadas pelos magistrados trabalhistas, dentre as quais se enumera:

1) A idade mínima fixada na Constituição brasileira é de 16 anos, salvo na condição de aprendiz. Excepcionalmente, e com garantias de proteção integral e prioritária do artista infantojuvenil[12], é possível a autorização individual de trabalho inferior à idade mínima, em razão do que prevê o art. 8º da Convenção n. 138 da OIT;

2) Nenhuma autorização judicial pode ser dada para trabalho em ruas, praças e logradouros, ou quando o trabalho a ser desenvolvido for noturno, prejudicial à moralidade, insalubre, perigoso ou penoso, para quem ainda não completou 18 anos de idade, em razão de proibição — constitucional e/ou infraconstitucional —, o que configuraria, também, impossibilidade jurídica do pedido.

Se for aprendizagem verdadeira, não há necessidade de autorização judicial para exercê-la a partir dos catorze anos; se o trabalho não envolver riscos e não for noturno, prejudicial à moralidade, insalubre, perigoso ou penoso, também não há necessidade de autorização judicial para quem já completou 16 anos de idade.

Diante disto, a discussão acerca da competência não perderia, então, sua relevância, ou se cingiria à hipótese de autorização judicial para trabalho infantojuvenil artístico? — A resposta, evidentemente, é negativa. Ainda que haja diminuição dos pedidos após a conscientização dos malefícios do trabalho precoce e a família, a sociedade e o Estado, passarem a cumprir efetivamente seu dever constitucional de proteção prioritária e integral de crianças e adolescentes (também agora de jovens, a partir da EC n. 65/10), até para extinguir qualquer feito sem resolver o mérito — por impossibilidade jurídica ou falta de interesse processual — ou mesmo negar a autorização solicitada, há que se decidir qual seria o juiz competente, uma vez que os pedidos continuam a ser formulados em Juízo.

Aliás, dados da Relação Anual de Informações Sociais — RAIS, do Ministério do Trabalho e Emprego, apontam que, entre 2005 e 2013, 46.256 autorizações judiciais — até mesmo em lixões — para trabalho em idade inferior à legalmente permitida teriam sido concedidas no País, sendo o Estado de São Paulo o campeão, com nada

(12) A autorização, como recomendam as normas internacionais, deve ser clausurada, com as condições de trabalho fixadas, inclusive os horários de trabalho, que não poderão ser incompatíveis com os horários escolares ou impeditivos com o tempo de lazer. Deve-se, ainda, garantir o acompanhamento à criança ou adolescente, de seu responsável legal.

menos que 12.698 permissões. Ainda que hoje já se saiba que tais números foram inflados por equívocos ou empregadores inescrupulosos que declaravam falsamente a existência de alvarás na RAIS para que a contratação irregular de crianças e adolescentes não fosse detectada, os dados, de qualquer modo, continuam alarmantes.

Tais números não contemplam a maioria das autorizações dadas para trabalho infantil artístico, que, quando sem vínculo empregatício, não constam da RAIS. Hoje, a Secretaria de Inspeção do Trabalho anuncia que faz um trabalho de varredura das empresas que declaram a existência de alvarás, autuando os infratores que informam incorretamente a RAIS. Aliado a isto, trabalho de conscientização, sensibilização e de repressão, encetado pelo Ministério do Trabalho e Emprego, Ministério Público do Trabalho e outras instituições que integram a Rede de Proteção à Criança e ao Adolescente, tem propiciado redução do número declarado de autorizações judiciais.

Com o olhar atento do juiz do trabalho, regiões anteriormente com alto índice de trabalho infantil, a exemplo de Franca, no interior de São Paulo, estão encontrando soluções, como a regularização do trabalho de aprendizes, cursos gratuitos e bolsas de estudos concedidas com a interlocução do sistema S, modificando o quadro de vulnerabilidade dos adolescentes diante das novas perspectivas apresentadas.

Além das normas internas, os Juízes do Trabalho estão atentos aos termos das Convenções ns. 138 e 182 da Organização Internacional do Trabalho (OIT), ambas ratificadas pelo Brasil, que versam respectivamente sobre a idade mínima — e sua elevação progressiva — para a admissão em emprego ou trabalho e sobre a proibição e ação imediata para a eliminação das piores formas de trabalho infantil, com as quais estão muito mais familiarizados.

Não desconhecem, igualmente, os termos do Decreto n. 6.481/08, que regulamenta os arts. 3º, alínea "d", e 4º da Convenção n. 182 da Organização Internacional do Trabalho (OIT) que trata da proibição das piores formas de trabalho infantil e ação imediata para sua eliminação, aprovada pelo Decreto Legislativo n. 178, de 14 de dezembro de 1999, e promulgada pelo Decreto n. 3.597, de 12 de setembro de 2000, e dá outras providências, criando a Lista TIP, das Piores Formas de Trabalho Infantil, que contempla nada menos que oitenta e nove formas de trabalho proibidas a menores de dezoito anos de idade, que demonstra o quão especializado é esse tema.

Quando, excepcionalmente e por decisão fundamentada, autorizarem trabalho que envolva manifestação artística antes da idade mínima, nos termos do art. 8º, da Convenção n. 138 da Organização Internacional do Trabalho, estão cônscios os juízes do trabalho de que o alvará deve ser individual e específico para cada contrato, com ou sem vínculo empregatício, recomendando-se seja observado o princípio da proteção integral, atendidos os interesses da criança ou adolescente com absoluta prioridade sobre quaisquer outros.

Ao tratar da atuação da Justiça do Trabalho na erradicação do trabalho infantil, Marcos Neves Fava (2015, p. 147-148), diz que, em atuação endógena, o judiciário trabalhista deve:

> a) lutar pela consolidação da *competência para autorizações* de trabalho infantil, tendo sempre em vista que se trata, exclusivamente de trabalho artístico infantil, mediante alvará clausulado e estrita fiscalização. Alterar o endereço do fórum em que se protocoliza o pedido de alvará em nada soluciona o problema central da proteção integral da criança (no mundo do trabalho). O núcleo da percepção do julgador na análise de tais casos foca-se na tutela do trabalho hígido, isento de efeitos deletérios para a formação da criança, com vistas à sua inserção, oportuna, ao mercado de trabalho. Daí a necessidade de, como dito, limitar a autorização ao trabalho artístico infantil e, ainda, ao promovê-la, clausular o alvará de forma a parametrizar as condições em que se dará a relação de trabalho. Temas como horário, garantia de estudo, supervisão

da família, forma e destinação da remuneração etc. devem caber na decisão, que não pode, nem deve, mostrar-se um simples *autorizo*;

b) buscar a mais estreita interação com a justiça comum, que se exerce nas varas da infância e juventude, para resolver problemas que, embora apareçam nos pedidos de alvarás, estão fora da competência da Justiça do Trabalho. Rememore-se que a jurisdição é *uma*, premissa da qual deriva a possibilidade de encaminhamento, *ex officio*, de uma para outra unidade judiciária, ainda que em ramos distintos do Poder Judiciário, das questões com as quais toma contato o magistrado.

[...]

A atuação do Judiciário deve buscar a proteção integral de crianças e adolescentes em todos os níveis, inclusive os artistas. O judiciário do trabalho apenas propugna por regras claras, que assegurem a proteção a esses seres em peculiar condição de desenvolvimento. Não busca criar embaraços desnecessários. Somente não há mais espaço para autorizações sem regras claras, que evitem prejuízos para todos, até mesmo para os contratantes.

Conclusão

Algumas considerações, à guisa de conclusão e na forma de síntese, podem ser apresentadas:

a) Atuação de criança ou adolescente em atividade artística profissional é trabalho, assim como acontece com adultos na mesma situação, havendo, inclusive, lei que regulamenta a profissão (n. 6.533/78). Entendimento diverso pode representar porta escancarada para o trabalho infantojuvenil artístico precarizado;

b) Trabalho infantil artístico não é jogo do "faz de conta" e nem brincadeira, e pode causar danos físicos e psicossociais, às vezes irreversíveis, prejudicando o desenvolvimento completo de crianças e adolescentes a ele submetidos;

c) A regra geral, mesmo em se tratando de trabalho artístico, é de que a idade mínima para ingresso no mercado de trabalho é de dezesseis anos, exceto na condição de aprendiz, a partir dos catorze, conforme previsão contida no artigo 7º, XXXIII, da Constituição Federal;

d) É possível, a partir de hermenêutica harmonizadora dos arts. 7º, XXXIII, 5º, IX e 208, *caput* e inciso V, todos da CF/88, excepcionalmente, a concessão de autorização judicial para o trabalho infantojuvenil artístico para pessoas em peculiar condição de desenvolvimento que ainda não completaram dezesseis anos, mas com observância, sempre, dos princípios da proteção integral (arts. 227 da CF e 1º e ss. do ECA) e da absoluta prioridade (desdobramento daquele), devotados às crianças e adolescentes;

e) Conforme entendimentos recentes do Supremo Tribunal Federal, Tratados e Convenções Internacionais que versem sobre direitos humanos, possuem, no mínimo, *status* supralegal. Abalizada doutrina defende que sejam erigidos — sempre, e não apenas na hipótese prevista no art. 5º, § 3º, da CRFB/88 — ao plano hierárquico constitucional. A pacificar-se a última tese, a Convenção Internacional n. 138 da OIT já bastaria para considerar derrogada a idade mínima de dezesseis anos quando se tratar de trabalho artístico;

f) A competência para autorizar trabalho artístico infantojuvenil, como, de resto, de qualquer outro trabalho que exija permissão, é, desde o advento da EC n. 45/2004, do Juiz do Trabalho, não só por razões jurídicas como de lógica, envolvendo unidade de convicção e interpretação sistemática;

g) Na ausência de regulamentação legislativa, o juiz (do trabalho, repita-se), conforme poder-dever que lhe é outorgado pela Convenção n. 138 da OIT, pelo ECA e pela própria CLT, deverá disciplinar as condições especiais em que o trabalho será desenvolvido, exigindo, inclusive, para salvaguarda da criança ou adolescente, dentre outras coisas, acompanhamento por psicólogo, educador ou equipe multidisciplinar, conforme o caso;

h) A Justiça do Trabalho está preparada — e suas ações demonstram isso — para conferir proteção integral e absolutamente prioritária a crianças e adolescentes, possuindo hoje um Programa de Combate ao Trabalho Infantil, do qual, além do Tribunal Superior do Trabalho, participam os 24 Tribunais Regionais do Trabalho do País;

i) Somente a interlocução entre os sistemas de justiça (MPT, MPE, Juiz do Trabalho, Juiz da Infância), com o fortalecimento de Fóruns Municipais ou Regionais de Combate ao Trabalho Infantil, que propiciem o desenvolvimento de trabalho articulado e em rede (da qual participem Justiça do Trabalho, Juizado de Direito da Infância e Juventude, Ministério Público do Trabalho, Promotor da Infância e Juventude, Ministério do Trabalho e Emprego, Defensorias Públicas, Secretarias de Ação Social, Secretarias de Educação, CRAS/CREAS, CEREST, Sistema "S", entidades, CMDCA, Conselhos Tutelares e outras organizações), será possível proteger verdadeiramente crianças e adolescentes no e do mundo do trabalho.

Muitos outros tópicos há por abordar. Mas, para o propósito deste ensaio, já nos alongamos. Acreditamos que o que aqui está posto, servirá de fomento para o debate respeitoso e saudável, em busca do que melhor atender aos interesses de crianças e adolescentes que ingressem no mundo artístico.

Referências bibliográficas

ARRUDA, Kátia Magalhães. Os "jogos vorazes" das crianças no Brasil. *Revista do Tribunal Superior do Trabalho*, Brasília: Tribunal Superior do Trabalho; São Paulo: Lex Magister, ano 81, n. 1, p. 109-117, jan./mar. 2015.

BIBLIOTECA Eletrônica de documentos sobre *Normas Internacionales del Trabajo*. [S.l.]: ILO. ILSE 2004 CD-ROM.

CAVALCANTE, Sandra Regina. *Trabalho infantil artístico:* do deslumbramento à Ilegalidade. São Paulo: LTr, 2011.

COSTA, Antônio Carlos Gomes da. *O estatuto da criança e do adolescente no Brasil:* trajetória, situação atual e perspectivas. Brasília: OIT; São Paulo: LTr, 1994.

FARIA, Cecília. Não é brincadeira. *Revista Cláudia*, n. 7, ano 48. São Paulo: Abril, jul. 2009.

FAVA, Marcos Neves. Trabalho infantil e justiça do trabalho. *Revista do Tribunal Superior do Trabalho*, Brasília: Tribunal Superior do Trabalho; São Paulo: Lex Magister, ano 81, n. 1, jan./mar. 2015.

GRUNSPUN, Haim. *O trabalho das crianças e dos adolescentes*. São Paulo: LTr, 2000.

MAZZUOLI, Valério de Oliveira. *Direito internacional:* tratados e direitos humanos fundamentais na ordem jurídica brasileira. Rio de Janeiro: América Jurídica, 2001.

NOCCHI, Andréa Saint Pastous; VELLOSO, Gabriel Napoleão: FAVA, Marcos Neves (org.). *Criança, adolescente, trabalho*. São Paulo: LTr, 2010.

OLIVA, José Roberto Dantas. *O princípio da proteção integral e o trabalho da criança e do adolescente no Brasil*. São Paulo: LTr, 2006.

______. Justiça do trabalho: competência para (des) autorizar o trabalho infantil. *Revista Consultor Jurídico*, São Paulo, 16.10.2012. Disponível em: <http://www.conjur.com.br/2012-out-16/jose-roberto-oliva-competencia-desautorizar-trabalho-infantil>.

______. Autorização para o trabalho infantojuvenil artístico e nas ruas e praças — parâmetros e competência exclusiva do juiz do trabalho. *Revista do Tribunal Regional do Trabalho da Décima Quinta Região*, Campinas: Escola da Magistratura, n. 28, p. 117-123, jan./jun. 2006; *Revista LTr*, São Paulo: LTr, v. 70, p. 1361-1364, nov. 2006.

PIOVESAN, Flávia. *Direitos humanos e o direito constitucional internacional*. 3. ed. atual. São Paulo: Max Limonad, 1997.

______. *Direitos humanos e o direito constitucional internacional*. 11. ed. rev. e atual. São Paulo: Saraiva, 2010.

ROBORTELLA, Luiz Carlos Amorim; PERES, Antonio Galvão. Trabalho artístico da criança e do adolescente — valores constitucionais e normas de proteção. *Revista LTr*, São Paulo: LTr, v. 69, p. 148-157, fev. 2005.

SANTOS, Tânia Coelho dos. Fazer arte não é trabalho infantil: consequências psicológicas e cognitivas do trabalho precoce. *Cartas de Psicanálise*, ano 3, v. 3, n. 3, jul. 2008.

Criança, Adolescente, Trabalho, Juiz do Trabalho

Andréa Saint Pastous Nocchi(*)
Marcos Neves Fava(**)

O quadro

Os tempos são difíceis. Por onde se olha, o que se vê é desanimador.

Se pudéssemos tirar uma fotografia detalhada da existência humana no planeta Terra, ao revelar a imagem, ficaríamos estarrecidos: fome, miséria, doenças, guerras e violência urbana; desigualdades e riquezas concentradas; destruição da natureza e desrespeito de todas as ordens aos direitos humanos. Em pleno século XXI, seres humanos morrendo de gripes, de sarampo, de febre amarela, de dengue e por desnutrição.

É certo, paradoxalmente, que veríamos também desenvolvimento, tecnologias, avanços inimagináveis da medicina e das ciências. Seres humanos nascendo de processos reprodutivos artificiais complexos e avançadíssimos, a custos elevados; transplantes de coração, rins, fígado e pele humana transformando-se em rotina dos hospitais ao redor do mundo. Nenhuma barreira existe mais nas infinitas possibilidades de comunicação e no acesso à informação, que ocorre em frações de segundos cada vez menores.

Uma humanidade permanentemente conectada por telefones, computadores, redes sociais e aplicativos. *Uma humanidade* visivelmente fragmentada, abandonada e isolada.

Para quem olhasse a fotografia, a pergunta brotaria inevitável: o que, então, deu errado? Como a humanidade evoluiu em tantas possibilidades e não resolveu as graves desigualdades, os conflitos imbecis e não acabou com a fome no mundo? Porque não há paz e justiça para todos? Se a riqueza aumentou expressivamente tanto, por que tanta miséria?

As respostas vêm no enxame das muitas teorias que explicam o que se convencionou chamar de *Modernidade* e buscam justificar a crise que se estabelece nas relações humanas daquilo que se indica como *Pós-Modernidade*.

Tempos de esgotamento do modelo econômico baseado unicamente em produção e consumo, e do modelo político neoliberal.

(*) Juíza titular da 26ª Vara do Trabalho de Porto Alegre e integrante da Comissão pela Erradicação do Trabalho Infantil da Justiça do Trabalho, desde sua instituição em 2012.

(**) Juiz titular da 89ª Vara do Trabalho de São Paulo, e integrante da Comissão pela Erradicação do Trabalho Infantil da Justiça do Trabalho, desde sua instituição em 2012.

Tempos de individualismo extremado, de precarização das relações de trabalho, de desmonte das relações sociais e de esmorecimento do afeto.

No modelo liberal, que se impôs após a Segunda Guerra e impulsionou o desenvolvimento dos países europeus, com a implementação do *estado de bem-estar social*, o Estado assumiu a responsabilidade de patrocinar garantias sociais, direitos trabalhistas e a geração permanente de empregos. O trabalho revelava, nesse cenário, uma expressiva força para inclusão social, especialmente para as mulheres, e respondia de forma notável pela participação política da sociedade, baseada na organização dos trabalhadores nas fábricas e sindicatos.

A demanda por produtos industrializados desencadeou métodos de incremento da produção, que, por sua vez, necessitaram estimular ainda mais o consumo, para girar a riqueza, dando vazão ao que se produzia, e justificar a manutenção de salários que acomodassem esses movimentos.

Esse modelo econômico sofreu, pouco a pouco, um (previsível) esgotamento, já que a capacidade de consumo não se manteve e as garantias sociais e de pleno emprego importavam custo que o capitalismo não estava disposto a pagar.

O modelo neoliberal começa a ganhar força a partir dos anos 1970 e a deterioração das relações de trabalho, com a mudança do modelo de produção, faz com que os espaços de debate político e de inclusão social que o trabalho proporcionava se desmantelem. A produção de bens de consumo passa a ser fracionada e especializada.

Segundo Ricardo Antunes, a crise estrutural do capital é tão profunda e intensa que levou ao desenvolvimento de "práticas materiais da destrutiva autorreprodução ampliada ao ponto em que fazem surgir o espectro da destruição global, em lugar de aceitar as requeridas restrições positivas no interior da produção para satisfação das necessidades humanas". "Esta crise fez com que, entre tantas outras consequências, o capital implementasse um vastíssimo processo de reestruturação, com vistas à recuperação do ciclo de reprodução do capital e que, como veremos, afetou fortemente o mundo do trabalho"[(1)].

As inúmeras causas para a crise capitalista identificadas pelo citado autor passam pelo "refluxo do movimento operário (que) decorre do explosivo desmoronamento do Leste europeu (e da quase totalidade dos países que tentaram uma transição socialista, com a URSS à frente), propagando-se, no interior do mundo do trabalho, a falsa ideia do "fim do socialismo". [...] E mais, ainda como consequência do fim do chamado "bloco socialista", os países capitalistas centrais vêm rebaixando brutalmente os direitos e as conquistas sociais dos trabalhadores, dada a "inexistência", segundo o capital, do "perigo socialista" hoje. Portanto, o desmoronamento da URSS e do Leste europeu, ao final dos anos 1980, teve enorme impacto no movimento operário. [...] deu-se um agudo processo político e ideológico de social-democratização da esquerda, e a sua consequente atuação subordinada à ordem do capital"[(2)].

Na contramão das conquistas sociais o "projeto neoliberal passou a ditar o ideário e o programa a serem implementados pelos países capitalistas, inicialmente no centro e logo depois nos países subordinados, contemplando reestruturação produtiva, privatização acelerada, enxugamento do Estado, políticas fiscais e monetárias sintonizadas com os organismos mundiais de hegemonia do capital como FMI e BIRD, desmontagem dos direitos sociais dos trabalhadores, combate cerrado ao sindicalismo classista, propagação de um subjetivismo e de um individualismo exacerbados dos quais a cultura 'pós-moderna' é expressão,

---

(1) ANTUNES, Ricardo. *As dimensões da crise no mundo do trabalho*. Disponível em: <http://www.oolhodahistoria.ufba.br/04antune.html>.

(2) ANTUNES, Ricardo. *As dimensões da crise no mundo do trabalho*. Disponível em: <http://www.oolhodahistoria.ufba.br/04antune.html>.

animosidade direta contra qualquer proposta socialista contrária aos valores e interesses do capital"[3].

Consolida-se um pensamento executivo, eurocêntrico, estabelecido por padrões ocidentais, em que faltam afeto e humanismo.

Constitui uma "busca frenética por um saber controlador, por um saber que devassa para compreender, mas que ao devassar desnatura a existência, converte o animado em inanimado, expressa a insegurança humana diante do medo da natureza, do isolamento, da distância da origem das coisas"[4].

A evolução humana fez-se acompanhar da manutenção das desigualdades, do acirramento dos conflitos sociais e de um discurso que sustenta o Estado ineficiente, moroso e oneroso.

Quando se consolida o modelo político neoliberal, inicia-se uma onda de privatizações, com mais força, primeiro, nos países da América Latina e posteriormente na Europa, que se assiste até os tempos de hoje.

Áreas estratégicas de bem-estar social começam a ser entregues a setores privados e o objetivo, que antes era a *proteção do cidadão*, passa a ser a *proteção do lucro*. A globalização da economia fragmenta a produção e desconstrói os espaços de cidadania dos trabalhadores que já não se conhecem, já não se apropriam da sua produção, já não estão conectados com o resultado do seu trabalho. O coletivo passa a traduzir o autoritarismo e todo individualismo passa a ser incentivado. Nada mais importa, além do indivíduo e seu enriquecimento.

Não mais o coletivo, nem a sociedade. O homem, só.

O pensamento moderno, solidificado em uma ideia linear de tempo, tem o progresso por trás de tudo, justificando a busca incessante por produtividade.

A análise do economista Ricardo Antunes sintetiza as consequências desse cenário e conforma uma das possibilidades de explicar o momento atual de tantas contradições, destacando dois aspectos que nos interessam, especialmente, para esse escrito: "o aumento acentuado das inúmeras formas de subproletarização do trabalho parcial, temporário, subcontratado, terceirizado, e que tem se intensificado em escala mundial, tanto nos países do Terceiro Mundo, como também nos países centrais" e "intensificação e superexploração do trabalho, com a utilização brutalizada do trabalho dos imigrantes, e **expansão dos níveis de trabalho infantil, sob condições criminosas, em tantas partes do mundo, como Ásia, América Latina, entre outros"**[5].

O modelo econômico pós-moderno espalha suas consequências danosas e serve de exemplo para a concepção de estruturas diversas, entre elas o próprio Poder Judiciário brasileiro que "importa" conceitos, métodos e tendências do universo produtivo capitalista para suas formas de gestão e planejamento.

Adotam-se padrões uniformes de política judiciária, metas e tabelas em que a produção do magistrado figura num *ranking* de competição com seus pares, com vistas exclusivamente à quantidade do que deve ser feito.

Expressões retiradas do contexto produtivo capitalista, tais como *planejamento estratégico, produtividade, metas, indicadores estatísticos*, fórmulas para "medir" o *custo de um processo* e das estruturas da Justiça, passam a integrar o vocabulário de uma magistratura cada vez mais burocrata e mecanizada, valorizada pelo quanto produz e não pela qualidade do que faz.

O Judiciário sofre os efeitos dessa perversa realidade. Está enfraquecido como instituição. Há uma desconfiança quanto à capacidade de resolução de conflitos. Um crescente e infindável

(3) ANTUNES, Ricardo. *As dimensões da crise no mundo do trabalho*. Disponível em: <http://www.oolhodahistoria.ufba.br/04antune.html>.

(4) BITTAR, Eduardo Carlos Bianca. *Educação e metodologia para os direitos humanos*. 1. ed. São Paulo: Quartier Latin, 2008. v. 1.

(5) ANTUNES, Ricardo. *As dimensões da crise no mundo do trabalho*. Disponível em: <http://www.oolhodahistoria.ufba.br/04antune.html>.

acúmulo de litígios, o desaparelhamento dos órgãos e a influência e a pressão externas na composição e, consequentemente, nas decisões das Cortes Supremas para garantir a manutenção da implementação de políticas neoliberais, geram um certo consenso de ineficiência e de improdutividade.

E é na justificativa de tentar alterar essa imagem que as soluções buscadas reproduzem, de novo, o modelo neoliberal esgotado.

Note-se que toda organização estratégica do Poder Judiciário — que tardou a aparecer, fenômeno datado no surgimento do Conselho Nacional de Justiça, a partir da Emenda Constitucional n. 45/04 — estrutura-se a partir da quantidade de decisões, da quantidade de sentenças, quantidade de audiências e da quantidade de acordos homologados pelo magistrado. É dizer: o que importa como "meta" é sempre a quantidade do feito, sem nenhuma preocupação com a qualidade do trabalho judiciário prestado.

A projeção do que está por vir, e não no que está acontecendo, constrói um monólogo surdo de cobrança sobre quanto o juiz pode fazer (mais) e em quanto (menos) tempo.

Tal sofreguidão impede, muitas vezes, a necessária pausa do olhar, o cuidado no escutar e o perceber das possibilidades, das soluções e das alternativas para desafios e angústias experimentadas pelo juiz, em suas lidas diárias. Chega a ponto de esquecer-se de que também, na condição de homem/mulher, de ser humano, é responsável por construir uma sociedade mais justa, mais livre e menos desigual.

Uma chave

A magistratura das metas é apenas a moldura do cidadão politizado. Apenas a moldura, sem o quadro. Apenas a caixa enfeitada, sem o presente.

Um embasamento frequente acomete os juízes, emanado do desânimo de não saber como lutar por um mundo melhor, porque sequer dão conta das tarefas quantitativas do foro, da família, da existência. Uma inércia, uma paralisia que embota a visão e que cega as alternativas. Um desperdício de possibilidades de ação.

Juan Carlos Monedero, ao descortinar a teoria crítica de Boaventura de Sousa Santos, afirma que:

> *La experiencia desperdiciada generó grandes recortes de realidad. El detective alternativo, motivado a encontrar a los responsables del ocultamento, halla sólidas pistas. En su alegato de culpabilidade señala a la ciencia, convertida en fator productivo (y transformada en la más esencial de las mercancias), y al derecho estatal, responsable tanto de la destrucción de las formas jurídicas alternativas como de encadenar al derecho a los avatares del Estado y de sus grupos de privilegio. Ambos, ciencia y derecho, contaminados de Estado y capitalismo, habrían anegado las promesas de emancipación de la modernidad, sustituyéndolas por una regulación social que apenas dejaba espacio para los que no compartieran el pensamiento y la práxis hegemónica.*(6)

Enfrentar a acomodação, a lógica imposta, a engrenagem ajustada para funcionar sempre da mesma forma e sempre gerando o mesmo resultado, é o desafio. Buscar alternativas para não sucumbir ao óbvio é um processo árduo e que resulta, entre outras possibilidades, da apropriação da educação em direitos humanos voltada para a cultura da paz, que permita, sempre, que, ao final o trabalho do cidadão juiz coopere com a concretização da dignidade humana. Um olhar dessa natureza deve ser amplo e livre de preconceitos, como aquele olhar que se espera do juiz/cidadão ao enfrentar a sua difícil e responsável missão.

O juiz e a concretização da dignidade humana: possibilidades

O exercício da jurisdição, como se sabe, revela-se nos atos de cognição, decisão e execução.

(6) MONEDERO, Juan Carlos. *Conciencia de frontera:* la teoría crítica pós-moderna de Boaventura de Sousa Santos. Disponível em: <http://www.boaventuradesousasantos.pt/documentos/Introduccionversionfinal-Juan%20Carlos%20Monedero.pdf>.

Conhecer implica, sempre, aproximar o juiz do litígio, do conflito, e, necessariamente, das partes. Nesse movimento, o magistrado ouve, atentamente, as bases em que as partes dialogam — porque todo processo é dialético — e busca sua interação e sua integração.

Mas conhecer, sempre, é **re**-conhecer e conhecer-**se**.

Os fatos e falas trazidos com o processo dão à cabeça do juiz as recordações do que viu, leu, viveu, e fazem com que ele se reconheça, ou se distinga, no debate das partes:

> *Nos conocemos cuando somos capaces de re-flexionar sobre nuestra posición y/o nuestra actividad en el mundo. Aún más — como puso de relieve Jose Eduardo Faria en la presentación de su Justica e Conflito —, ese modo de re-conocer la realidad, de replantearse los hechos surge necesariamente cuando no nos sentimos satisfechos con lo que vemos en nuestro primer contacto en el objeto de nuestra atención; "reflexão é um esforço para se transcender o imediato, para ir além da primeira impressão, para ultrapassar o senso comum".*(7)

Quando o juiz se reconhece, quando busca conhecer-se, e quando reflete sobre sua posição, sobre a atividade e sobre a função social do que faz, há um necessário abandono do mito da neutralidade, porque todo o conhecimento implica tomar posição, ocupar um espaço de luta que é determinante para ir adiante, e assumir a responsabilidade do que está sendo feito. Dá, com isso, nítida função social e institui prática emancipadora a partir de sua atuação.

Essas (necessárias) investigação e inquietação devem fazer o juiz utilizar as experiências de vida em suas formas de expressão, no ato de julgar e nas demais manifestações de seu ofício. Porque a "pobreza da experiência não é a expansão de uma carência, mas antes a expressão de uma arrogância, a arrogância de não se querer ver e muito menos valorizar a experiência que nos cerca, apenas porque está fora da razão com que podemos identificar e valorizar"(8).

A experiência do conhecimento e do pensar a realidade proporcionam ao juiz a possibilidade de rever as estruturas do poder, o modelo da sociedade e o Estado em que está inserido o Poder Judiciário, o *locus* de sua prática cotidiana.

E esse revisitar, repensando a realidade, traz consciência sobre a necessidade de estabelecer permanente diálogo com a sociedade, libertando-se do isolamento da neutralidade e viabilizando a apropriação dos relatos do cotidiano que têm especial importância nas práticas educativas no universo dos direitos humanos.

É o momento da *"recuperación de la palabra pronunciada por aquellos a los que se les había negado el derecho de expresar y decir su vida, en el diálogo como el acto común de conocer y éste, a su vez, como el encuentro del sujeto con el mundo"*(9).

Como ensina Paulo Freire, "não há diálogo verdadeiro, se não há nos seus sujeitos um pensar verdadeiro. Pensar crítico. Pensar que, não aceitando a dicotomia mundo-homens, reconhece entre eles uma inquebrantável solidariedade"(10).

O ato de escutar, atentamente, despido de arrogância e preconceito, possibilita o diálogo, abre portas ao entendimento e, acima de tudo, traduz confiança e esperança. Credibilidade e certeza de que há espaço e tempo para a escuta, para o entendimento. Segundo Paulo Freire, mencionado no estudo de Soraya El Achkar, o diálogo é muito mais que um método, é uma postura frente ao processo de aprender e ensinar e perante os sujeitos: *"unos enseñan, y*

(7) HERRERA FLORES, Joaquin. Democracia, estado de derecho y derechos humanos: claves para una enseñanza alternativa del derecho (crítica jurídica y estudios de derecho). *Revista de Direito Alternativo,* p. 198-217, otoño 1994.

(8) SOUSA SANTOS, Boaventura. *Para uma sociologia das ausências e uma sociologia das emergências.* Disponível em: <http://www.ces.uc.pt/bss/documentos/sociologia_das_ausencias.pdf>.

(9) EL ACHKAR, Soraya. *Liberación dialógica del silencio:* una intervención política cultural. Disponível em: <http://www.unes.edu.ve/index.php?option=com_content&view=article&id=1316>.

(10) FREIRE, Paulo. *Pedagogia do oprimido.* 11. ed. Rio de Janeiro: Paz e Terra, 1982. p. 97.

al hacerlo aprenden y otros aprenden, y al hacerlo enseñan"[(11)].

O compromisso do juiz ao ouvir vai muito além da escuta, da compreensão, ultrapassa as fronteiras do diálogo e estabelece um verdadeiro processo de educação que pode, ou não, servir para a emancipação e para a transformação da realidade.

É a diferença entre viver e existir.

Ao exercer a *cognição*, o juiz pode transformar seu fazer numa existência solidária e plural, compartilhando experiências, aprendendo com as pessoas e com as realidades que lhe são apresentadas diariamente; tanto quanto pode optar pela indiferença burocrática da repetição.

O ingresso na carreira de juiz do trabalho pressupõe a conclusão do curso de direito, prática de, no mínimo, 3 (três) anos de atividades forenses e aprovação em concurso público de títulos e provas, constituído de quatro difíceis fases.

Depende, portanto, de escolha e dedicação. De muito estudo e conhecimento. Exige um largo tanto de vocação para o exercício da tarefa de julgar, esse exercício envolvente de todas as etapas do conhecer, reconhecer, ouvir, interpretar, ponderar e, ao final, decidir: pronunciar.

O juiz do trabalho, por escolher o ramo do Direito intimamente vinculado às causas de cunho social e aos direitos fundamentais dos trabalhadores, carrega, por princípio, uma marca muito peculiar, que deveria facilitar a opção pela existência solidária de um transformador fazer.

É uma inquietação natural que Mônica Sette Lopes refere como *a curiosidade dos juízes* e sustenta que "[...] Talvez deva-se admitir que, junto com inamovibilidade, vitaliciedade, independência, a virtude que nós vivemos, a única que pode nos levar na carreira, é a curiosidade. Não aquela que vira desejo do mal do outro. A curiosidade perversa do conhecer para destruir. A que não é bem do outro e, portanto, não é justiça. Mas aquela que invade com suas teias as margens da prudência e se espalha com a vocação para o saber insaciável que deságua na cognição sobre o caso, na pesquisa, no entendimento, no texto: interpretação e argumento vertido em fundamento. Como foi? Como é? Como será? A observação quase insana a caminhar com o medo de errar no tom da realidade. A curiosidade sob o signo socrático: o sei que nada sei que parte da certeza do infinito a saber [...]"[(12)].

A constante busca por soluções em favor da justiça possível e da paz social desejável faz do magistrado um agente da transformação.

E assume papel de educador, predestinado pela palavra. Magistério e magistratura assentam-se na mesma raiz etimolótica, não à toa. O tempo todo, ouvindo, decidindo e organizando seu trabalho, o juiz ensina. Muita vez, ensina pelo silêncio. E outras tantas, pelos equívocos que comete. Mas não pode deixar de lado a cotidiana certeza de que **educa**. A palavra mata e vivifica. A palavra socorre e traduz. A palavra ampara e extingue. A palavra acolhe e rejeita. E é com arado da palavra que lavra o juiz a terra da educação que promove. A palavra central: consciência, como rememora Paulo Freire, ao comparar homens e animais: "Os homens, pelo contrário, ao terem consciência de sua atividade e do mundo em que estão, ao atuarem em função de finalidades que propõem e se propõem, ao terem o ponto de decisão de sua busca em si e em suas relações com o mundo, e com os outros, ao impregnarem o mundo com sua presença criadora através da transformação que realizam nele, na medida em que dele podem separar-se e, separando-se, podem com ele ficar, os homens, ao contrário do animal, não somente vivem, mas existem, e sua existência é histórica"[(13)].

---

(11) EL ACHKAR, Soraya. *Ejercicio de la ciudadanía:* el desafio educativo de nuestro tempo. Disponível em: <http://www.unes.edu.ve/index.php?option=com_content&view=article&id=1316>.

(12) LOPES, Monica Sette. *A curiosidade dos juízes e o dialeto dos dias*. Disponível em: <http://amatra10.org.br/wp-content/themes/amatra10/revistas/Revista_DAmatra_Dez_06.pdf>.

(13) FREIRE, Paulo. *Pedagogia do oprimido.* 11. ed. Rio de Janeiro: Paz e Terra, 1982. p. 105.

Para concretizar direitos humanos fundamentais, como lhe incumbe no Estado Democrático de Direito, o juiz há de apoderar-se da consciência de que, para educar, precisa manter-se educado. Não se está a evocar, aqui, a útil e necessária manutenção técnica do magistrado, seu preparo para o exercício das atividades diárias, com a atualização sobre os temas de Direito com que se envolve, ou com as técnicas de gestão necessárias à ordenação de seu trabalho.

Os olhos devem voltar-se à educação em direitos humanos, indispensável para o **re**conhecer do conhecer-**se** a cada decisão, audiência, despacho, sentença.

Crianças, adolescentes, juiz do trabalho

A organização social capitalista não divisa idades ou gerações em sua estrutural inclinação exploratória e exploradora.

O modelo econômico, consagrado pelo sistema capitalista, incita a utilização de crianças e adolescentes no mundo do trabalho, com o que perpetua grave violação aos direitos humanos. Logo após os momentos primeiros da Revolução Industrial do século XVIII, os homens, mortos e feridos pela máquina, pela ânsia da produção, pelo ritmo externo que a fabricação seriada iniciava impor, a criança surgiu como alternativa de mão de obra mais barata e mais facilmente submissa. Ao lado do efetivo barateamento concreto, porque a crianças pagava-se menos do que a homens, ganha o capital uma massa de explorados silenciosos e que não se articula para reagir coletivamente. Sequer entende dispor dessa faculdade.

Daquele tempo a esta parte, habituou-se o mundo a ver, ouvir e detectar crianças no trabalho, o que chega à razão (irracional) de centenas de milhões de pessoas com idade até 17 anos ao redor do mundo.

Uma engrenagem que escraviza presentes e destrói futuros.

Assim tem sido em relação a milhões de crianças que trabalham no mundo, muito antes da idade razoável da maturidade, do crescimento físico e intelectual. Muito antes do tempo das brincadeiras, dos estudos, da escola, dos cuidados e do afeto. Contam-se em 168 milhões, das quais mais de 85 milhões atuando em trabalhos considerados perigosos e causadores de forma ainda mais potencial de danos à saúde.

No Brasil, mesmo depois de mais de uma década de institucional e, tanto quanto possível, articulada luta pela erradicação do trabalho infantil, contam-se ainda aos milhões as crianças que perdem a infância trabalhando como se adultos fossem, num atroz encurtamento da existência. Sim, da vida, porque a infância perdida no trabalho não limita os prejuízos futuros, já que o trabalhador mirim tende a ser um trabalhador precário, sem preparo, sem possibilidades, que criará filhos trabalhadores mirins, num moto perpétuo intragável e violento.

O crescimento econômico vivenciado pelo Brasil nas últimas décadas não se refletiu em igualdade de oportunidades, de melhor distribuição de renda. As desigualdades persistem e se aprofundam. Às já naturais dificuldades de enfrentamento do problema — pobreza e má distribuição de renda — soma-se a nova realidade do apelo ao consumo e ao individualismo. Uma necessidade tipicamente capitalista e globalizada, de valorização do que se tem e daquilo que se consome, em detrimento do que se é e das possibilidades do que se pode ser.

Às crianças e jovens não são transferidos conhecimentos e educação transformadora ou capacidade de empoderamento para a construção de seus futuros, mas a equivocada noção de que entrar logo nas fileiras do trabalho é bom, conveniente e certo. Os valores que a sociedade contemporânea prioriza, de individualismo e de pertencimento pelo consumo, não as estimulam pela participação, pela atuação cidadã e inclusiva.

A chaga do trabalho infantil no mundo e no Brasil cura-se com uma insistente, incansável e ampla aplicação de remédios dos mais diversos matizes. A estruturação normativa, notadamente a que desenvolve a Organização Internacional do Trabalho, mas sem prejuízo da importância das regras de Direito locais; o aparelhamento dos sistemas de fiscalização e repressão à prática da exploração indevida, composto, por aqui, pelo Ministério Público, pelo Judiciário e pela Auditoria-fiscal do Trabalho, no plano do *sistema jurídico* de proteção; o incremento e a efetividade dos programas e políticas públicas de educação integral, de qualidade, até a formação básica, que termina aos dezessete anos; e a educação, com a difusão das certezas de que o trabalho infantil não é desaconselhável, mas proibido, para a construção de uma sociedade mais solidária, civilizada e justa.

Duas faces, pois, apresenta a participação do juiz do trabalho, no combate para a erradicação do trabalho infantil.

Com a toga, decide (1) os pedidos de autorização para trabalho artístico infantil, única forma de trabalho autorizada no Brasil para quem tem menos de 14 anos; e (2) as ações (individuais e coletivas) que tratam da implementação da proteção do jovem cidadão trabalhador. No primeiro bloco, deve cuidar de, em regra, desautorizar o trabalho infantil artístico, fundamentalmente quando esse ofício revelar profissão, com o nítido viés capitalista a consumir a expressão artística rica, pura e simples. No segundo, precisa empoderar-se na competência material para decidir aqueles temas, com vistas a preservar efetividade à proteção integral da criança e do adolescente, também em sua relação com o trabalho e a aprendizagem, com prioridade absoluta, na dicção constitucional.

Sem a toga, interagir com a sociedade a que serve, ouvi-la e se fazer ouvir, lê-la e ser por ela lido, para, com a aproximação efetiva, educar. Antes de tudo, no entanto, educar-se.

A formação dos juízes do trabalho em direitos humanos, que lhes permitirá manejar as ferramentas técnicas apropriadas para tutela desse conjunto mínimo de garantias do ser humano, apenas por ser humano, revela-se demasiado importante na construção de um aparelhamento técnico (judiciário) que corresponda à demanda social urgente.

Segundo Paulo Freire, não se pode ser um ser humano sem estar implicado em uma prática educativa e *"Este proceso de formación forma parte de la existência humana, de la cual también es parte la invención, el lenguaje, el amor, el odio, el miedo, el deseo, la esperanza, la fe y la duda"*[(14)].

Portanto, não havendo possibilidade de dissociação da importante figura do juiz do trabalho nas causas e fazeres que importem em buscar definitivamente a erradicação da exploração da mão de obra de crianças e adolescentes, trata-se

> [...] de pensar o próprio aprimoramento da democracia e da cultura dos direitos humanos na base de uma ampla conexão das práticas sociais a práticas ligadas a uma ética do cuidado. Se não há direitos humanos sem respeito, o respeito significa aqui a capacidade de amar e deixar se desenvolver integralmente, e não o dominar, o castrar, o manipular; uma ética do cuidado exala respeito, porque cultiva o poder do afeto como forma de "olhar com atenção" (*respiecere*). Por isso, a educação e a metodologia em (e para) os direitos humanos deve preparar para o convívio com a diversidade, na base do diálogo e do respeito, voltado para a alteridade, como forma de prática de solidariedade social, na base da tolerância.[(15)]

e, ainda,

> reinventando as possibilidades, aprimorar a curiosidade e os sentidos, como propõe Mônica Sette Lopes, para que te-

(14) EL ACHKAR, Soraya. *Liberación dialógica del silencio:* una intervención política cultural. Disponível em: <http://www.unes.edu.ve/index.php?option=com_content&view=article&id=1316>.

(15) BITTAR, Eduardo Carlos Bianca. *Educação e metodologia para os direitos humanos.* 1. ed. São Paulo: Quartier Latin, 2008. v. 1, p. 83-84.

nha "vazão na pergunta que não espanta e na resposta que cai na forma dos dias superando o excesso, o muito, o volume, o ritmo, a meta e o prazo. Superando o que nos reduz à carreira-corrida, distanciando da carreira-caminho-estreito que nos pode levar adiante. Superando o que nos quer transformar apenas no número calculado distante do sem cálculo da cultura em que estamos imersos e em que precisamos (nos) mexer"[16].

De tão grande e profundo o problema que envolve a violação dos direitos das crianças e dos adolescentes, não há fórmulas prontas, nem soluções certas. Entre tantas possibilidades, entretanto, há algumas certezas. A educação de qualidade, em tempo integral, inclusiva, que respeite o ambiente a que pertence a criança é a primeira e por onde tudo deve começar e ao fim, terminar.

Para nós, juízes, fica a tarefa de fazer do seu fazer um processo educativo, criativo, evolutivo que faça o caminho, que modifique estruturas e avance na emancipação e conquistas de direitos.

No início do texto, o convite foi para olhar uma fotografia.

Ao final, para brincar. Não de esconde-esconde. Mas de roda, de ciranda, de coisa de criança. Vamos entrar nesta ciranda de combate ao trabalho infantil e fazendo-a rodar, rodar tanto que ao final só fiquem as crianças, *pequenos cidadãos, se sujando de lama, fazendo bagunça, jogando bola. Fazendo a sua obrigação de ser criança!*[17].

(16) LOPES, Monica Sette. *A curiosidade dos juízes e o dialeto dos dias*. Disponível em: <http://amatra10.org.br/wp-content/themes/amatra10/revistas/Revista_DAmatra_Dez_06.pdf>.
(17) Fragmento adaptado da letra da música Pequeno Cidadão, de Arnaldo Antunes e Antonio Pinto.

Produção Gráfica e Editoração Eletrônica: R. P. TIEZZI
Projeto de Capa: FÁBIO GIGLIO
Impressão: PAYM GRÁFICA